东亚地区机制构建：

一个竞争性多边主义的分析框架

杨　慧　著

山东大学出版社
SHANDONG UNIVERSITY PRESS
·济南·

图书在版编目(CIP)数据

东亚地区机制构建:一个竞争性多边主义的分析框架/杨慧著.—济南:山东大学出版社,2024.1
ISBN 978-7-5607-8060-3

Ⅰ.①东… Ⅱ.①杨… Ⅲ.①国际关系—研究—东亚 Ⅳ.①D831

中国国家版本馆 CIP 数据核字(2023)第 248609 号

责任编辑 谭学秋 刘晓燕
封面设计 王秋忆

东亚地区机制构建:一个竞争性多边主义的分析框架
DONGYA DIQU JIZHI GOUJIAN: YIGE JINGZHENGXING DUOBIAN ZHUYI DE FENXI KUANGJIA

出版发行 山东大学出版社
社 址 山东省济南市山大南路 20 号
邮政编码 250100
发行热线 (0531)88363008
经 销 新华书店
印 刷 济南华林彩印有限公司
规 格 720 毫米×1000 毫米 1/16
12.25 印张 220 千字
版 次 2024 年 1 月第 1 版
印 次 2024 年 1 月第 1 次印刷
定 价 58.00 元

目　录

绪论:如何理解东亚国家多边合作中的制度竞争

国际制度竞争是近年来国内外学术界关注的前沿问题。东亚地区由于其地缘政治的重要性、经济的快速发展以及复杂的历史经纬,成为国际制度竞争的典型区域。本书以"东亚地区的国际制度竞争"为选题,系统探讨冷战结束后东亚地区国际制度竞争的发展演进、对地区结构的影响及中国的应对之策,以期拓展和深化关于东亚制度建构的理论和实践研究。本部分旨在对本书研究的背景及意义、国内外研究现状和本书的创新、本书研究的内容与方法等内容进行梳理和阐释,以此作为本书的绪论。

第一节　东亚地区机制建构问题研究的背景

作为世界上最具活力和潜力的地区之一,东亚地区的机制建构问题备受关注。然而,尽管东亚地区合作机制层出不穷,但相关研究却主要聚焦于机制合作,对机制竞争的关注相对较少。这种研究的不平衡性不仅影响了我们对东亚地区机制建构的全面理解,也制约了相关理论的发展和完善。

一、东亚地区多边制度研究的经验困惑与理论问题

冷战结束以来,伴随着地区一体化进程的勃兴之势,东亚地区的制度建设也取得了迅速进展。亚太经合组织(APEC)、东盟与中日韩合作机制(10+3)、东亚峰会(EAS)、大湄公河次区域合作机制(GMS)等引领了地区经济合作的进程,东盟地区论坛(ARF)、上海合作组织(SCO)等则为区域和次区域的多边安全对话提供了平台。2008 年国际金融危机后,国家间力量对比的消长促成了新一轮的机制化建设高潮,跨太平洋伙伴关系协定(TPP)、区域全面经济伙伴关系协定(RCEP)、全面与进步跨太平洋伙伴关系协定(CPTPP)、亚洲基础设施

投资开发银行(AIIB)、澜沧江—湄公河合作机制(LCM)、美日印澳重启的四方安全对话(QUAD)等成为推动地区制度结构演进的新兴力量,也更加深化了东亚地区层次丰富、相互交织的多边制度网络。

遗憾的是,东亚地区的多边制度并未像欧洲一体化进程那样逐渐整合成为地区共同体的核心支柱,反而呈现出制度间交叠、嵌套、竞争的复杂局面。如2004年,当"10+3"领导人决定召开东亚峰会以进一步深化地区合作之际,日本却极力主张将东亚峰会的基础从"10+3"扩展为"10+6",吸纳本不属于东亚地缘范围的印度、澳大利亚和新西兰参加。[①] 这一将东亚合作机制"亚太化"的举动被认为是中日之间围绕地区制度主导权的竞争。近年来,地区国家在自贸区建设上的制度竞争是另一组典型案例。美国特朗普政府上台后,否认奥巴马时期主导地区贸易合作的政治遗产,宣布退出TPP谈判,随后日本接过这一自贸协定谈判的接力棒,积极推动CPTPP的进程。与此同时,始自2012年的RCEP谈判进程在东盟和中国的合力推动下全面提速,并于2019年顺利结束谈判,2020年完成签署,2022年生效。由此,美国、日本、中国、东盟四方之间在地区贸易规则上的角力和博弈可见一斑。美国拜登政府上任后,加紧在中国周边构建排华"小圈子",将美日印澳四国机制(QUAD)升级为首脑机制,建立美英澳三边安全伙伴关系(AUKUS),启动印太经济框架(IPEF)谈判推动地区经贸规则重塑。此外,仅在东南亚次区域,就有分别由日本、韩国、美国、中国等大国主导的大湄公河次区域经济合作机制、日本与湄公河流域国家首脑会议、韩国—湄公河国家外长会议、美国—湄公河下游国家部长会议、澜沧江—湄公河合作机制等竞相建立,使"制度过剩"成为该区域的显著特征。

显然,东亚地区的制度结构绝不仅是制度实用主义和功能主义的产物,而是与权力政治和制度竞争密切相关。东亚地区制度建设的目标和导向、地区国家参与制度建设的动机和策略远非地区制度合作带来的绝对收益所能解释和概括。在一定程度上,地区制度建设进程中大国间的战略竞争和主导权争夺似乎已成为各国心照不宣的内在逻辑,甚至地区制度在一定程度上成为服务国家间权力竞争的手段。

但是,在东亚地区制度建设与国家间权力竞争之间的密切关系得以确认之后,仍有许多尚待研究和关注的问题。例如,为何地区制度建设会成为东亚国家间权力竞争的手段?地区制度建设的哪些因素能够对国家间权力的消长产

① 参见张蕴岭:《在理想与现实之间——我对东亚合作的研究、参与和思考》,中国社会科学出版社2015年版,第37页。

生实质性影响？日本、美国、东盟等地区主要行为体采取了哪些制度策略，帮助实现自身对制度主导权争夺的目标？各国偏好的地区制度战略有何不同？在诸多东亚地区制度竞争的案例中，这些“为什么”和“如何做”的问题却因其太过庞杂，始终处于“黑箱”之中，并未得到系统的揭示和研究。换言之，东亚地区事实上存在的多个制度相互竞争的格局急需一个较为清晰的梳理和因果解释。

这一长期存在并日益凸显的经验困惑在理论上也尚未得到充分关注。在国际关系研究中，关于东亚地区合作制度的讨论仍带有一定的范式色彩，各学派往往从各自的视角强调其范式内的相应变量在推动地区制度建设中的核心作用。[①] 以权力为基础的解释主要侧重美国霸权对地区制度建设的影响分析，以及对中日两国无法成为地区制度构建主导国的原因探讨。以利益为基础的解释，则把制度定位为解决国家所面临的集体行动问题的办法，将东亚地区制度的建设作为对地区相互依赖的环境变化的反应。[②]

上述不充分的理论解释根源于国际政治两大理论流派的范式之争。传统上，现实主义学派以霸权国的偏好来解释国际制度，认为国际制度只是权力政治的附带现象，制度会随着国家间实力的变化不断调整。自由制度主义则从国家利益需求的角度解释国际制度，强调成员国的共同利益需求是驱动国际制度兴起与变迁的核心动力。[③] 国际制度能够提供稳定的信息渠道，有助于降低交易成本，减少战略不信任，克服集体行动问题。[④] 由此，国际制度在一定程度上改变了无政府状态下各国为谋求生存与安全的权力争夺，而转向了一个积极协调和合作的世界。总之，现实主义强调国际制度的权力背景，贬低国际制度的独立性和功能性；而自由主义强调国际制度促进合作、增进共同利益的服务功能，而无视国际制度对利益的分配效应。[⑤] 这些“偏见”表明，在很长一段时间中，国际关系研究对包括体系层面的国际制度建设、单元层面的行为体制度战略在内的很多国际制度现象的理解陷入非此即彼的二元对立之中。[⑥]

在这样的视角下，关于权力与制度之间互动关系的探讨被大大弱化了。事

① 参见叶成城：《能力分配、制度共容性和战略关注度：冷战后亚太多边经贸合作制度构建的成败分析》，载《当代亚太》2020年第1期。

② 参见肖欢容：《地区主义：理论的历史演进》，北京广播学院出版社2003年版，第222～225页。

③ 参见李巍：《制度之战：战略竞争时代的中美关系》，社会科学文献出版社2017年版，第52页。

④ Robert O. Keohane and Lisa L. Martin, "The Promise of Institutionalist Theory", *International Security*, Vol. 20, No. 1, 1995, pp. 39-51.

⑤ 参见李巍：《美国自贸区战略的逻辑——一种现实制度主义的解释》，载《世界经济与政治》2015年第8期。

⑥ 参见李巍：《制度之战：战略竞争时代的中美关系》，社会科学文献出版社2017年版，第54页。

实上，从根本上而言，国际制度是一种多边主义外交策略和政策设计。① 制度具有双重属性，既可以提供公共产品，解决集体行动的问题，也可以被用于增强主导国的自身利益和权力。② 特别是制度主导权的稀缺性决定了国家间会在参与国际制度的过程中最大限度地争夺主导权。只有承认权力因素对制度分配效应产生的影响，才有可能打开国际制度的“黑箱”，阐明国家如何通过集团间的权力斗争，在特定的国际制度框架下汇聚转化成国际议程和国际规则，推动合作的“平衡”出现，以最大限度地实现自身利益。

因此，对东亚地区制度竞争现象的解释，将涉及一些更为根本的理论问题：国际制度本身是不是一种权力生产方式？国家如何通过参与和改变国际制度设计推动地区制度的变迁？在各国都希望占据地区制度主导权的情况下，国家间以地区制度为平台进行权力竞争的内在过程是怎样的？国家选取制度策略的依据是什么？哪些因素决定了制度间竞争的最终成败？崛起国如何在实力处于弱势的情况下获取地区制度主导权？概而言之，这些问题涉及了国际制度竞争现象因果解释的三个主要方面，分别为国家参与制度竞争的动因解释、行为和策略分析以及地区制度竞争的结果逻辑。

二、本书的理论价值与现实意义

1.理论价值

首先，在理论上，本书拟在对“国际制度意味着合作，强权政治意味着竞争”这一范式争论遗留的传统观点进行质疑的基础上，重新探讨地区制度建设与权力政治之间的关系。本书认为，国家间关系并非简单的“合作”抑或“冲突”的二元对立。合作的对立面不一定是冲突，更多情况下是“可管控的竞争”，即国家间关系既不会陷入完全冲突的程度，但也难以处于通力合作的理想状态。在这种情况下，即使制度建立的初衷是实现国家间的合作，但竞争和博弈仍会伴随合作的全过程，甚至合作本身就是竞争的手段——选择与哪些国家合作、在哪些领域合作、依据何种规则合作，都会影响国家间权力的消长。因此，在一定程度上，强调国际制度可以成为国家实现权力最大化的手段，有助于打破现实主义与自由制度主义“二分法”的传统视阈，深入分析国际制度和权力政治之间的相互制约关系，重新审视这一被过于简单化的议题。

其次，在上述批判性分析的基础上，本书对国际制度竞争内涵界定、构成要

---

① [美]萨莉·马丁、贝思·西蒙斯等编：《国际制度》，黄仁伟、蔡鹏鸿等译，上海人民出版社 2018 年版，第 1 页。

② 参见李巍：《国际秩序转型与现实制度主义理论的生成》，载《外交评论》2016 年第 1 期。

素、动力因素、行为逻辑等问题的探讨,有助于完善关于国际制度竞争的理论分析框架。在国际关系领域,制度主义研究中呈现出理性选择制度主义、社会学制度主义和历史制度主义“三分天下”的局面。[①] 从研究谱系上讲,制度竞争理论的研究假设和解释变量主要来自理性选择制度主义的范畴,但也会涉及社会学制度主义强调的认知因素以及历史制度主义重点关注的制度路径依赖效应。因此,国际制度竞争理论无意选取甚至创建某一制度流派,而是选取相关变量将国家通过影响国际制度设计的基本特征来增强自身的相对制度性权力,以最大限度地获取物质和非物质性国家利益的现象进行概念化和理论化,从而更深入地认识国际制度竞争的缘起以及国家参与国际制度竞争的内外动因和行为策略。

此外,本书关于东亚地区制度竞争的理论分析有助于更好地理解崛起国与霸权国之间的互动机制。近年来,以中国为代表的新兴国家崛起使国家间的权力转移备受关注。东亚地区不仅融汇了具有战略矛盾的诸多大国,更是崛起国与霸权国之间互动交锋的核心场域。中国作为崛起国与美国作为霸权国之间的力量对比和权力消长之间的不对称性在这一地区表现得尤为显著。正如吉尔平在其经典著作《世界政治中的战争与变革》中所言,在崛起国和霸权国之间权力转移的过渡阶段,国际治理结构通过各国为界定国际制度和规则而争斗的日常政治,以“渐进”和相对平和的方式发生变化。[②] 本书对东亚地区制度竞争的分析不仅关注崛起国在推动国际制度改变和调整方面的动机和行为,也关注实力衰落阶段的霸权国如何重塑和调整国际规则,并且密切关注这两者之间的互动[③],因而有助于完善对崛起国与霸权国权力转移的方式和过程的理论研究。

2.现实意义

第一,本书有助于更加全面地解释东亚地区制度现象,分析和把握地区制度建设的进程和未来演进的方向。现有关于东亚地区制度的理解存在两种类型的偏颇:一种是过度关注地区一体化、地区制度构建和地区主义发展进程中的合作导向,而掩盖了地区制度竞争现象的客观存在;另一种是只笼统地强调东亚地区制度建设中的大国竞争,并未深度关注大国战略竞争中对制度手段的应用,忽视了国家在地区制度建设中的竞争性关系。尽管也有部分研究提及制

① 参见田野:《国际制度研究:从旧制度主义到新制度主义》,载《教学与研究》2005年第3期。

② Robert Gilpin, *War and Change in World Politics*, Cambridge: Cambridge University Press, 1981, p.46.

③ 参见赵洋:《中美制度竞争分析——以“一带一路”为例》,载《当代亚太》2016年第2期。

度竞争是东亚地区制度建设受阻的关键因素，但这类文献中仍是将东亚国家间的制度竞争作为一个整体现象设为自变量，而较少将其设为因变量进行深入探究，更鲜有学者对这一现象分析建立了科学的因果机制。本书尝试呈现和还原东亚地区制度竞争的发生过程，有助于解释东亚地区制度的碎片化、低制度化等诸多地区特性，从而更加全面地把握地区制度的历史演进和未来动态。

第二，本书有助于准确判断中国参与地区制度建设所面临的复杂竞争局面，有助于清晰地认识中国在地区制度中可发挥力量的空间，从而科学合理地制定中国参与地区制度的长期战略和近期对策。长期以来，美国霸权的建立、护持和延续无不与国际制度具有深刻复杂的联系，而美国特朗普政府频繁退群、完全以自身利益为出发点决定自身的制度参与，甚至恶意影响国际机制的正常运行等行为，更是将美国对国际制度的工具性态度展现到极致。尽管其行为严重违背国际社会的道义原则，但也深刻印证了以国际制度作为战略工具的现象正日益突出并将持续加剧。在这一背景下，崛起的中国面临着愈发复杂的国际环境，迫切需要关注地区各国的制度参与行为及其背后的复杂动机，进而更好地发挥参与、改革、引领国际制度的作用。

第三，本书契合中国当前的外交政策导向，探索提升中国的国际制度性权力以及推动地区制度转型的策略，对中国如何进一步参与全球治理和创建多边合作机制具有政策启示意义。改革开放后，特别是冷战结束以来，中国在众多国际制度中逐渐从被动的参与者转变为积极的改革者，并且在一些领域正在尝试或已经成为引领者。党的十八大以来，中国全面推进中国特色大国外交，实施共建“一带一路”倡议，发起创办亚洲基础设施投资银行，设立丝路基金，举办“一带一路”国际合作高峰论坛。党的二十大报告中也多次重申中国要“积极参与全球治理体系改革和建设”，“倡导构建人类命运共同体”。尽管本书将重心置于对国际制度竞争现象的深入分析和透彻把握，但这一分析的最终落脚点仍是旨在揭示国家间如何才能更好地管控竞争，特别是为中国作为日益崛起的负责任大国如何引领地区多边主义和多边合作提供政策建议。

第二节　国内外研究现状与本书的创新

在深入探讨东亚地区制度竞争问题之前，了解国内外研究现状并明确本书的创新之处，对于确立研究的基础和方向至关重要。国内外学者对于东亚制度竞争的研究，虽然取得了一定的成果，但仍存在一些不足和待解决的问题。本节旨在通过对国内外研究现状的梳理和分析，找到研究的突破口和创新点，以期为东亚地区制度竞争问题的研究提供新的思路和视角。

一、国际制度竞争相关研究综述

本部分主要概述国际制度竞争研究的源起，介绍国际制度复杂性理论、竞争性多边主义、现实制度主义、制度现实主义等理论视角，并尝试对国际制度竞争的定义、内涵、动力因素、战略手段和行为、决定竞争结果的因素、国际制度竞争对国际制度转型以及地区治理的影响等内容进行梳理。

(一)国际制度竞争研究的学术史梳理及相关理论流派

总体来看，国际制度竞争的研究缘起于学界在理论范式之争中对“权力政治”与“国际制度”二分法的反思。传统上，现实主义推崇权力政治，将国际制度视为大国间权力政治的附带现象。自由制度主义强调国际制度改变了无政府状态下各国为谋求生存与安全的权力争夺，转向了一个积极协调和合作的世界。[①] 随着范式论争的深入，有学者在理论层面尝试弥合这种二分法之间的裂痕。一方面，在对“权力政治”的解读中加入了制度要素，进一步分析权力如何影响国际制度设计和国际制度变迁[②]；另一方面，在对国际制度的研究中也补充了权力要素，探究制度的权力分配效应以及对权力的制约作用[③]。

在实证研究层面，20 世纪末国际法和国际关系学者对贸易、环境等领域制度密度增加的经验观察和研究开始兴起。他们发现，许多领域中都在不同层次存在多个国际机制，甚至是相互矛盾的法律协定，这种“条约拥堵”(treaty congestion)现象可能会对国际制度的有效性产生影响。[④] 奥兰·扬(Oran R. Young)较早提出了“制度联系”(institutional linkages)和“制度互动”(institutional

① Anders Wivel and T. V. Paul, “Exploring International Institutions and Power Politics”, in Anders Wivel and T.V. Paul eds., *International Institutions and Power Politics: Bridging the Divide*, Washington, D. C.: Georgetown University Press, 2019, pp. 3-20.

② Michael N. Barnett and Martha Finnemore, “The Politics, Power, and Pathologies of International Organizations”, *International Organization*, Vol. 53, No. 4, 1999, pp. 699-732.

③ Ian Manners, “Normative Power Europe: A Contradiction in Terms?”, *Journal of Common Market Studies*, Vol.40, No.2, 2002, pp. 235-258; Susan Strange, *States and Markets*, London: Pinter Publishers, 1998.

④ Edith Brown Weiss, “International Environmental Law: Contemporary Issues and the Emergence of a New World Order”, *Georgetown Law Journal*, Vol. 81, No. 3, 1993, pp. 675-710.

interaction)两个概念，并对这一现象的类型划分、动力机制和政策影响进行了分析[①]，国际制度研究也由此突破了传统上只关注“行为体—国际制度”互动关系的研究路径，将视野扩展到国际制度间关系的研究层面。

在以上理论分析和经验研究的推动下，国际制度竞争逐渐被纳入两大议题的研究框架中。

一是国家间战略竞争和权力转移研究。在大国无战争的背景下，国际制度竞争成为国家间战略竞争的重要方式。与国家间军备竞赛、结盟对抗甚至诉诸武力的传统战略竞争方式不同，国际制度竞争围绕国际规则制定和制度伙伴争夺展开。[②] 吉尔平指出，在系统性战争爆发和国际秩序发生根本性变化之前，国际治理结构通过各国为界定国际制度和规则而争斗的日常政治，以“渐进”和相对平和的方式发生变化。[③] 因此，在一定意义上，国际制度有助于实现权力的和平转移，是一种制度化的“权力交接”方式。在相关研究中，学者们提出了“制度非中性”、“制度性权力”(institutional power)、“国际制度领导权”(international institutional leadership)等概念和中层理论。[④]

二是国际制度间关系和制度互动研究。从关系性质来看，国际制度间关系可分为制度合作和制度竞争两类，因而国际制度竞争成为国际制度间互动关系研究的重要内容。进入21世纪以来，随着全球化和全球治理的迅速发展，国际制度互动愈加密集，制度间关系的竞争性特征及其对相关治理领域的结构性影响引发了学界的研究热潮。“机制复合体/复杂性”(regime complex/complexity)、“制度碎片化”(institutional fragmentation)、“挑选法院”(forum shopping)、“制度重叠”(overlapping institutions)、“制度达尔文主义”(institutional Darwinism)、“制度过剩”(institution surplus)等概念先后被提出，共同构成了解释国际制度间互动

① Oran R. Young, “Institutional Linkages in International Society: Polar Perspectives”, *Global Governance*, Vol.2, No.1, 1996, pp. 1-23. 在这篇具有开创性的文章中，奥兰·扬提出，由于制度密度增加和行为体之间相互依赖的加深，特定议题领域的国际制度与其他制度安排之间具有复杂的联系，他将这种联系划分为四种制度互动类型，即制度嵌入(embedded institutions)、制度嵌套(nested institutions)、制度集聚(clustered institutions)和制度重叠(overlapping institutions)，并逐个分析了每种制度联系产生的动力以及对政策的潜在影响。

② 参见李巍：《现实制度主义与中美自贸区竞争》，载《当代亚太》2016年第3期。

③ Robert Gilpin, *War and Change in World Politics*, Cambridge: Cambridge University Press, 1981, p. 46.

④ Marc Lanteigne, *China and International Institutions: Alternative Paths to Global Power*, London: Routledge, 2005；张宇燕：《利益集团与制度非中性》，载《改革》1994年第2期；Oran R. Young, “Political Leadership and Regime Formation: On the Development of Institutions in International Society”, *International Organization*, Vol. 45, No. 3, 1991, pp. 281-308.

关系的概念集合。[①]

上述研究的梳理揭示了国际制度竞争研究的起源,也概述了国际制度竞争逐渐被发掘成为国际政治领域一项独立研究议程的过程。总体来看,学术界尚未形成一个关于国际制度竞争因果机制的系统、完整的解释框架。但欣慰的是,近年来许多学者为这一研究议题的理论建构付出了诸多努力。目前有助于理解国际制度竞争的理论视角大致有国际制度复杂性理论(International Regime Complexity)、竞争性多边主义(Contested Multilateralism)、现实制度主义(Realist Institutionalism) 、制度现实主义(Institutional Realism)。

1.国际制度复杂性理论

在关于制度互动的研究中,国际制度复杂性理论最具代表性和影响力。该理论认为,一些"部分重叠但非等级制关系的制度安排"已构成了"国际机制复合体"。机制复合体具有制度依赖特征,将对新机制的创建产生约束和引导作用;制度间法律规则的不一致将促使行为体寻求最有利于它们利益的制度平台。[②] 卡伦·奥特(Karen J. Alter)和索菲·莫尼尔(Sophie Meunier)提出,国际制度复杂性可分为平行制度(parallel regimes)、重叠制度(overlapping regimes)和嵌套制度(nested regimes)三种类型,并指出制度复杂性背景下行为体的挑选法院(forum shopping)、机制转换(regime shifting)、利用战略不一致(strategic inconsistency)等战略行为改变了国际互动的方式。[③] 尽管国际制度

---

① 相关研究参见 Kal Raustiala and David G. Victor, "The Regime Complex for Plant Genetic Resources", *International Organization*, Vol. 58, No. 2, 2004, pp. 277-309; Marc L. Busch, "Overlapping Institutions, Forum Shopping, and Dispute Settlement in International Trade", *International Organization*, Vol. 61, No. 4, 2007, pp. 735-761; Frank Biermann, et al., "The Fragmentation of Global Governance Architectures: A Framework For Analysis", *Global Environmental Politics*, Vol. 9, No. 4, 2009, pp.14-40; Hannah Murphy and Aynsley Kellow, "Forum Shopping in Global Governance: Understanding States, Business and NGOs in Multiple Arenas", *Global Policy*, Vol. 4, No. 2, 2013, pp. 139-149; Thomas J. Pempel, "Soft Balancing, Hedging, and Institutional Darwinism: The Economic-Security Nexus and East Asian Regionalism", *Journal of East Asian Studies*, Vol. 10, No. 2, 2010, pp.209-238; Julia Morse and Robert Keohane, "Contested Multilateralism", *Review of International Organization*, Vol. 9, No. 4, 2014, pp. 385-412;李巍:《东亚经济地区主义的终结?——制度过剩与经济整合的困境》,载《当代亚太》2011 年第 4 期;王明国:《机制复杂性及其对国际合作的影响》,载《外交评论》2012 年第 3 期;王明国:《国际制度复杂性与东亚一体化进程》,载《当代亚太》2013 年第 1 期;王明国:《全球治理机制碎片化与机制融合的前景》,载《国际关系研究》2013 年第 5 期;王明国:《机制碎片化及其对全球治理的影响》,载《太平洋学报》2014 年第 1 期。

② Kal Raustiala and David G. Victor, "The Regime Complex for Plant Genetic Resources", *International Organization*, Vol. 58, No. 2, 2004, pp. 277-309.

③ Karen J. Alter and Sophie Meunier, "The Politics of International Regime Complexity", *Perspectives on Politics*, Vol. 7, No. 1, 2009, pp. 13-24.

复杂性理论没有直接将制度竞争作为核心概念，但是这一理论建立了权力政治与国际制度互动之间的逻辑关联，因而成为国际制度竞争研究的基础理论分支之一。

2.竞争性多边主义

朱莉娅·莫尔斯(Julia Morse)和罗伯特·基欧汉(Robert Keohane)提出的竞争性多边主义对国际制度竞争现象进行了较为全面的概括。竞争性多边主义强调多边主义并不必然是合作性的，也不必然是整合一体的，当前多边主义的特征是组建竞争性联盟和改变制度安排。对现存制度不满意的国家可以通过退出、发声或者创建替代性制度的方式，来追求不同于现存制度的政策与实践。他们从行为体和体系两个层次强调了国际制度间关系的竞争性。从单元层次看，竞争性多边主义是行为体参与国际互动的制度战略，国家、多边组织或非国家行为体运用正式和非正式的多边实践挑战现存多边制度，成为一种区别于用单边和双边手段来实现政策或制度变动的方式；从体系层次来看，竞争性多边主义指的是竞争各方提出某种程度上不能相容的多边安排的现象。①

3.现实制度主义理论

李巍最早使用了"国际制度竞争"形容中美"极力捍卫对自身有利的旧制度，推动缔造对自身有利的新制度"的战略关系特征。② 此后，他进一步提出了"国际制度竞争"作为学术概念的定义以及现实制度主义理论作为解释这一现象的理论框架。他认为国际制度竞争一方面是制度主导国之间的权力竞争，另一方面也是主导国提供公共产品的能力竞争。③ 现实制度主义包含三个理论命题：一是国际制度对于所有的制度成员都具有重要的公共服务功能，国际制度是国际社会中服务于共同治理需要的非常重要的公共物品；二是国际制度也能被领导国私有化为自身权力的工具，服务于领导国的特殊私人目标，成为领导国制度性权力的来源；三是在大国间呈现权力转移的背景下，既有国际制度体系在国际社会中的垄断地位正在被打破，新兴国际制度体系在国际治理中开始

---

① 莫尔斯和基欧汉还提出，机制转换和机制创建是竞争性多边主义的两种表现形式，他们的研究重点是竞争性多边主义的定义和形态，并选取了多个案例进行实证分析。参见 Julia Morse and Robert Keohane,"Contested Multilateralism", *Review of International Organization*, Vol. 9, No. 4, 2014, pp. 385-412; Gráinne De Búrca, "Contested or Competitive Multilateralism? A Reply to Julia C. Morse and Robert O. Keohane", *Global Constitutionalism*, Vol. 5, No. 3, 2016, pp. 320-326; Julia Morse and Robert Keohane, "Contested Multilateralism", *Review of International Organization*, Vol. 9, No. 4, 2014, pp. 385-412。

② 参见李巍：《国际制度竞争，中美新式软竞争》，载《环球时报》2013 年 11 月 21 日。

③ 参见李巍、张玉环：《美国自贸区战略的逻辑——一种现实制度主义的解释》，载《世界经济与政治》2015 年第 8 期。

发挥重要作用，国际制度的竞争正在成为大国政治的核心内容。① 李巍对其提出的现实制度主义理论的定位和意义进行了如下的表述："作为一种折中主义的产物，现实制度主义通过对现实主义和自由主义的取舍，形成了独特的理论体系和分析框架，它既可以用于解释体系层面的国际制度运行，特别长于解释国际制度的产生、兴起和衰朽，包括国际制度的变迁，也可以被用来解释单元层次的某个国家的国际制度战略。"②

4.制度现实主义理论

贺凯提出的制度现实主义理论起源于对亚太地区的安全制度化现象的观察。他将亚太地区的竞争性多边主义描述为"多边主义 2.0"，即地区的非东盟成员通过建立新制度或重振现有制度所引发的，是各国在面临潜在国际秩序转移过程中纷纷采取制度制衡外交战略的结果。③ 在解释变量的选取上，制度现实主义理论突出了现实主义的"权力因素"，并将"制度制衡理论"和"角色平衡理论"两个理论框架相结合，推演出了"国家不同的角色定位—不同类型的制度制衡战略—竞争性多边主义现象"的因果链条，其中国家的角色定位分为秩序主导国、改革国、辅成国、追随国四类，制度制衡战略分为包容性制度制衡、排他性制度制衡以及制度间制衡三种。两个类型划分分别回答了关于国际制度竞争的两个核心问题：一是国家为什么选择制度制衡战略以面对体系压力，二是为什么不同国家选择了不同的制衡战略。在竞争性多边主义与国际秩序转型的关系方面，该理论认为"竞争性多边主义的出现会带来制度重叠和冗余、降低制度效率，但也将大国间竞争维持在制度框架内，使得秩序的转变更可能以和平方式实现"④。

（二）国际制度竞争研究的相关议程

除以上与国际制度竞争相关的理论研究外，另有许多学者关注到国际制度竞争的诸多现实案例，从微观研究视角产出了一系列研究成果。从研究的议题

① 参见李巍：《制度之战：战略竞争时代的中美关系》，社会科学文献出版社 2017 年版，第 43 页。

② 李巍：《制度之战：战略竞争时代的中美关系》，社会科学文献出版社 2017 年版，第 54 页。

③ 参见贺凯：《亚太地区的制度制衡与竞争性多边主义》，载《世界经济与政治》2018 年第 12 期。

④ 贺凯：《亚太地区的制度制衡与竞争性多边主义》，载《世界经济与政治》2018 年第 12 期。贺凯的其他相关研究参见：Kai He, *Institutional Balancing and Asia Pacific: Economic Interdependence and China's Rise*, London: Routledge, 2008; Kai He, "Institutional Balancing and International Relations Theory: Economic Interdependence and Balance of Power Strategies in Southeast Asia", *European Journal of International Relations*, Vol. 14, No. 3, 2008, pp. 489-518；贺凯：《美国印太战略实质与中国的制度制衡——一种基于国际关系理论的政策分析》，载《现代国际关系》2019 年第 1 期；汪海宝、贺凯：《国际秩序转型期的中美制度竞争——基于制度制衡理论的分析》，载《外交评论》2019 年第 3 期。

领域来看，相关研究主要关注诸如国际贸易、国际金融、气候变化、能源治理、地区水资源治理等领域，以及中美、中日等复杂的大国战略竞争中的国际制度竞争。尽管学者们观察和分析的议题领域、地域范围、解释视角各不相同，但基本上都遵循了“现象描述—动因解释—影响分析”的逻辑，具体主要包括五个方面的内容：(1)国际制度竞争的定义与内涵；(2)国际制度竞争的动力因素分析；(3)国家参与国际制度竞争的战略手段和行为；(4)国际制度竞争的结果及其决定因素；(5)国际制度竞争对国际制度转型以及地区治理的影响。

1.国际制度竞争的概念、目标和内容

对国际制度竞争现象进行较为准确的概述和定义是相关理论研究的基础。通过理论逻辑推演和对现实中制度现象的总结，学者们对国际制度竞争的概念、目标和竞争的内容等问题大致形成了以下三种观点。

第一种观点认为，国际制度竞争是对制度主导权和领导力的竞争。如赵洋指出，国际制度竞争是在制度非中性的基础上，不同国家为谋取更大的利益而围绕着国际制度所开展的各种竞争活动。这种竞争主要体现在两个方面：一是在现有国际制度内部对于制度主导权的竞争，二是不同国际制度之间在主导国际事务方面的竞争。① 康晓重点关注了气候变化治理领域的制度竞争，认为气候变化全球治理的制度竞争本质上是领导权的竞争，关系到谁能够将符合自身内部减排制度特点的原则、规范和规则植入全球减排制度中，从而在碳减排的目标、方式、监督、资金利用、技术开发乃至道义制高点上掌握主动权。② 罗仪馥则认为，所谓国际制度竞争，实际上就是不同大国主导下的国际制度如何吸引小国支持的竞争，为此，了解小国的公共需求，从而设计出最符合其需求的制度公共服务功能，应当成为大国主导创建或改革某一国际制度的首要步骤。③

第二种观点强调，国际制度竞争是相关国家围绕伙伴关系、制度规则等制度要素展开的竞争。宋亦明认为，国际制度竞争是指某一国际制度为了削弱或替代另一国际制度所开展的竞争性行动，相互竞争的国际制度会通过发挥近似功能、争夺潜在成员、争取更多拨款和人员、替代对方所倡导的规范等方式削弱和替代对方，或者在客观上造成这一结果。④ 陈琪和管传靖特别强调了伙伴关

---

① 参见赵洋：《中美制度竞争分析——以“一带一路”为例》，载《当代亚太》2016 年第 2 期。

② 参见康晓：《气候变化全球治理的制度竞争——基于欧盟、美国、中国的比较》，载《国际展望》2018 年第 2 期。

③ 参见罗仪馥：《从大湄公河机制到澜湄合作：中南半岛上的国际制度竞争》，载《外交评论》2018 年第 6 期。

④ 参见宋亦明：《国际官僚与国际制度竞争退出》，载《世界经济与政治》2018 年第 8 期。

系在国际制度竞争中的重要作用,指出由于没有追随就没有领导,在国际制度竞争中,有效的支持十分重要,这也是伙伴竞争相对于规则竞争具有相对独立性的原因。①

另有部分学者给出了更为综合的观点,认为国际制度竞争既关系到制度领导国的权力地位,又体现在各国对制度规则、制度伙伴等制度要素的争夺上。如陈兆源认为,在国际制度竞争中,总体目标是关于权力地位合法性的竞争,其内容包括伙伴关系的竞争和制度规则的竞争。② 王燕等注意到,战后西欧国家经济恢复,一度与美国进行经贸规则的制度竞争。这种制度竞争体现为美欧在布雷顿森林体系内制度领导权之争,以及在区域制度下引领国际经贸规则及标准的能力之争。③ 李巍指出,国际制度竞争的实质是主导国争夺对国际行为规则的控制权,进而提升自身的权力、利益和尊严。④ 在另一项研究中,他进一步概述了国际制度竞争所涵盖的内容,指出国际制度竞争包括规则之争、机制之争、机构之争、秩序之争。⑤ 贺凯对国际制度竞争的定义则是从国家的制度制衡行为视角入手的。制度制衡指的是,国家在无政府的国际体系中,通过不同类型的制度手段制衡直接或潜在的威胁国,以争夺并扩大自己的权力和利益,约束、塑造目标国,弱化对手的合法性,并对目标国施加压力或抵消目标国所带来的威胁的一种制衡策略。⑥

2.国际制度竞争动因研究

严格来讲,目前关于国际制度竞争的研究中尚缺乏关于国际制度竞争动因的系统分析和论证。尽管如此,许多学者在探究某些具体领域、具体地区或具体某些国家间的国际制度竞争时,仍会不可避免地涉及关于制度竞争根源和动因的分析。这些散见于案例研究的观点主要包括以下四个方面。

第一种观点认为国家间实力和权力对比失衡是推动制度竞争和制度变迁出现的动力因素。黄琪轩分析了国际货币竞争的权力基础,指出权力竞争是制

---

① 参见陈琪、管传靖:《国际制度设计的领导权分析》,载《世界经济与政治》2015 年第 8 期;Thomas J. Christensen, "Fostering Stability or Creating a Monster? The Rise of China and U.S. Policy toward East Asia", *International Security*, Vol. 31, No. 1, 2006, pp. 81-126.

② 参见陈兆源:《中国自由贸易协定的伙伴选择》,载《世界经济与政治》2019 年第 7 期。

③ 参见王燕、陈伟光:《经济全球化与全球经济治理的制度转型》,载《学术界》2018 年第 4 期。

④ 参见李巍:《国际秩序转型与现实制度主义理论的生成》,载《外交评论》2016 年第 1 期。

⑤ 参见李巍、罗仪馥:《从规则到秩序——国际秩序竞争的逻辑》,载《世界经济与政治》2019 年第 4 期。

⑥ Kai He, "Institutional Balancing and International Relations Theory: Economic Interdependence and Balance of Power Strategies in Southeast Asia", *European Journal of International Relations*, Vol. 14, No. 3, 2008, pp.489-518;汪海宝、贺凯:《国际秩序转型期的中美制度竞争——基于制度制衡理论的分析》,载《外交评论》2019 年第 3 期。

度竞争的基石。美国提出的“双挂钩”制度(美元同黄金挂钩，其他成员货币同美元挂钩)战胜英国主导的金本位制度的关键在于美国拥有庞大的国内市场，其可以转化为美国的国家权力。[①] 刘均胜等将国际制度竞争的过程概述为制度安排从原有的均衡到新的均衡变迁的过程，指出：“原来依附霸权国的国家，利用单方面支付可以提升自己的实力，一旦达到实力转换的临界点，崛起国就希望改变原来对自己不利的制度安排，建立新的制度安排均衡。这种从原有的制度安排均衡到新的制度安排均衡，就构成制度变迁的主要内容。”[②]杰克·奈特(Jack Knight)也认为，制度变迁会带来分配的冲突，享有更强大权力的行为体会引导制度变迁，将制度变迁锁定在有利自身分配的制度安排。[③] 黄大慧等在分析中日关于东亚地区合作主导权的竞争时重点论述了地区合作中的政治权力色彩。“因为权力占优的一方，即主导方，能够通过自身主导地位使地区合作进程更多地朝向自身意愿的方向发展，从而能获得更多的经济资源与议程便利，谋求并巩固自身利益。由此，大国间对地区合作主导权的争夺成为一种自然的现象。”[④]

第二种观点认为，国际制度竞争的根源在于国际制度本身的非中性特征，这一制度属性的存在决定了国际制度竞争是伴随着制度生成、发展、变迁进程的普遍现象。李杨等在分析中美国际贸易制度竞争时指出，作为国际公共产品，国际制度对受益者具有非竞争性；但作为制度本身，国际制度具有非中性特征，即同一制度对不同的人意味着不同的事情。不同的人在同一制度下往往所获得的东西各异，而且已经从既定制度中或可能从未来某种制度安排中获益的个人或集团会竭力维护或争取该制度，这就造成国际制度的竞争性。[⑤] 徐秀军也持有类似的观点，他认为，在本质上，国际制度反映的是国际行为体的利益博弈与诉求。由于制度是非中性的，不同利益主体在同一制度框架中的收益却不相同。发达经济体是现行全球治理的既得利益者，而以金砖国家为代表的新兴经济体在其中处于一种相对不利的地位。金砖国家建立新的合作机制正是为了改变这种不公平、不合理的利益分配格局，减少全球治理非中性带来的不利

① 参见黄琪轩：《国际货币竞争的权力基础》，载《上海交通大学学报(哲学社会科学版)》2017 年第 4 期。

② 刘均胜、沈铭辉：《亚太区域合作制度的演进：大国竞争的视角》，载《太平洋学报》2012 年第 9 期。

③ 参见[美]杰克·奈特：《制度与社会冲突》，周伟林译，上海人民出版社 2009 年版，第 27、65 页。

④ 黄大慧、孙忆：《东亚地区合作主导权与中日制度竞争》，载《教学与研究》2017 年第 4 期。

⑤ 参见李杨、黄艳希：《中美国际贸易制度之争——基于国际公共产品提供的视角》，载《世界经济与政治》2016 年第 10 期。

影响。[①]

还有学者重点关注了国际制度竞争出现的宏观时代背景,认为国际制度竞争现象的出现与国家间相互依赖加深、国家间战略竞争加剧等因素有关。如现实制度主义认为,国际制度竞争现象在近几年凸显出来与国际体系的三个变化有关:一是"战争恐怖平衡"机制抑制了大国战争的出现;二是"复合相互依赖"机制在大国之间创造了巨大的共同利益;三是"科技创新制胜"机制使国际竞争的方式发生了重大变化。[②] 贺凯的制度现实主义在论述国家的制度制衡行为时也是以国际秩序转型为背景的,他指出:"在地区权力转移加速、战略不确定性增加和经济相互依赖日益加深的背景下,这一现象(亚太地区的制度制衡)是不同行为体推动地区秩序转型和重构、相互间不断竞争与协调的结果。"[③]

此外,也有学者强调了国际制度竞争的国内根源,例如国家的国内制度基础以及国内的民族主义取向等因素。这种观点认为,国际制度是国内制度的延伸,因此研究特定领域的国际制度竞争,有必要将比较政治学与国际关系学相结合,在深入研究主要行为体内部在该领域的制度实践的基础上,考察它们在国际层面的制度倡议和政策博弈,这样才能更科学地理解国际制度竞争的国内根源。[④] 兰德尔·施韦勒(Randall Schweller)则指出,新兴大国与守成大国的战略(制度)竞争取决于不同的国内民族主义取向。新兴大国拓展的外向型民族主义特征会展现出竞争性国际形象,并利用各种机会来扩大本国的权力和地位。守成大国在全球紧缩的内向型民族主义影响下倾向于关注国内改革和重建,在国际上表现为减少责任和制度退出。[⑤]

3.国家参与国际制度竞争的行为和策略研究

国家采取何种战略方式和战略行为参与国际制度竞争是学者们探讨的焦点问题之一,具体包括两个核心问题:一是国家可选择的策略有哪些,二是如何解释不同国家在策略选择上的不同偏好。

首先,学者们对国际制度竞争中可以采取的制度策略进行了分类和归纳。奥兰·扬从制度互动的角度提出了所谓的制度互动战略,即"制度占据""制度

---

① 参见徐秀军:《制度非中性与金砖国家合作》,载《世界经济与政治》2013年第6期。

② 参见李巍:《国际秩序转型与现实制度主义理论的生成》,载《外交评论》2016年第1期。

③ 贺凯:《亚太地区的制度制衡与竞争性多边主义》,载《世界经济与政治》2018年第12期。

④ 参见康晓:《气候变化全球治理的制度竞争——基于欧盟、美国、中国的比较》,载《国际展望》2018年第2期。

⑤ Randall Schweller, "Opposite but Compatible Nationalisms: A Neoclassical Realist Approach to the Future of US-China Relations", *The Chinese Journal of International Politics*, Vol. 11, No. 1, 2018, pp. 23-48.

改造/废止”及“制度整合”。制度占据是指制度外行为体通过制度关联占据对自身有利的制度，制度改造是指修改制度或者废除某一制度，制度整合是指通过合并一些相关制度以方便实现自身利益。[①] 约瑟夫·朱皮耶(Joseph Jupille)等人的研究认为，有限理性会使决策者倾向于根据其对方案的熟悉程度，依次采取使用、选择、改革和创建的策略来应对现存国际制度的缺陷。[②] 罗伯特·基欧汉提出的竞争性多边主义则具体包括“机制转换”(regime shifting)和“创建竞争性机制”(competitive regime creation)两种制度竞争策略。[③] 刘玮重点关注了在国际制度竞争中崛起国创建国际制度的策略问题。他的研究发现：在网络外部性高的领域，如金融危机管理、网络通信技术标准等，新旧制度容易发生冲突；在网络外部性低的领域，如跨国直接投资、国际发展援助等领域，多中心合作容易兼容。因此，崛起国通过选择网络外部性较低的议题领域以及建立合股、授权和战略伙伴等制度化的组织间架构，有利于塑造制度合作的稳定预期，促进国际制度在创设初期的生存。[④]

更为重要的是，一些学者借鉴企业组织竞争理论、角色理论、理性选择制度理论等视角，将其与国际制度竞争的策略相结合，回答了“为什么不同的国家会采取不同制度竞争策略”的问题。

陈兆源借鉴企业组织竞争的相关理论，为中国和美国在亚太地区采取不同的一体化路径进行制度竞争提供了一个理性选择的解释。他通过研究指出，中国作为国际制度的进入者，其比较优势在于成本较低，中国需要降低缔约成本以吸引合作伙伴，以便与在位者竞争，因而中国对一体化路径的偏好主要体现为低法律化水平路径。美国作为在位者，其比较优势在于完整的产品功能，尽管实现这些功能的成本较高，不过美国可通过其市场势力施加一定程度的强制力，其结果便是提高制度化水平，这体现为高法律化水平路径。[⑤]

贺凯将角色理论与制度制衡理论相结合，阐释了国家的制度制衡策略与国家在国际秩序转型中角色定位的关系。他将国家的制度竞争策略分为三种不同类型，分别是包容性制度制衡、排他性制度制衡和制度间制衡。在秩序转型

① Oran R.Young, *The Institutional Dimensions of Environmental Change: Fit, Interplay, and Scale*, Cambridge: MIT Press, 2002, pp.111-138.

② Joseph Jupille, Walter Mattli and Duncan Snidal, *Institutional Choice and Global Commerce*, New York: Cambridge University Press, 2013.

③ Julia Morse and Robert Keohane, “Contested Multilateralism”, *Review of International Organization*, Vol. 9, No. 4, 2014, pp. 385-412.

④ 参见刘玮：《崛起国创建国际制度的策略》，载《世界经济与政治》2017 年第 9 期。

⑤ 参见陈兆源：《法律化、制度竞争与亚太经济一体化的路径选择》，载《东南亚研究》2017 年第 5 期。

过程中,各国存在秩序主导者、改革者、辅成者和追随者这四种不同角色定位,这些角色定位导致它们在包容性制度制衡、排他性制度制衡和制度间制衡等战略之间进行选择。其中,秩序主导国偏好排他性制度制衡,秩序改革国对包容性制度制衡及排他性制度制衡均有偏好,秩序辅成国偏好制度间制衡,秩序追随国偏好排他性制度制衡或包容性制度制衡。①

冷鸿基通过对香格里拉对话会创建和发展过程的回顾,认为香格里拉对话会在与东盟主导的地区安全制度的竞争中采取了差异化竞争战略。"通过采取差异化竞争战略,香格里拉对话会发展国防外交以弥补地区合作空白,其采用'直接、坦诚'的对话方式,聚焦权力结构的安全话语设计,为各国提供不同于'东盟方式'的制度平台。""在功能性相似的东盟防长扩大会议建立后,香格里拉对话会继续强调差异化竞争,专注在安全理念和地区制度架构等宏观层面发挥影响力,成为美国强化权力安全观的重要平台。"②

汪海宝等构建和检验了"制度红利—制度制衡"的理论模型,用制度竞争过程中国家基于"成本—收益"的理性选择逻辑解释了为什么中国这样的崛起国会选择维护现有国际秩序的"包容性制度制衡"战略,而作为主导国或守成国的美国却实行旨在破坏现有国际秩序的"排他性制度制衡"战略。该研究指出,制度红利的变化影响着国家对不同制度制衡战略的选择偏好。随着美国在现有国际制度中享受的"制度红利"不断下降,它更有可能选择挑战现有国际秩序的"排他性制度制衡"战略,包括退出现有多边机制以及建立对其有利的新的国际机制。相反,随着中国在现有国际机制中"制度红利"的增加,中国更有可能选择维护现有国际秩序的"包容性制度制衡"战略。③

另有国外学者研究了中国领导的国际制度中的美国安全扈从国的制度战略,认为当挑战国领导的制度是旨在对美国领导的制度框架进行补充而不是与之竞争时,面临分散的安全关切的扈从国更有可能对其进行支持。相比之下,当挑战国领导的制度旨在与美国领导的制度进行竞争时,受到挑战国所带来的明确安全关切的扈从国则不会对其进行支持。他通过梳理中国领导的亚信会议(CICA)与亚投行(AIIB)两个国际制度的形成和发展,以及美国盟友对这两

---

① 参见贺凯:《亚太地区的制度制衡与竞争性多边主义》,载《世界经济与政治》2018 年第 12 期。

② 冷鸿基:《多边主义竞争与香格里拉对话会的发展战略》,载《国际论坛》2019 年第 6 期。

③ 参见汪海宝、贺凯:《国际秩序转型期的中美制度竞争——基于制度制衡理论的分析》,载《外交评论》2019 年第 3 期。

个制度的态度，证实了上述假设。①

4.国际制度竞争的结果和影响研究

国际制度竞争的结果及其对国际秩序和全球治理的外部影响是国际制度竞争研究的核心问题之一。这一研究议程具体又包括三个方面：一是国际制度竞争对国家作为竞争参与者的影响，即哪些因素决定了国家在国际制度竞争中权力地位的消长和竞争策略的成败；二是国际制度竞争对制度变迁的影响，即国际制度竞争如何决定了特定国际制度的兴衰；三是国际制度竞争对全球和地区治理效果以及秩序转型的影响，即国际制度竞争会增进还是有损于全球和地区治理的效果，以及国际制度竞争对国际秩序转型的方式和进程将会产生怎样的影响。

在国际制度竞争结果的描述和分类方面，既有研究大多默认国际制度竞争对参与者而言有竞争成功和失败两种结果，将主要精力放在对成败原因的分析上。宋亦名借助“竞争退出”的概念更为详尽地讨论了国际制度竞争的结果模式。他认为竞争退出存在三种情形：一是不完全竞争退出，即曾经相互竞争的国际制度部分放弃了削弱和替代对方的目标及行动，使制度竞争的烈度趋缓；二是完全竞争退出，即曾经相互竞争的国际制度完全放弃了削弱和替代对方的目标及相应行动，此外还相向而行，双方变竞争为合作；三是竞争参与者退出，即制度竞争中的一方并未放弃削弱和替代对方的目标及行动，但自身因特定原因走向瓦解，使国际制度竞争因为一方不存在而结束。在此基础上，他进一步探讨了“哪些因素决定了国家参与国际制度竞争成败”的问题。通过对基于国际能源署与石油输出国组织、国际能源署与国际可再生能源署两组案例以及由更具一般性的案例所组成的案例集进行分析后，他得出的结论是：国际制度竞争力较差与制度主导国权力地位较低并非国际制度竞争退出的必然因素，相反，是国际官僚对另一国际制度威胁的再认识、对制度间合作收益的新认知以及获得的“技术保护带”促使它们不再热衷竞争性政策和行动，由此促成了国际制度竞争的退出。②

现实制度主义理论在这一问题上给出了更为综合的解释，该理论认为国际制度竞争的结果，也即特定国际制度的兴盛与衰朽由三大政治基础所决定：一是制度领导国的政治权力地位的变化，某种制度领导国的权力地位的衰落，将可能导致国际制度的衰朽以至于在制度竞争中处于劣势地位。二是国际制度

① Dong Jung Kim, "Unfaithful Allies? US Security Clients in China-Led International Institutions", *International Relations of the Asia-Pacific*, Vol. 20, No. 1, 2020, pp. 61-90.

② 参见宋亦名：《国际官僚与国际制度竞争退出》，载《世界经济与政治》2018 年第 8 期。

提供公共服务的能力,不能有效提供公共物品的国际制度将走向衰朽。三是国际制度本身的结构合理性,这种合理性主要体现在成员国的参与性规模以及制度内部权利分配的公平性等方面,参与性不高或过高,以及缺乏足够公平性的国际制度都将导致国际制度的结构合理性不足,从而影响成员国对国际制度的支持,而结构不合理的国际制度将走向衰朽。[①]

此外,也有学者探讨了制度的融资能力、信誉、制度所在政策领域的网络效应和进入门槛等因素,并将其作为影响国际制度竞争结果的变量。任琳等提出,当今制度博弈中,在制度内部的原则规范、工作方式、不同的机构和机制等制度本身的内容之外,还涉及两个关键的问题:融资和信誉。这两个要素可被视为在多边制度条件下大国追求权力和财富的关键手段,是连接博弈目标和制胜要素的重要"节点",是新的权力生产方式的具体体现。[②] 菲利普·利普斯(Phillip Y.Lipscy)在分析制度博弈的基础上提出了一个解释国际关系中制度变迁的理论。他认为,政策领域的网络效应和进入门槛这两个特性,会决定新建国际制度能否作为有效的外部选项倒逼国际制度改革。[③]

在"国际制度竞争对国际秩序转型和全球治理的外部影响"这一问题上,学者们尚存在较大分歧。有学者给出了较为乐观的判断,认为制度制衡不仅拓展了大国制衡行为的战略路径,也为大国选择更为和平的制衡手段提供了可能,制度制衡有助于推动国际秩序的和平转型。[④] 也有学者提出国际制度竞争导致的制度重叠现象有助于国家获得较低的制度准入成本和门槛,为小国提供杠杆工具,赋予中等国家(行为体)更多权力,最终"可能有助于各国走向稳定的平衡"。[⑤]

更多的学者探讨了国际制度竞争对全球和地区治理带来的负面影响。孔凡伟指出,随着国家越来越多地参加到日益增多的各种国际制度中,问题领域、管辖权以及成员身份等的"交叠"问题越来越明显。[⑥] 王明国也认为机制复杂性破坏了国际机制促进国家间合作的因果路径,发达国家拥有实施、履行和解决

---

① 参见李巍:《制度之战:战略竞争时代的中美关系》,社会科学文献出版社 2017 年版,第 76 页。

② 参见任琳、孙振民:《大国战争之后:权力生产方式的历史演变》,载《当代亚太》2020 年第 1 期。

③ Phillip Y. Lipscy, "Explaining Institutional Change: Policy Areas, Outside Options, and the Bretton Woods Institutions", *American Journal of Political Science*, Vol. 59, No. 2, 2015, pp. 341-356.

④ 参见汪海宝、贺凯:《国际秩序转型期的中美制度竞争——基于制度制衡理论的分析》,载《外交评论》2019 年第 3 期。

⑤ Andrew I. Yeo, "Overlapping Regionalism in East Asia: Determinants and Potential Effects", *International Relations of the Asia Pacific*, Vol. 18, No. 2, pp. 161-191.

⑥ 参见孔凡伟:《制度互动研究:国际制度研究的新领域》,载《国际观察》2009 年第 3 期。

机制复杂性难题的实力。在某种程度上，国际机制的扩散将基于规则的国际治理结构还原到了基于权力的结构框架之中。①

与上述理论判断相呼应的是，一些学者在实证研究和案例分析中也得出了相似的结论。相关研究围绕环境、气候变化、贸易、能源、人权、知识产权、难民问题治理、生物安全、粮食安全等全球治理的不同领域展开了实证分析。有些学者认为机制复合体可能有助于更高程度的制度遵从，甚至带来更完善的制度分工。② 也有学者认为与机制复合体相伴而生的制度碎片化现象增加了行为体之间利益汇聚的难度，从而降低制度的有效性。③

此外，关于国际制度竞争的后果，也有学者给出了"二分法"的解读。现实制度主义认为，国际制度竞争一方面可能缓解国际竞争的丛林性质，大量的制度供给有可能削弱国际社会的无政府性质，有利于全球治理；但另一方面，恶性的、排他性的国际制度竞争也可能导致"制度过剩"，甚至还可能带来"制度冷战"的风险。④ 由于制度竞争可能呈现出制度相容性和制度互斥性两种可能的形态，从而使国际秩序走向也将对应两种不同的前景。如果大国主导的国际制度能保持制度间的相容性，将引导国际体系进入一个以规则为基础的新秩序；如果国际制度被大国"私有化"为自身的战略工具，将很可能导致制度间的互斥性，从而加剧国际社会的运转失序和国际市场的治理失效。⑤

（三）东亚地区制度竞争研究

学界关于东亚地区制度的相关研究是与东亚地区主义、地区合作、地区一体化等研究相伴而生、并行发展的。从研究内容来看，相关研究主要关注以下

① 参见王明国：《机制复杂性及其对国际合作的影响》，载《外交评论》2012 年第 3 期。

② 相关研究参见 Thomas Gehring and Benjamin Faude, "The Dynamics of Regime Complexes: Microfoundations and Systemic Effects", *Global Governance*, Vol. 19, No. 1, 2013, pp. 119-130; Amandine Orsini, Jean-Frédéric Morin and Oran Young, "Regime Complexes: A Buzz, a Boom, or a Boost for Global Governance", *Global Governance*, Vol. 19, No. 1, 2013, pp. 27-39; Fariborz Zelli and Harro Van Asselt, "Introduction: The Institutional Fragmentation of Global Environmental Governance: Causes, Consequences, and Responses", *Global Environmental Politics*, Vol. 13, No. 3, 2013, pp. 1-13。

③ 相关研究参见 Karen J. Alter and Sophie Meunier, "The Politics of International Regime Complexity", *Perspectives on Politics*, Vol. 7, No. 1, 2009, pp.13-24; Laurence R. Helfer, "Regime Shifting in the International Intellectual Property System", *Perspectives on Politics*, Vol. 7, No. 1, 2009, pp. 39-44; Daniel W. Drezner, "The Power and Peril of International Regime Complexity," *Perspectives on Politics*, Vol. 7, No. 1, 2009, pp.65-70; Robert O. Keohane and David G. Victor, "The Regime Complex for Climate Change", *Perspectives on Politics*, Vol. 9, No. 1, 2011, pp.7-23。

④ 参见李巍、张玉环：《美国自贸区战略的逻辑——一种现实制度主义的解释》，载《世界经济与政治》2015 年第 8 期。

⑤ 参见李巍：《现实制度主义与中美自贸区竞争》，载《当代亚太》2016 年第 3 期。

几个议题:一是东亚地区制度构建和变迁的整体进程;二是东亚地区制度的结构性特征和地区特性;三是东亚区域和次区域制度演进的复杂动力和变迁模式。总之,学界关于东亚地区制度的研究视角多元、成果丰硕,但遗憾的是,在关于东亚制度竞争问题的研究上尚缺乏一个较为系统的学术谱系,以制度竞争为视角对东亚地区制度进行的分析也尚未构成一个独立的研究议题,而是散见于中国、美国、日本等大国间的战略竞争研究,以及对"10+3"与"10+6"机制、TPP/CPTPP与RCEP、GMS与LCM等几组机制的竞合关系探讨,其中也不乏对国家间以及机制间竞争过程、竞争手段和竞争后果的正面揭示。

其一,自"10+3"机制建设起,学者们就关注到了地区大国之间在地区制度建设和发展方向上的相互角力。庞中英较早指出,东亚地区的地区主义作为一个政治概念具有鲜明的民族国家特征,各种地区主义之间具有内在的竞争性。① 在另一篇文章中,他进一步概述了东亚地区在双边自贸区构建过程中存在竞争性的地区主义现象(competitive regionalism)。"东盟国家主动出击,争取不仅日本而且中国的重视,而中国与日本则分别与东盟谈判建立自由贸易区,这样,在东亚'10+3'的地区框架下,实际上展开了国家主导的不同地区主义之间的竞争。中国的地区主义构想不同于日本地区主义,而东盟地区主义则不同于中日。"②魏玲也较早探讨了东亚一体化过程中的架构和制度竞争现象。其中表现之一即是各国领导人提出的竞争性倡议和设想,如澳大利亚总理陆克文提出亚太共同体倡议,日本首相鸠山由纪夫提出的"友爱外交"和"东亚共同体设想",美国总统奥巴马力推的"跨太平洋战略经济伙伴协定"(TPP)等。此外,她还认为东亚合作现有机制出现的重大变化,如中日韩合作机制化、东盟防长会扩大、东亚峰会扩员等,都是地区制度竞争的表现。③

2014年,美国知名智库国家亚洲研究局(National Bureau of Asian Research)发布的报告分析了亚洲地区出现的竞争性地区主义(rival regionalisms)。该报告认为,俄罗斯提出的欧亚联盟、金砖国家创建的新开发银行、中国发起或领导的上海合作组织、中国—东盟自由贸易协定等旨在通过建立(或振兴)非西方组织,替代美国等西方国家的领导地位。一场缓慢的区域和全球秩序以及制度合

① 参见庞中英:《地区化、地区性与地区主义——论东亚地区主义》,载《世界经济与政治》2003年第11期。

② 庞中英:《东亚地区主义的进展与其问题》,载《东南亚研究》2003年第3期。

③ 参见魏玲:《东亚地区化:困惑与前程》,载《外交评论》2010年第6期。

法性危机正在出现。① 叶成城在研究中也有相似的发现，他认为随着亚太地区制度大量兴起，以经济制度为主的各类制度迅速发展并嵌入地区秩序中。亚太地区大国之间除了传统的地缘政治竞争（即对势力范围和交通枢纽的控制权的竞争）和地缘经济竞争（即在贸易投资领域的竞争），又出现了一种新的竞争方式，即大国在地区规则制定权中的竞争，相比之下在其他地区却从未出现这种频繁的规则制定权之争。② 王明国则在评估和比较当前东亚主要地区治理机制的有效性后指出，就未来发展而言，东亚地区各种不同的机制很难构建成一个全面统一的治理机制，各种机制竞相发展、相互竞争将是未来东亚机制的常态。其中，尤其以 TPP、RCEP 以及中日韩合作三个治理架构的演进最具关键意义。③

近年来，国外有学者探讨了东南亚地区的“竞争性次区域主义”（Competitive Sub-regionalism）现象。该研究认为，东南亚地区的次区域主义共经历了三波建设浪潮，但是只有第一波创建的论坛机制有助于加快经济互动，增强区域凝聚力，其后的机制大多沦为“软制衡”和“对冲”战略的手段。从 20 世纪 90 年代末开始，东南亚地区的次区域主义在很大程度上是竞争性的，而且是支离破碎的，无论是机制还是项目都没有得到适当的嵌套。它的特点是挑选法院（forum shopping）和浅层机构（shallow institutions），各类机制在任务、职能和成员方面有很大的重叠。④

其二，部分学者在研究中虽未明确使用“制度竞争”的概念，但却指出东亚地区制度的战略工具化倾向。如周方银认为在东亚地区经济中心与安全中心相互分离的二元格局下，地区内大国和重要行为体更多地把地区制度作为战略性工具来使用，使地区制度安排成为服务于权力竞争的手段。⑤ 于震的研究指出，美国主导的 TPP 在孤立中国的同时，也逼迫东亚国家陷入了艰难选择的境地。这表明：“一旦地区合作中的制度建设兼具经济与战略意图时，执行两面下注政策的国家将不得不在经济利益和安全利益间进行权衡，此时地区制度完全

---

① Ellen L. Frost, “Rival Regionalisms and Regional Order: A Slow Crisis of Legitimacy”, NBR Special Report, No. 48, December 2014, p.5.

② 参见叶成城：《能力分配和制度收益：冷战后亚太地区制度变迁的政治经济分析（1989～2016）》，中国社会科学出版社 2022 年版。

③ 参见王明国：《东亚地区治理机制的有效性评估与未来发展》，载《当代亚太》2014 年第 2 期。

④ Jürgen Rüland, “Southeast Asia's Competitive Sub-regionalism: Overlap and Superfluity?”, April 8, 2019, https://theasiadialogue.com/2019/04/08/southeast-asias-competitive-sub-regionalism-overlap-and-superfluity/.

⑤ 参见周方银：《中国崛起、东亚格局变迁与东亚秩序的发展方向》，载《当代亚太》2012 年第 5 期。

可能沦为'制衡'工具而不是单纯服务于经济合作。"[①]王玉主也关注到了"地区合作平台成为遏制战略的载体"的现象。他指出，对相对收益的追求使大国博弈异化为亚太区域合作的主要动力。与亚太合作动力异化密切相连的是竞争使区域合作安排被工具化，即亚太合作安排成为守成大国遏制崛起大国的工具。[②] 韩爱勇认为，地区合作的"东盟模式"未能有效整合地区利益，反而导致制度的过剩，其结果就是国家中心主义盛行，地区主义在一定程度上沦落为大国竞争的工具。国家将自己的利益凌驾于地区利益之上，国家利益而非地区利益的诉求成为地区主义追求的目标，从而导致多种竞争性的地区主义主张和合作制度的出现。[③] 在另一篇探讨东亚地区主义何以走向衰落的文章中，韩爱勇指出东亚存在着三种相互竞争的地区主义：中国式地区主义、日本式地区主义和东盟式地区主义。在地区小国眼中，地区主义可以作为小国联合以增进地区福祉的举措，因为借此可抵御全球化的风险。在大国的战略视野中，地区主义的最大价值可能是其可作为大国之间竞争的一种有用工具，因为地区合作规模越大，其经济收益就越高，其规则的实用性和普适性就越强。[④]

其三，另有一些文献具体分析了中日之间和中美之间以地区制度为平台展开的竞争。

第一，中日之争。王玉主较早探讨了中日之间的"10＋3"和"10＋6"之争。他指出，从东亚区内形势看，这反映了中日对东亚合作主导权的争夺。从一个超越东亚的视角来看，这种模式之争背后是美国的控制与东亚的抗争。[⑤] 魏玲对此也有类似的观点，认为"10＋3"与东亚峰会(EAS)之争实际上涉及中日关系和美国因素问题，并细致梳理了各方在其中的利益诉求和政策倾向。[⑥] 黄大慧和孙忆阐释了中国和日本作为东亚地区最大的两个经济体为赢得东亚地区合作主导权展开的制度竞争。在机制建设上，中日两国分别倡导的国际机构或机制存在明显的功能交叉与重合，如中国倡导建立的亚投行、金砖国家新开发银行、中非合作论坛，日本占主导地位的亚洲开发银行、"日本国际协力机构"、"非洲发展会议"等，这是两者形成制度竞争态势的最明显表现。他还指出，中

---

① 于震：《经济安全互动视角下东亚地区合作格局演变与中国应对》，载《南京师大学报(哲学社会科学版)》2015年第4期。

② 参见王玉主：《显性的双框架与隐性的双中心：冷和平时期的亚太区域合作》，载《世界经济与政治》2014年第10期。

③ 参见韩爱勇：《开放的地区主义：中国地区合作的新路径》，载《教学与研究》2017年第6期。

④ 参见韩爱勇：《东亚地区主义何以走向衰落》，载《外交评论》2015年第5期。

⑤ 参见王玉主：《中日之争与东亚合作——以"10＋3"、"10＋6"为主的分析》，载《创新》2010年第3期。

⑥ 参见魏玲：《〈第二份东亚合作联合声明〉与东亚共同体建设》，载《外交评论》2008年第1期。

日两国实力差距越大，美国在东亚的制度性介入程度越深，中日两国关系就可能相对越发紧张，彼此之间的制度竞争也将越激烈。① 田凯则更为细致地回顾了中日之间从双边 FTA 竞争、东亚地区主导权竞争到亚太地区主导权竞争的升级和演进过程。其中包括两国分别与东盟的两个“10＋1”之争，“10＋3”和“10＋6”之争，中国所推动的东亚自由贸易协定（EAFTA）与日本主导的东亚经济伙伴关系协定（CEPEA）模式之间的竞争，以及后来的 TPP/CPTPP 与 RCEP 之争。②

第二，中美之争。

一是中美之间关于东亚机制和亚太机制之争。宋伟分析了中美两国分别主张的东亚区域机制与亚太跨区域机制之间的竞争。他认为，亚太区域合作是美国用来阻止东亚地区只包含东亚的一体化进程获得优势的战略。这一战略不仅保证了美国从东亚不断发展的经济进程中受益，充当着政治和安全事务的主导者，还削弱了地区内的东亚认同，使跨地区的进程压倒了地区内的一体化进程。③ 莫盛凯同样关注到了美国在争取地区合作主导权方面的战略偏好，即推动“东亚合作的亚太化”，以跨地区主义取代东亚地区主义。美国官方文件及高级官员在涉及东亚讲话中从不曾出现“地区主义”一词，而替代性地使用“多边主义”，至多也是模糊不清的“地区架构”（regional architecture）。④

二是中美之间围绕地区规则制定展开的竞争。如邝云峰认为，由于中国希望在制定国际规则方面发挥重要作用的战略意图难以被美国接受，并遭遇强烈反弹，所以通过成立亚投行、发起“一带一路”、推进 RCEP，建立替代性制度和平台与美国进行竞争。⑤ 韩爱勇也指出，中美两个大国对地区合作规则的关注不仅使地区合作的规则竞争趋于激烈，而且地区合作规则制定本身也成为中美博弈的新领域。⑥ 李巍则认为，由于 WTO 多哈回合谈判已经陷入了深度困境，中美两国在国际贸易领域的制度竞争主要表现为区域和双边层次的自贸区谈判竞争，两国都致力于通过领导自贸区谈判来获得新一轮国际贸易制度建设的主导权，其核心内容是对贸易伙伴的争夺和贸易规则的制定。⑦ 凌胜利分析认

---

① 参见黄大慧、孙忆：《东亚地区合作主导权与中日制度竞争》，载《教学与研究》2017 年第 6 期。

② 参见田凯：《中日竞争效应下的东亚地区主义》，载《当代世界与社会主义》2018 年第 5 期。

③ 参见宋伟：《试论美国对亚太区域合作的战略目标和政策限度》，载《当代亚太》2010 年第 5 期。

④ 参见莫盛凯：《没有地区主义的东亚合作》，载《当代亚太》2014 年第 2 期。

⑤ Khong Yuen Foong, “The Reality of US-China Competition”, National University of Singapore, July 9, 2016, https://lkyspp.nus.edu.sg/gia/article/the-reality-of-us-china-competition.

⑥ 参见韩爱勇：《规则转移与东亚地区合作》，载《新视野》2015 年第 6 期。

⑦ 参见李巍：《现实制度主义与中美自贸区竞争》，载《当代亚太》2016 年第 3 期。

为,近年来,随着中美权力差距日益缩小,两国之间的竞争逐渐从“权力政治”转向“规则政治”。就亚太地区竞争而言,中美的规则之争也日益重要,美国希望通过制度创设或制度扩容进行权力重塑,进而能够继续维持其在亚太地区的主导地位。美国希望通过规则重塑权力,打造其在亚太经济、安全和政治制度上的优势,限制中国的权势转化。①

三是中美关于具体区域合作平台的竞争。李杨和黄艳希指出,中美两国在区域层面竞争的焦点是国际贸易规则的载体,即关于亚太区域合作平台的竞争。美国试图通过亚太经济合作组织(APEC)构建亚太自由贸易区(FTAAP),中国则希望通过“10+”机制优先推进东亚区域合作。2010 年以后美国主导的 TPP 和中国力推的 RCEP 之间的竞争也是这类竞争的案例。② 赵洋也指出,中美制度竞争的一个表现就是中国所倡导的“一带一路”及亚洲基础设施投资银行(亚投行)同美国所主导的各种现有国际制度(世界银行和亚洲开发银行)以及美国倡导的 TPP 之间的竞争,而这种竞争随着“一带一路”的推进还会持续进行下去。③ 王玉主也认为,随着“10+”合作功能的弱化,中日竞争已经退居次要地位,中美竞争则逐渐显现为新型双框架模式,这个双框架表面上有两个主导者,即 TPP 的主导者美国与 RCEP 的倡导者东盟,但亚太区域合作在冷和平下向大国力量博弈转化这一点预示着,在这个显性双框架背后,将逐渐形成隐性的双中心——中国和美国的力量对抗。④

此外,祁怀高提出“中美制度均势”的概念用来描述中美两国在经济相互依存加深的背景下通过国际制度对彼此实施的机制化制衡,并通过中美两国在东亚体系中的“权力分布”和“经济相互依存”两个变量检验中美在东亚的制度均势,分析了冷战结束后中美两国在东亚采取的制度均势行为,解释了中国倡导的多边合作体系与美国主导的双边同盟体系的兼容并存。⑤

其四,学界在东亚地区制度竞争对地区治理、地区合作、地区主义发展、地区一体化进程等方面产生的影响也表现出了较多的兴趣。

国内最早关注东亚地区制度竞争现象的庞中英认为,“‘竞争性地区主义’对东亚并非不利,因为如此这样竞争,一个东亚自由贸易网络实际上逐渐形成,

---

① 参见凌胜利:《拒优战略:中美亚太主导权竞争》,载《当代亚太》2017 年第 1 期。

② 参见李杨、黄艳希:《中美国际贸易制度之争——基于国际公共产品提供的视角》,载《世界经济与政治》2016 年第 10 期。

③ 参见赵洋:《中美制度竞争分析——以“一带一路”为例》,载《当代亚太》2016 年第 2 期。

④ 参见王玉主:《显性的双框架与隐性的双中心:冷和平时期的亚太区域合作》,载《世界经济与政治》2014 年第 10 期。

⑤ 参见祁怀高:《中美制度均势与东亚两种体系的兼容共存》,载《当代亚太》2011 年第 6 期。

为最终的东亚自由贸易区实现奠定了基础”[①]。贺平等人的研究也支持了这一观点，他认为多元区域治理机制并行发展的特点并不只存在于经贸领域，也是东亚合作的整体性特征。这固然难以避免机制重叠所产生的弊端，但更是对东亚历史和现状合乎情理的反应。各国可以从不同的机制中实现各个层次的不同目标，增强区域和跨区域合作的灵活性，并有助于良性的“机制竞争”。[②] 王明国认为，制度复杂性并不一定是东亚一体化进程的阻碍因素。对东亚地区制度平行、制度嵌套和制度重叠这三种不同类型制度复杂性的案例分析显示，通过加强国际制度建设、推动核心成员国利益趋同、提升“体制选择”或“体制转移”过程中的成本等方式，国际制度复杂性为东亚合作注入了新的活力，提供了一种新的可行选择。[③] 田凯认为中日两国的对抗并未使东亚地区合作冷却，相反在同一时期却得以迅猛发展。从“10＋1”“10＋3”到EAS，再到RCEP的推进过程正是东亚地区从对话机制向多边自由贸易协定的深化过程。换言之，与法德和解下的欧洲一体化不同，中日两国的竞争与对抗不仅不是阻碍要素，更可能是东亚地区合作的动因之一。[④] 马荣久也认为，在冷战后的亚洲地区，竞争性多边主义已在地区安全和地区经济等领域显示其存在和价值。以机制转换和制度创建为核心的竞争性多边主义的产生和发展，反映了冷战之后亚洲地区权力转移的图景，它同时适应了地区权力结构的变迁，并且在一定程度上维护了地区国家的利益，因此将继续在地区秩序的演进中发挥重要作用。[⑤]

与上述观点形成对比的是，在东亚地区制度竞争的后果和影响上，更多学者表达了悲观观点。如凌胜利认为中美在亚太地区的制度制衡产生了许多负外部性，导致该地区的制度有效性下降，制度恶性竞争加剧，出现了秩序失范现象。[⑥] 有外国学者也指出，东亚地区在地区制度安排上的排他性竞争，不利于构建具有包容性的地区合作制度，阻碍地区合作的深入发展。[⑦] 李巍强调了制度之争对东亚地区经济合作的负面影响，认为制度竞争和制度过剩阻碍了在东亚地区发展出一个强有力的、统一的制度架构，来协调政府间的区域经济合作和

① 庞中英：《东亚地区主义的进展与其问题》，载《东南亚研究》2003年第3期。
② 参见贺平、沈陈：《RCEP与中国的亚太FTA战略》，载《国际问题研究》2013年第3期。
③ 参见王明国：《国际制度复杂性与东亚一体化进程》，载《当代亚太》2013年第1期。
④ 参见田凯：《中日竞争效应下的东亚地区主义》，载《当代世界与社会主义》2018年第5期。
⑤ 参见马荣久：《亚洲地区秩序构建的制度动力与特征》，载《国际论坛》2019年第3期。
⑥ 参见凌胜利：《拒优战略：中美亚太主导权竞争》，载《当代亚太》2017年第1期。
⑦ Miles Kahler and Andrew MacIntyre, *Integrating Regions: Asian Comparative Context*, Stanford: Stanford University Press, 2014.

构建共同身份认同，从而导致了东亚经济地区主义长期难以获得实质性进展。[①]刘中伟认为，制度竞争不利于东亚生产网络的优化。东亚没有形成有效的区域经济治理格局，从而对东亚区域内商品和资本的流动及优化配置，生产要素的转移、吸收和消化，以及东亚生产网络发展路径的优化构成制度和机制障碍，阻碍了在东亚地区形成更完整的国际分工体系和结构互动关系。[②]甚至有学者担心中国与美国的这种竞争最终会产生两个经济上相对隔绝的竞争集团。[③]

另有学者给出了更为折中的观点，从正面与反面两个角度分别进行了探讨。如魏玲认为，一方面，制度和架构竞争使地区制度网络化更加复杂，在一定程度上冲淡了某些进程，有可能出现过于分散、各主一方甚至互相拆台的局面。但是从另一方面来看，东亚地区化进程的重要特点和成功经验之一就是架构的多重、多元、多样和开放，它使东亚进程充满活力，拓宽了合作的可能性和发展空间。因此，制度架构的讨论、竞争与磨合也将为东亚地区进程不断注入新的活力和动力，使之有可能出现过程包容、结果开放、利益兼顾的合作发展势头。[④]卢光盛和聂姣讨论了中国和印度在东南亚区域合作中的竞合关系。他们认为，中印两国在与东南亚区域合作过程中的竞争与合作一定程度上加剧了东南亚重叠地区主义的局面。这种竞争与合作的影响是两面的：一方面帮助解决地区治理问题，为东南亚国家提供了更多的公共产品；另一方面加剧了东南亚地区主义相互重叠和竞争的局面，给东南亚区域合作带来了重复且无益的竞争和议程的混乱。[⑤]

二、对现有研究成果的评价与本书的创新

通过对国内外相关文献的梳理可以发现，国内外学者对东亚地区制度竞争相关的议题进行了一系列极具启发意义的探索，并取得了丰硕的研究成果。在研究内容上，不仅对国际制度竞争的概念、动因、影响进行了较为全面的分析，也对冷战结束以来东亚地区制度竞争的一些案例进行了较为深入的探讨。在研究方法上，现有研究成果将规范研究与实证研究相结合，既从理论思辨的维

---

① 参见李巍：《东亚经济地区主义的终结？——制度过剩与经济整合的困境》，载《当代亚太》2011年第4期。

② 参见刘中伟：《东亚生产网络、全球价值链整合与东亚区域合作的新走向》，载《当代亚太》2014年第4期。

③ David A. Lake, "Economic Openness and Great Power Competition: Lessons for China and the United States", *The Chinese Journal of International Politics*, Vol. 11, No. 3, 2018, pp. 237-270.

④ 参见魏玲：《东亚地区化：困惑与前程》，载《外交评论》2010年第6期。

⑤ 参见卢光盛、聂姣：《中国和印度与东南亚区域合作的比较与竞合》，载《南亚研究》2020年第1期。

度阐释了制度竞争分析的理论基础，同时也通过实证研究对东亚地区国家间制度竞争的现实问题进行了学理化的回应。因此，相关研究文献为本书的研究奠定了良好的基础。

但是，现有研究成果也存在着一些不足和局限，这也正是本书力图弥补和补充的创新点。

第一，总体来看，目前学界尚缺乏关于东亚地区制度竞争演进的系统性探讨。一方面，虽然关于国际制度竞争已经有相关理论的建构和探索，但是这些理论是否适用于东亚地区的制度竞争分析，以及如何运用相关概念和理论逻辑分析解释东亚地区制度构建的竞争性演进，迄今尚未有系统的研究。另一方面，既有关于东亚地区制度竞争的研究主要是以具体案例研究的形式出现的，如中日“10＋3”与“10＋6”之争，中美 TPP 与 RCEP 之争等。针对不同的案例，研究者运用和构建了不同的分析逻辑，这导致关于东亚地区制度竞争的动因及其影响的分析难以建构起一以贯之的分析框架，在系统性和理论性上稍显薄弱。为此，本书尝试构建一个关于东亚地区制度竞争分析的理论框架，涵盖国家参与地区制度竞争的动力因素、行为策略、结果逻辑等方面的内容，并借助这一框架对冷战结束以来东亚地区制度竞争的进程进行系统的梳理和回顾，以期能够有助于更好地理解东亚地区制度演进的当前态势和未来方向。

第二，在关于东亚地区制度竞争的动因、行为策略等具体的研究议题上，现有研究也存在一些解释上的偏差和不足。例如在地区经济制度构建中的竞合动因上，如果认为仅是制度非中性导致了亚太地区的制度竞争，这一制度属性所引发的制度竞争行为在频率和空间的分布上应是基本均衡的，但现实是东亚地区的制度竞争现象明显比世界其他地区更加激烈。基于国际体系结构性因素较好地解释了诱发国家间制度竞争的环境要素，明确了在相互依赖增强、大国无战争[①]等背景下国家间的竞争和制衡逐渐从军事结盟、军备竞赛等“硬制衡”转向一种“软性”和“温和”的制度制衡，但这一解释同样无法进一步阐释在相互依赖逐渐加强的背景下，为何东亚地区的制度构建没有走向一种更理想的一体化合作，而是始终维持着一定程度的制度竞争状态。制度现实主义虽然探讨了地区权力转移加速、战略不确定性增加等不利于深化地区合作的因素，但是却没有分析这些不利因素是如何与地区相互依赖增强这一制度合作促进因素的相互作用，进而影响国家在制度合作与制度制衡之间的选择，而这才是促

① 参见杨原：《大国无战争时代的大国权力竞争：行为原理与互动机制》，中国社会科学出版社 2017 年版。

使亚太地区制度竞争的动力来源。① 基于行为体单元层面的视角也没有提供一个较为完整的因果机制解释,其对崛起国竞争动机的片面关注忽视了制度竞争是在双方的竞争互动中产生的,需要全面考察在特定互动中所有竞争参与者的动机和行为。此外,尽管在现有研究中东亚地区大国和重要行为体将地区制度作为战略工具使用的现象得到了关注和认可,但国家究竟是如何将地区制度作为权力竞争手段进而影响权力消长这一问题却鲜有明确的解释和过程梳理。因此,针对这些解释的不足,本书尝试通过系统梳理和分析东亚地区制度竞争在各个阶段的演进情况以及相关行为体的制度竞争策略来加以补充和完善。

第三,现有研究成果对中国在东亚地区制度演进中所扮演的角色和发挥的作用关注不足。既有关于东亚地区制度的研究多是在"地区合作"的滤镜下进行的,其中关于中国角色和作用的讨论也都是以"中国的地区影响力增加""中国更加主动地参与了地区制度"等进行模糊的概述,但是对于中国如何适应和应对竞争性的地区制度环境,中国在参与东亚地区制度构建中积累了哪些有益经验、面临哪些问题与挑战,以及中国如何提升自身的制度性权力,实现国家治理和地区治理的和谐互动等问题,都难以给出切实的政策建议和解决方案。

此外,如何将相关理论研究成果通过科学方法转化为实践指导等问题,也亟待深入探讨。

为此,本书力图能够在系统梳理和分析东亚地区制度竞争演进的基础上,更好地把握中国参与地区治理的角色定位、理论主张和价值原则,在此基础上探索中国在地区制度建设中可发挥作用的战略空间,明确中国参与和引导东亚地区制度建设的基本方略,以期弥补这一理论和现实问题研究的不足。

第三节　本书研究的内容与方法

一、研究思路

本书以"东亚国际制度竞争"为选题,在厘清东亚地区制度的变迁与动力机制的基础上,旨在构建能够解释国家间制度竞争的综合理论框架,评估中国参与东亚地区制度建设和地区治理的战略环境,明确中国参与和引导东亚地区制

① 对此,制度现实主义理论也进行了解释,指出该理论的主要任务是查明在何种条件下各国更有可能选择一种制度制衡战略,而不是揭示个别国家决定加入多边机制背后的详细原因。参见 Kai He, *Institutional Balancing in the Asia Pacific: Economic Interdependence and China's Rise*, London: Routledge, 2008, p.9。

度建设的整体布局和基本方略，并在此基础上结合中国自身的实践经验，探索提升中国的国际制度性权力以及推动地区制度转型的路径和策略，以期弥补国内外相关理论研究的不足，并提供外交决策参考。

二、研究边界

为使本书的研究更加明晰和聚焦，在此对本书的研究边界和前提设定进行如下说明：

第一，在研究的区域范围方面，本书聚焦于东亚地区，具体涵盖东北亚和东南亚两个次区域。此外，虽然美国在地理范围上不属于东亚地区，但由于冷战结束以来美国与东亚地区国家间建立了密切的政治经济联系，成为影响地区事务的重要域外力量，因此本书认为，除东亚域内的日本、中国、东盟等行为体之外，美国也是塑造东亚地区制度演进的重要行为体，并对其在东亚地区的制度行为给予了重点关注。

第二，在对国际制度的界定方面，本书沿用基欧汉关于国际制度的定义，认为国际制度是“规定行为角色、限定行为和塑造预期的一系列持续存在的和相互关联的(正式的和非正式的)规则”，具有以下三种表现形式：(1)正式的政府间或跨国性非政府组织；(2)国际机制，指政府一致达成的、涉及国际关系特定问题的、有明示的规则的制度；(3)惯例，包含着默示的规则和谅解、塑造行为体预期的非正式制度。① 本书认为地区制度是国际制度在地区层面的体现，在其本质和表现形式上与国际制度一致。在上述三种制度表现形式中，本书对于东亚地区制度竞争的探讨主要涉及前两种正式的制度形式，即正式的地区组织和地区机制。这主要是因为制度竞争是国家间以制度为平台的竞争，这意味着具有正式组织形式和架构的制度才能够成为国家间竞争的平台，因而东亚地区的非正式制度不是本书探究的重点内容。

第三，在研究的领域范围上，本书重点关注东亚地区国家间在经济领域的制度竞争。这主要是因为东亚地区主义和正式的多边制度合作主要停留在经济、贸易等低政治领域，进而东亚地区国家间以地区制度为平台和工具的竞争也主要表现在经济领域。在安全领域，尽管东亚地区也涌现出东盟地区论坛、上海合作组织、香格里拉对话等多种形式的国家间对话和安全合作平台，但总体来看，东亚地区的安全机制仍以美国主导的“轴辐式”双边同盟体系为主，多

---

① Robert O. Keohane, *International Institutions and State Power: Essays in International Relations Theory*, New York: Routledge, 1989, p.3.

边机制发挥的作用有限。因此,虽然制度竞争在安全领域也有个别案例,如美国主导的香格里拉对话与中国主办的北京香山论坛之间存在一定程度的竞争关系,但是总体来看,东亚地区安全领域的制度竞争并不显著,因而也不是本书考察的重点。

最后,在研究层次上,本书重点探讨东亚国家间特别是地区大国之间以国际制度为平台的竞争,其本质是国家间竞争。正如前文研究综述所表明的,制度竞争在研究层次上可分为国家间竞争和制度间竞争两个研究层次。本书认为东亚地区机制本身不具有自主性和能动性,因而各机制之间所表现出的具有排他性和异质化的制度设计根源于制度成员之间的分歧和竞争。此外,地区制度是地区秩序构成的核心要素,因而本书关于制度竞争的探讨也会延伸到地区秩序等与地区制度演进相关的问题,但总体上仍主要聚焦于对地区制度发展和演进的探讨。

三、结构框架

本书主要分为导论、主体和结论三个部分。其中导论部分明确本书的研究对象为东亚地区的多边制度竞争,阐释本书的研究问题、研究背景和意义,在对国内外研究现状进行梳理的基础上,分析既有研究的不足,提出本研究的创新之处以及主要运用的研究方法和思路框架。

主体部分分为四章。第一章是理论框架部分,首先对本书的研究对象——国际制度竞争的概念和特征进行分析和界定,并在此基础上探讨国际制度竞争的类型划分。其次,本章重点对驱动国际制度竞争的相关变量进行分析,认为制度主导权、制度负外部性是国际制度竞争发生和演进的内生因素,国家间的相互依赖和实力对比变化是影响国际制度竞争的外生变量。最后,本章探讨了国家在参与制度竞争时采用的制度策略,包括国际制度成员资格竞争、议程设置竞争、规则设定竞争、规范和观念竞争等。

第二章回顾了冷战结束以来东亚地区制度竞争的演进情况。以 1997 年亚洲金融危机以及 2008 年国际金融危机为节点,本章将东亚地区的制度竞争划分为三个阶段。第一,20 世纪 90 年代是东亚地区制度竞争的兴起阶段,在此期间东亚地区的制度竞争案例主要有两个:一是东盟倡议的东亚经济集团(EAEG)与美国主导的亚太经合组织(APEC)之争,二是 APEC 内的议程设置之争。第二,从 1997 年到 2008 年是地区制度竞争的延续与扩展阶段,在这一阶段中日围绕地区制度主导权展开的“东盟+中日韩”(10+3)与东亚峰会(10+6)之争以及地区国家间关于自贸区建设的东亚自由贸易协定(EAFTA)、东亚全面经济伙伴关系协定(CEPEA)和亚太地区自由贸易区(FTAAP)之争将地区制度竞争引向深入。2008年以来，地区制度竞争进入全面展开与深化阶段。跨太平洋伙伴关系协定(TPP)与区域全面经济伙伴关系(RCEP)之争成为这一阶段地区制度之争在成员构成、议程设置、规则设定等多个制度设计要素方面全面展开的典型案例。

第三章将东亚地区的制度竞争作为自变量，探究地区制度竞争对地区国家间权力转移、地区制度形态、地区治理等方面的影响。第一，在双边关系层面，地区制度竞争的重要功能是有助于实现中日、中美两轮权力的和平转移。但是在制度竞争的过程中，由于行为体对于制度性权力的相对变化十分敏感，很容易将对方所有的制度行为都视作制度竞争的信号，进而陷入“制度性权力困境”。第二，在地区层面，地区制度竞争最直接的影响就是对东亚地区制度形态的塑造作用。东亚地区的几组典型制度竞争案例呈现出制度替代、制度整合、制度共生等多种差异化的结果，与此同时也塑造了地区制度间相互交叠、嵌套的复杂形态。第三，在改变地区制度形态的基础上，东亚地区制度竞争也进一步影响了地区治理的效果。一方面，制度竞争使地区制度的主导力量缺失，地区治理机制的碎片化问题日益严重，地区制度的构建不仅没有有效实现地区整合，反而在一定程度上加剧了地区的无政府状态。另一方面，在制度竞争的影响下，地区主义作为一种“地区优先”的政治信仰已经在东亚地区出现迷失。

第四章探讨地区制度竞争背景下中国参与地区制度构建的角色和策略。本章首先回顾了中国在东亚地区制度竞争中的角色转变，并结合近年来的党政文件和地区制度演进现状分析中国未来参与地区制度构建的现实诉求和目标定位。在此基础上，本章进一步对地区制度竞争背景下中国参与地区制度建设的战略环境进行评估。从国内基础来看，中国国家实力和国际地位的提升为制度性权力的提升奠定了坚实基础；从国际环境来看，地区治理权力真空和治理赤字为中国参与地区制度的建设和改革提供了机遇。同时，当前全球治理新态势下中国制度性权力提升也面临着一系列不利因素，如霸权制度护持使中国面临的战略压力增加，国际制度体系中的西方霸权制约了中国在地区制度上话语权的提升。最后，本章探讨了中国制度性权力提升的核心方略，这是本书研究的最终落脚点。一是积极推进地区制度平台建设和提升地区议程设置能力；二是稳妥推进地区规则改革和提高地区规则塑造能力；三是优化国际舆论宣传和提升中国地区治理话语权能力建设。

最后是本书的结论部分。本章在对全书内容进行回顾的基础上，对本书的核心研究问题和基本研究观点进行归纳。

四、研究方法

本书旨在重点对东亚地区国家间的制度竞争现象进行解释,分析国家的行为规律。为此,本书的研究方法总体上属于定性研究,主要运用演绎法以东亚地区制度构建的事实为前提,通过逻辑推理,得出东亚地区制度竞争为何以及如何发生的结论。具体来看,主要运用了以下五种研究方法:

1.案例研究方法。案例研究法是国际问题研究领域经常使用的研究方法,对于探究研究对象出现的因果机制很有帮助。为了使对东亚地区制度竞争的分析更加深入和具体,本书主要采用小样本案例分析的方法,选取东亚地区制度竞争的三组典型案例进行剖析,具体包括 20 世纪 90 年代美国与东盟围绕亚太经合组织和东亚经济集团的竞争、21 世纪初中国和日本围绕东盟与中日韩合作机制和东亚峰会的竞争、2008 年以来美国与中国围绕跨太平洋伙伴关系协定和区域全面经济伙伴关系协定的竞争。在对这些案例进行全面、详尽的阐释和分析的基础上,对其进行逻辑推理和质性研究,以此分析东亚地区制度演进以及国家间制度竞争的动因、特点和发展趋势。

2.过程追踪法。过程追踪法是对单一案例进行内部分析时常用的方法之一。过程追踪主要分析个案或特定案例发生时空中的证据,从而能对该案例下的不同解释追根溯源并加以检验。过程追踪具有归纳(即理论生成)与演绎(即理论检验)两个因素。[①] 由于所有想判断和解释个别案例和历史案例的尝试都着实要涉及过程追踪,因而这一研究方法有助于评估假设的因果因素是否对特定结果产生因果效应。[②] 本书将对冷战结束以来亚太经合组织、东盟与中日韩合作机制、东亚峰会、跨太平洋伙伴关系协定、区域全面经济伙伴关系协定等东亚地区的制度建设进行过程追踪研究,详细分析制度构建的过程,特别关注地区制度设计主导权和地区制度建设负外部性这两种因素对制度建设的影响,由此探究相关事件和过程是否契合本书所提出的理论解释。

3.比较分析法。比较分析法是对两个或多个事件进行对比性研究的方法。这种方法通过对两个或多个国际事件的比较,发现它们的区别和相同之处,然后分析这些区别或共同之处的原因。由此可见,比较分析的方法主要是实现两个研究目的:一是辨别两种不同国际事件的异同,二是从中推导出特殊性的结

---

① 参见[美]珍妮特·M.博克斯—史蒂芬斯迈埃尔、[美]亨利·E.布雷迪、[美]大卫·科利尔编:《牛津政治学研究方法手册》(下),臧雷振、傅琼译,人民出版社 2020 年版,第 670 页。

② 参见[美]珍妮特·M.博克斯—史蒂芬斯迈埃尔、[美]亨利·E.布雷迪、[美]大卫·科利尔编:《牛津政治学研究方法手册》(下),臧雷振、傅琼译,人民出版社 2020 年版,第 671、709 页。

论或一般性的规律。[①] 比较分析法具体包括求同比较法、求异比较法、求同求异并用法、共变比较法等多种类型。本书主要运用求同比较法，对东亚地区不同时期出现的三组制度竞争案例进行比较，归纳案例之间的异同点，从而得出这些案例之间的相关关系，探究不同时期引发东亚地区制度竞争的共性因素，进而对驱动东亚地区制度竞争的动力机制进行更为科学的阐释。

4.统计定量分析法。定量研究主要采用数学工具对事物的数量进行分析，是社会科学研究的重要方法之一。本书在对国家间实力对比变动这一变量的分析中运用了定量研究法，主要包括对国家间在一定时期内的 GDP 进行统计分析，并对国家间 GDP 的差值进行计算，以更加准确地反映地区各国实力的上升或下降情况，以及地区国家间的实力对比变动，并在此基础上分析国家间的实力对比变动对地区制度竞争的驱动作用。

5.文献分析法。当前国内外学者就东亚地区制度建设、国际制度竞争、东亚地区治理及其变革、中国参与东亚地区制度等问题进行了广泛而深入的研究，出版了大量的著作、期刊论文、学位论文和研究报告等，这为东亚地区制度竞争相关问题的研究提供了丰富的文献支撑。本书主要围绕以下三个方面组织梳理和分析文献：一是国内外学者关于国际制度竞争及东亚地区制度建设的相关研究成果；二是地区组织发布的官方文件，地区各国领导人的相关讲话和政府文件，地区自由贸易协定的谈判文本；三是中国参与东亚地区制度建设的相关政策性文件，包括中央政府部门颁发的重要文件、批示，政府工作报告及国家领导人讲话，党代会文件，人民日报社论等。

① 参见阎学通、孙学峰：《国际关系研究实用方法》，人民出版社 2001 年版，第 133～138 页。

第一章　国际制度竞争：核心概念与理论框架

正如前文所述，近年来，随着大国权力转移和战略竞争的加剧，国家间以国际制度作为竞争平台和工具的现象和行为日益显著。然而，对相关现象的理论分析还稍显滞后，理论分析框架还不够系统和完善。为此，本书在对东亚地区的制度竞争进行阐释之前，首先尝试从一般意义上对国际制度竞争现象进行较为系统的分析。具体而言，即在对国际制度竞争的概念进行明确界定的基础上，重点关注驱动国家参与国际制度竞争的动力因素和国家在制度竞争中的行为策略，从而在理论层面上探讨国际制度竞争现象为什么会出现这一“为什么”的问题，以及国家如何参与制度竞争这一“如何做”的问题，为本书对东亚地区的制度竞争现象的理论解释奠定基础。

第一节　国际制度竞争的概念界定与类型划分

为了深化对国际制度竞争的理解和研究，本节将首先对国际制度竞争的概念及特征进行深入探讨。通过对相关文献的梳理和分析，提炼出国际制度竞争的核心要素和关键特征，从而揭示其本质内涵。在此基础上，从多个维度出发，对国际制度竞争的类型进行全面分析，展现国际制度竞争的多样性和复杂性。

一、国际制度竞争的概念及特征

国际制度是适应全球治理需要，引导和塑造国家间关系的重要力量。二战后，美国和西方国家主导建立了以国际制度为基础和核心的自由主义国际秩序。该国际制度体系主要由联合国（UN）、国际货币基金组织（IMF）、世界银行集团（WBG）、关税及贸易总协定/世界贸易组织（GATT/WTO）及其各自的条约和规则体系、大量包含最惠国待遇条款的双边投资协定（BIT）体系以及越来越多的自由贸易协定(FTA)体系构成。[①] 这些多边机制构成了国家间交往与合作的主要平台，并通过机制内部的渐进调整和改革保持了架构和功能的基本稳定。

国际制度竞争泛指与国际制度变迁相关的竞争性现象和行为，具体可以从两个层次进行界定。从体系层次来看，国际制度竞争是对竞争性国际制度间关系的描述。作为一项研究议程，国际制度竞争本质上处于制度互动(或制度间关系)的框架之中，而国际层面的制度互动在性质上大致包含制度间合作与制度间竞争两种情形。[②] 其中，国际制度竞争强调两个或两个以上国际制度间在成员构成、机制功能及目标使命等方面是竞争性关系，与国际制度间的合作关系相区别。朱莉娅·莫尔斯和罗伯特·基欧汉以“竞争性多边主义”为核心概念，阐释了“新的多边制度挑战既有多边制度的规则、规范或任务”的多边制度竞争现象。他们指出了界定这一现象的三个标准：(1)在特定的问题领域内已经存在一个具有明确的目标、一套既定的规则和制度化运作方式的多边制度；(2)这一制度的成员国或制度外的行为体组成对制度现状不满的联盟，将其活动的重点转移到具有不同规则和运作方式的挑战性制度，这一具有挑战性的制度可以是已有的，也可以是新的；(3)挑战性制度的规则和制度化实践与现行制度的规则和制度化实践相冲突或发生重大改变。[③] 因此，从这一视角看，国际制度竞争是指各方提出某种程度上不能相容的多边安排的现象。

观察和界定国际制度竞争的另一个重要层次来自国家行为体视角。由于国际制度是由国家组成的行为体，国际制度间的竞争关系在很大程度上是国家间特别是大国间关系的反映。因此，从国家单元层次来看，国际制度竞争是指国家以国际制度为平台和手段的竞争行为。李巍较早直接使用了“国际制度竞争”的概念，用以形容中美“极力捍卫对自身有利的旧制度，推动缔造对自身有利的新制度”的战略关系特征。[④] 他指出，国际制度竞争一方面是制度主导国之间的权力竞争，另一方面也是主导国向国际社会提供公共产品的能力竞争。[⑤] 国际制度竞争包括两个方面的具体内容：一是围绕规则制定展开的竞争，规则是国际制度的基础，领导国在特定的国际制度框架下竞争规则设计的主导权；

---

① 参见王彦志：《“一带一路”倡议下的国际经济秩序：发展导向抑或规则导向》，载《东北亚论坛》2019年第1期。

② 参见李巍、罗仪馥：《从规则到秩序——国际秩序竞争的逻辑》，载《世界经济与政治》2019年第4期。

③ Julia Morse and Robert Keohane, “Contested Multilateralism”, *Review of International Organization*, Vol. 9, No. 4, 2014, pp. 385-412.

④ 参见李巍：《国际制度竞争，中美新式软竞争》，载《环球时报》2013年11月21日。

⑤ 参见李巍、张玉环：《美国自贸区战略的逻辑——一种现实制度主义的解释》，载《世界经济与政治》2015年第8期。

二是围绕伙伴争夺展开的竞争,制度成员之间的关系是一种伙伴关系,制度领导国要想新建或者捍卫一种国际制度,必须得到伙伴国的支持。[①] 总之,在这一视角下,国际制度竞争是指国家行为体将国际制度"工具化",以获取更大影响力或主导权的制度行为和策略。

从以上定义中可以看出,国际制度竞争既是对国际制度间竞争性替代关系的描述,也包括国家间在特定国际制度框架中的优势竞争行为。在此基础上可以进一步总结出国际制度竞争的核心特征。

首先,国际制度间的竞争现象并不完全消解国际制度的合作功能,而是以成员间内向合作、外向竞争为基本特征。国际制度能够减少国家间交易的成本,降低国家间交往的不确定性,促进国家间合作的功能属性,是国际制度能够建立和维持的重要动力。对国际制度竞争现象的强调并不意味着否认国际制度在促进国家间合作方面的重要价值,而是指出除此之外国际制度还具有作为竞争手段和平台的工具属性。换言之,以国际制度为平台的竞争和合作是相伴而生的。这是由于国际制度具有公私双重属性,既可以提供公共产品,吸引国家"结伴"参与国际制度建设,又能被主导国"私有化"为实现私利目标的重要工具。[②] 尽管国际制度竞争越激烈,则表明多边机制作为国家间合作平台降低各方互动不确定性的功能属性越趋于弱化,而作为霸权国战略竞争手段的工具属性凸显,但这只是一种相对比较的结果,而非指二者此消彼长的绝对替代关系。

其次,国际制度竞争并不是国家间的生存竞争,而是相对制度性收益的竞争。任何领域的竞争之所以出现主要是基于两个条件:一是竞争对象的稀缺性,二是比其他人获得更多竞争对象的重要性。如果三个或三个以上的国家对广泛可得的东西感兴趣,并且拥有它并不能带来特别的优势,那么对收益的追求可能不会上升到竞争的水平。[③] 在国际制度中,国家间在致力于合作获取共同收益的同时,面临着对制度决策权、话语权和影响力的分配,但这些并不是制度合作带来的公共产品,而是制度内供应有限的稀缺资源,对成员国来说即是互不相容的重要利益。因此,制度内竞争的国家不以生存为主要考量,它们追

---

① 参见李巍:《制度之战:战略竞争时代的中美关系》,社会科学文献出版社 2017 年版,第 37 页。

② 参见李巍:《国际秩序转型与现实制度主义理论的生成》,载《外交评论》2016 年第 1 期。

③ Michael J. Mazarr et al., *Understanding the Emerging Era of International Competition: Theoretical and Historical Perspectives*, RAND Corporation, 2018, https://www.rand.org/pubs/research_reports/RR2726.html.

求社会地位、经济收益等其他利益。① 换言之，国际制度竞争并不一定以损害他人利益为目的，但在很大程度上是以追求相对优势为目标。

第三，与国家间的冲突相区别，国际制度竞争通常是在一定的规则或规范框架内进行的。尽管竞争总是包含一定程度的对抗，但竞争与冲突的具体程度、对抗强度和竞争中的敌对程度可以有很大差别。② 在制度体系层面，国际制度竞争很少导致某一多边制度在短期内的直接消亡，而是使制度间重叠、嵌套的现象和制度构建的"俱乐部模式"更加突出。在行为体单元层面，国家参与国际制度竞争多以制度制衡为主要战略手段，具体表现为推动国际制度改革、退出或威胁退出现行机制、创建新的替代性机制等行为。当然，从长期来看，国际制度竞争必然会对国际制度的变迁和国家间的权力转移产生深远影响，但由于这一变化被分解在一个较长的进程中，从而削弱了对抗的烈度，使变革以一种相对软化和温和的方式进行。

综上，本书认为，国际制度竞争既是国际政治中的一种客观现象，也是行为体参与国际竞争的一种战略。从体系层次来看，国际制度竞争是指国际制度间在成员构成、功能、目标等方面相互重叠、嵌套、交叠，从而构成的竞争性和替代性关系。从单元层次看，国际制度竞争是国家以国际制度为平台和手段参与国际竞争的战略。在特定的国际制度框架中，国家通过改革、新建或退出国际制度等手段，争取获得更多的相对制度性收益和比较优势，区别于国家间的军事竞争、经济竞争等竞争方式。

二、国际制度竞争的类型

按照不同的分类标准，国际制度竞争可以划分为多种类型。以制度层次为标准，国际制度竞争可以分为全球层次的国际制度竞争与地区或次区域层次的制度竞争。全球层次的制度竞争通常是全球性国际制度之间的竞争，既包括全球性国际制度之间的竞争性替代，如二十国集团（G20）取代八国或七国集团（G8/G7）成为全球经济治理的主要平台；也包括在某一特定国际制度内，国家间围绕制度改革或变迁的具体方向所展开的竞争，以当前正在进行的 WTO 改革谈判为例，美国、欧盟、中国竞相提出自身的立场，并且通过双边、多边发表联

① 参见冷鸿基：《制度内恶性竞争与春秋时期国际合作规范退化》，载《世界经济与政治》2013 年第 3 期。

② Michael J. Mazarr et al., *Understanding the Emerging Era of International Competition: Theoretical and Historical Perspectives*, RAND Corporation, 2018, https://www.rand.org/pubs/research_reports/RR2726.html.

合声明和提案的方式，力争自身诉求得到最大限度的支持。如 2017 年以来美国联合日本和欧盟发布了六份关于 WTO 改革的《美日欧联合声明》，在透明度及 WTO 成员方特殊与差别待遇等问题上形成共识。[①] 2018 年 11 月，中国也联合欧盟、印度等国发布了针对 WTO 争端解决上诉程序改革的两项联合提案。[②] 地区层次的竞争是指在某一区域或次区域范围内的制度间竞争。如在东亚地区，中国和日本之间在东亚峰会究竟以“东盟＋3（中、日、韩）”还是以“东盟＋6（中、日、韩、印、澳、新）”为框架召开所展开的竞争是地区层次制度竞争的典型案例。在东南亚次区域，澜湄机制（LMC）与大湄公河次区域合作机制（GMS）在成员构成和制度功能等方面的相似性，决定了二者之间的竞争关系。

以制度所在领域为标准，国际制度竞争可以分为国际贸易制度竞争、国际金融制度竞争、国际安全制度竞争，以及其他非传统安全领域如气候变化、公共卫生、网络空间等领域的国际制度竞争。在国际贸易领域，近年来巨型 FTA 谈判成为全球贸易自由化进程中一个不可忽视的新现象。跨太平洋伙伴关系协定（TPP）、全面与进步跨太平洋伙伴关系协定（CPTPP）、区域全面经济伙伴关系协定（RCEP）、跨大西洋贸易及投资伙伴协议（TTIP）等巨型 FTA 在全球 GDP 和贸易额中占比高，而且美国、中国、日本、欧盟等重要经济体主导或参与不同的谈判进程，使国际经贸制度的整体变化日益与世界地缘政治格局调整紧

---

① 六份联合声明均发布在美国商务部网站，详见“Joint Statement by the United States, European Union and Japan at MC11”, Buenos Aires, December 12, 2017, https://ustr.gov/about-us/policy-offices/press-office/press-releases/2017/december/joint-statement-united-states; “Joint Readout from Meeting of the United States, European Union and Japan in Brussels”, Brussels, March 10, 2018, https://ustr.gov/about-us/policy-offices/press-office/press-releases/2018/march/joint-readout-meeting-united-states; “Joint Statement on Trilateral Meeting of the Trade Ministers of the United States, Japan, and the European Union”, Paris, May 31st, 2018, https://ustr.gov/about-us/policy-offices/press-office/press-releases/2018/may/joint-statement-trilateral-meeting; “Joint Statement on Trilateral Meeting of the Trade Ministers of the United States, Japan, and the European Union”, New York, September 25, 2018, https://ustr.gov/about-us/policy-offices/press-office/press-releases/2018/september/joint-statement-trilateral; “Joint Statement of the Trilateral Meeting of the Trade Ministers of the European Union, Japan and the United States”, Washington, D.C., January 9, 2019; https://ustr.gov/about-us/policy-offices/press-office/press-releases/2019/january/joint-statement-trilateral-meeting; “Joint Statement of the Trilateral Meeting of the Trade Ministers of the United States, European Union, and Japan”, Paris, May 23, 2019, https://ustr.gov/about-us/policy-offices/press-office/press-releases/2019/may/joint-statement-trilateral-meeting.

② Communication from The European Union, China, Canada, India, Norway, New Zealand, Switzerland, Australia, Republic of Korea, Iceland, Singapore and Mexico to the General Council, November 26, 2018, http://images.mofcom.gov.cn/sms/201811/20181127202503275.pdf; Communication from The European Union, China and India to the General Council, November 26, 2018, http://images.mofcom.gov.cn/sms/201811/20181127202519302.pdf.

密关联起来，多边贸易制度成为大国间竞争的重要工具。在国际金融领域，以中国为代表的新兴国家在群体性崛起过程中发起和创设的多边金融机构，被认为是争夺国际金融治理主动权的竞争行为。如2014年中国发起成立丝路基金和亚洲基础设施投资银行(AIIB)，2015年金砖国家成立新开发银行(NDB)，上海合作组织开发银行和发展基金也正处于筹备中。这些新的开发性银行在基础设施建设融资和社会发展援助方面与世界银行、IMF、亚洲开发银行(ADB)等构成竞争性关系。在安全领域，亚太地区的多边安全机制之间呈现出较为复杂的竞争态势，东盟主导的东盟地区论坛(ARF)、东盟防长扩大会议(ADMM-Plus)与美国和西方国家主导的香格里拉对话会(SLD)，以及中国倡议的北京香山论坛、韩国国防部举办的首尔防务对话会、印尼国防部举办的雅加达国际防务对话会和俄罗斯国防部举办的莫斯科国际安全会议在塑造地区安全规范方面竞相角力。

以竞争方式为标准，国际制度竞争可以分为制度内竞争与制度间竞争。制度内竞争就是制度内的主要成员围绕该制度体系的主导权展开的竞争，包括对国际制度的解释权、控制权，以及围绕国际制度的维持和改革所产生的竞争。制度间竞争就是通过建立新的制度体系来与原有的制度体系进行竞争。[①] 举例来说，发展中成员与发达成员在WTO框架内关于成员的特殊与差别待遇等问题上的规则竞争、中美在IMF机制内关于投票份额的竞争都是制度内竞争的案例。在20世纪60年代，法国和德国主导成立的欧洲经济共同体(European Economic Community, EEC)与英国联合瑞典、瑞士等六个欧洲国家成立的欧洲自由贸易联盟(European Free Trade Association, EFTA)之间的竞争，国际可再生能源署(IRENA)与国际能源署(IEA)在全球可再生能源治理领域的竞争则是制度间竞争的表现。此外，与这一分类相类似，贺凯综合竞争方式和竞争目标两个分类标准，提出制度制衡包括三种不同类型，分别是包容性制度制衡、排他性制度制衡和制度间制衡。其中，包容性制度制衡是指将制衡目标国纳入多边制度的战略，排他性制度制衡是指从现有制度中将制衡目标国排除在外的战略选择。制度间制衡是制度制衡的扩展形式，这种制衡策略可以是包容性的，也可以是排他性质的，其直接目标不仅是某一国家本身，还包括另一个既有机制。[②]

以竞争目标为标准，国际制度竞争可以分为战略导向型竞争与功能导向型

---

① 参见李巍：《制度之战：战略竞争时代的中美关系》，社会科学文献出版社2017年版，第36页。

② 参见贺凯：《亚太地区的制度制衡与竞争性多边主义》，载《世界经济与政治》2018年第12期。

竞争。战略导向型竞争有明显的大国中心性，制度构建和互动方式体现出大国的战略导向；制度导向型竞争中的制度架构更趋于扁平化，单一国家在制度中的绝对优势并不显著。例如，多国竞相召开的对非首脑峰会便是大国驱动的战略导向型竞争。仅在2014～2022年就有美国—非洲领导人峰会、印度—非洲论坛峰会、俄罗斯—非洲国家峰会、欧盟—非洲首脑会议、日本主导的非洲开发会议、中非合作论坛等十余次对非首脑峰会召开。这些峰会具有固定的会议机制，体现了明显的大国中心性，旨在以峰会外交和合作机制建设谋求在地区发挥更大作用。亚太地区各国竞相提出的基础设施建设倡议也是战略导向型竞争的典型案例。2013年中国提出“一带一路”倡议后，日本、美国、澳大利亚等国先后提出各自的回应性倡议或战略并开展了一系列小多边合作机制建设，如日本于2015年5月宣布建设“高质量基础设施伙伴关系”[①]，美国于2017年12月推出“印太战略”，澳大利亚则在2018年3月发布了“东盟—澳大利亚基础设施合作倡议”[②]。相反，在知识产权保护领域中世界贸易组织与世界知识产权组织之间的竞争、在卫生安全与疾病控制领域中世界卫生组织与联合国艾滋病规划署之间的竞争、在国际税收治理领域中经合组织（OECD）与联合国之间的竞争则属于纯功能导向型的竞争，这是因为这些制度架构并无明显的大国中心性，相互竞争的目标也以各自领域的功能履行为主。

第二节 驱动国际制度竞争的变量因素分析

如前文所述，国际制度竞争是伴随着国际制度建立和变迁进程中的普遍现象。然而，由于这一现象并未受到充分关注，关于其动因的分析尚存在诸多争议。有观点认为，国家间实力和权力对比的失衡是推动制度竞争出现的核心动力[③]，也有学者将分析重点放在了国际制度本身，指出国际制度非中性是制度竞

① “Announcement of Partnership for Quality Infrastructure: Investment for Asia's Future”, Ministry of Foreign Affairs of Japan, May 21, 2015; Asian Development Bank, “Leading Asia's Private Sector Infrastructure Fund”, https://www.adb.org/site/funds/funds/leap.

② “ASEAN-Australia Special Summit Initiatives”, https://aseanaustralia.pmc.gov.au/asean-australia-special-summit-initiatives.html.

③ 相关研究参见黄琪轩：《国际货币竞争的权力基础》，载《上海交通大学学报（哲学社会科学版）》2017年第4期；刘均胜、沈铭辉：《亚太区域合作制度的演进：大国竞争的视角》，载《太平洋学报》2012年第9期；[美]杰克·奈特：《制度与社会冲突》，周伟林译，上海人民出版社2009年版，第27、65页；黄大慧、孙忆：《东亚地区合作主导权与中日制度竞争》，载《教学与研究》2017年第4期；李杨、黄艳希：《中美国际贸易制度之争——基于国际公共产品提供的视角》，载《世界经济与政治》2016年第10期。

争出现的原因[①]，另有研究认为国际制度竞争与国家间的相互依赖加深以及国家间的战略竞争加剧等因素有关[②]。总结来看，既有研究恰当地指出了引发国际制度竞争的多重复杂因素，但却因对单一要素的片面强调而有失偏颇。国际制度属性的解释视角在本质上是对国际制度运作过程中内生性力量的阐释，这种力量多与国际制度内在的属性和功能相关；对国际格局、国际秩序环境、国家间的权力转移以及相互依赖等作为国际制度动因的分析则强调了国际制度运行的外部因素。

本书认为，国际制度竞争的出现是内生性因素和外生性因素共同作用的结果。由于国际制度内在的分配非中性和作为国际战略工具的属性特征，导致国际制度本身成为一种权力生产方式。在此基础上，国际制度主导权的分配是引发国家参与制度竞争的内在目标，制度建设本身的负外部性则是制度竞争出现的另一个重要内生动力。此外，国家间复合相互依赖的加深以及国家间实力对比变动等外部条件的变化，使行为体对制度主导权以及制度负外部性更加敏感，因而常常是加剧某一地区或某一时期国际制度竞争的外部因素。

一、作为权力生产方式的国际制度

竞争行为在本质上源于资源的稀缺性。在这一意义上，竞争是实现稀缺资源配置的过程和方式。国家间以国际制度为平台的竞争也不例外，如果说国家间的竞争目标是获取更大的权力，那么国际制度竞争的根源则在于国际制度本身就是一种权力生产方式。

受理论范式间辩论的影响，国际制度作为一种权力来源在晚近才得以确认。传统上，国际关系学科倾向于把权力视为现实主义的专属领域，甚至把权力政治等同于现实主义对现实政治的理解，将国际制度与自由主义的发展相联系，导致关于国际制度与权力政治之间关系的分析在一定程度上被弱化。[③] 如结构现实主义者认为，国际制度仅仅是现有权力关系的反映，是权力政治的附

① 参见徐秀军：《制皮非中性与金砖国家合作》，载《世界经济与政治》2013 年第 6 期。

② 相关研究参见李巍：《国际秩序转型与现实制度主义理论的生成》，载《外交评论》2016 年第 1 期；贺凯：《亚太地区的制度制衡与竞争性多边主义》，载《世界经济与政治》2018 年第 12 期。

③ Michael Barnett and Raymond Duvall, "Power in International Politics", *International Organization*, Vol. 59, No. 1, 2005, pp. 39-75; Martha Finnemore and Judith Goldstein, "Puzzles about Power", in Martha Finnemore and Judith Goldstein eds., *Back to Basics: State Power in a Contemporary World*, New York: Oxford University Press, 2013, pp. 3-17.

属品,在制约国家行为方面并无太大价值,对世界政治没有独立的影响。[①] 制度主义者重点关注国际制度在提高效率方面的积极影响,而在很大程度上忽略了权力因素对制度构建的影响。[②] 在这种辩论思维的影响下,"权力"和"制度"这两个国际政治研究的核心概念在很长一段时间内被作为二元对立的替代性解释,并未整合到单一的理论框架中。[③]

随着范式争论的焦点从权力和国际制度之间的相对重要性转向二者之间如何相互影响,"权力如何塑造国际制度"和"国际制度如何制约权力"两个问题得到了更加深入的探讨。例如罗纳德·克雷布斯(Ronald Krebs)较早在提到军事联盟时认为,国际机制可以成为权力的工具。[④] 罗伯特·吉尔平(Robert Gilpin)则将国际制度视为霸权战争的激励因素。[⑤] 在他看来,一个国家可以利用其在国际政治中的霸权地位建立规则和体制,使其在结构上(政治上或经济上)优于其他国家。这种优势加强了它的霸权地位。然而,随着时间的推移,维持这一体系的成本以及差异增长率的变化,意味着其他国家最终将与现有的霸权形成竞争。由于霸权带来对制度的控制,而制度又是霸权力量的源泉,所以对国际制度的控制值得争夺。[⑥]

从国际制度本身来看,其之所以能够作为一种权力来源,并引发成员国间的竞争行为主要是基于国际制度作为一种特殊国际行为体的两重属性。

一是国际制度的非中性。所谓"制度非中性"是指同一制度对不同人意味着不同的事情。[⑦] 国际制度也不例外,其非中性特征表现为国际制度一方面代

---

① John J. Mearsheimer, "The False Promise of International Institutions", *International Security*, Vol. 19, No. 3, 1994, pp. 5-49.

② Robert O. Keohane, *After Hegemony: Cooperation and Discord in the World Political Economy*, Princeton, NJ: Princeton University Press, 1984; Barbara Koremenos, Charles Lipson, and Duncan Snidal, "The Rational Design of International Institutions", *International Organization*, Vol. 55, No. 4, 2001, pp. 761-799.

③ Austin Carson and Alexander Thompson, "The Power in Opacity: Rethinking Information in International Organizations", in Anders Wivel and T.V. Paul eds., *International Institutions and Power Politics*, Washington, D. C.: Georgetown University Press, 2019, p.95.

④ Ronald R. Krebs, "Perverse Institutionalism: NATO and the Greco-Turkish Conflict", *International Organization*, Vol. 53, No. 2, 1999, pp. 343-377.

⑤ Robert Gilpin, *War and Change in World Politics*, Cambridge: Cambridge University Press, 1981.

⑥ J. Samuel Barkin and Patricia A. Weitsman, "Realist Institutionalism and the Institutional Mechanisms of Power Politics", in Anders Wivel and T. V. Paul eds., *International Institutions and Power Politics*, Washington, D. C.: Georgetown University Press, 2019, p.32.

⑦ 参见张宇燕:《利益集团与制度非中性》,载《改革》1994 年第 2 期。

表了某些国家（或国家集团）的利益并维护之，另一方面又限制了国际社会其他行为体进一步发展的机会。[①] 换言之，在参与国际制度构建和运行这一“社会化”的过程时，各成员国并没有受到同等程度的约束。在制度中占据优势的国家，往往依据自身的诉求决定社会化的内容和方向，为这一进程设置“标准参数”，加强自身的合法性和在其中的领导作用。有学者将这种优势差别称作“国家对社会化的易感性”（state's susceptibility to socialization）[②]，一些国家之所以社会化程度更小，是因为它们是社会化者（socializers）而不是被社会化者（socializees）。[③]

国际制度的非中性特征将不可避免地在成员国间产生“赢家”和“输家”，而这种分配效应将影响部分成员国对制度合作的预期，引发以国际制度为平台的竞争行为。制度能够调节利益冲突，但同样也能加剧利益冲突。当一项制度安排具有分配效应时，即使制度能够改善所有成员的福利，但那些认为他人将比自己从中获取更多利益的行为体，出于相对收益的考虑可能就会采取拒绝态度。[④] 而那些已经从既定制度中或可能从未来某种制度安排中获益的个人或集团，无疑会竭力去维护或争取之。[⑤] 特别是，如果成员国在决定国际制度利益分配的规则和议程设置这类能够创造制度“赢家”和“输家”的标准参数方面具有不平等的谈判杠杆、导致制度安排将长期影响未来的利益分配时，则会降低其参与制度合作的期待，甚至转而以制度竞争或制度破坏等方式，谋求按照自己的偏好改进制度运行的“轨道”。[⑥]

二是国际制度的战略工具属性。非中性作为国际制度内在属性的稳定存在，使国家将国际制度作为战略工具的使用成为重要目标。从工具理性的视角来看，国际制度不仅是霸权护持和霸权延展的重要方式，也是崛起国实力增长和利益拓展的重要手段，还可以是小国发表意见、制约大国的重要平台。

对于霸权国而言，国际制度作为战略工具对霸权的建立和维持具有关键性价值。一方面，国际制度是霸权建立的重要方式之一。国际制度将霸权国的实力优势转化为能够被国际社会普遍接受的规则和规范，使自身的利益诉求深度

---

① 门洪华：《霸权之翼：美国国际制度战略》，北京大学出版社 2005 年版，第 41 页。

② Quddus Z. Snyder, “Integrating Rising Powers: Liberal Systemic Theory and the Mechanism of Competition”, *Review of International Studies*, Vol. 39, No. 1, 2013, pp. 209-231.

③ Hyun Seung Cho, *Understanding Institutional Power Politics: Theory, Method and a Case of U.S.-China Competition*, Ph. D dissertation, Columbia University, 2017.

④ 参见唐世平：《制度变迁的广义理论》，北京大学出版社 2016 年版，第 15～16 页。

⑤ 参见张宇燕：《利益集团与制度非中性》，载《改革》1994 年第 2 期。

⑥ Michael Barnett and Raymond Duvall, “Power in International Politics”, *International Organization*, Vol. 59, No. 1, 2005, pp. 39-75; Daniel W. Drezner, “The Power and Peril of International Regime Complexity”, *Perspectives on Politics*, Vol. 7, No. 1, 2009, pp. 65-70.

嵌入国家间的交往与合作中,甚至在他者毫不知情的情况下影响和塑造其他国家对自身利益诉求的界定,从而进一步加强霸权国的实力优势,使霸权通过这种不断的重复叠加而更加稳固。由此,国际制度本身已经成为霸权的重要组成部分。另一方面,国际制度也是霸权维持和延展的重要手段。霸权确立之后,国际制度作为结构性权力因素和进程性变革因素,均成为维护霸权和防止霸权衰落的途径。随着制度内嵌性的增强,潜在的对手越来越难以确立一套竞争性的规则和制度。鉴于此,既有霸权变得高度制度化,而新的乃至更强大的国家(集团)建立另一种秩序,改变这些制度性规则乃至其隐含的政治文化价值也是困难的。[①] 因此,国际制度有效降低了霸权维系的成本,成为成就霸权的最佳路径和战略工具。[②]

对于崛起国而言,制度化的权力转移为其实现和平崛起提供了可能。在霸权护持的阴影下,现行制度框架限制和制约了崛起国的权力主张。但是作为国际制度体系的一员,崛起国也在很大程度上受益于与国际制度体系相伴而生的、成熟稳定的国际秩序环境。通过参与国际制度,崛起国能够降低国际合作的交易成本,减少不确定性带来的交易风险,从而以"搭便车"的方式为自身崛起蓄积力量;通过改革和改造与自身利益相悖的国际规则和规范,崛起国得以通过渐进的变革塑造国际制度向自身有利的方向变迁。这有助于打破崛起国与霸权国之间的"修昔底德陷阱",将崛起国引向一条和平崛起之路。

对于小国而言,国际制度是其重要的外交舞台,国际制度及其附带的一系列规则和规范是"小国撬动大国"的有力杠杆。尽管小国受自身资源限制,在国际交往中往往处于劣势,但多边制度在法律上赋予了小国与大国平等的地位,这使小国可以通过积极参与国际组织的决策过程与大国一同制定政策,以确保其利益得到考虑。小国也可以通过积极参与国际组织和多边合作机制,与其他国家合作,形成联盟,以实现共同的目标。这种集体行动可以增强小国的实力,使它们在与大国的谈判中更具影响力。此外,小国的认可和支持是国际制度合法性的重要来源,从而在一定程度上给予了小国遏制大国单边主义行为的机会。小国可以借助国际媒体和公众舆论,通过揭露大国的不当行为,对其形象

---

① 参见门洪华:《霸权之翼:美国国际制度战略》,北京大学出版社 2005 年版,第 55 页;G. John Ikenberry, "Institutions, Strategic Restraint, and the Persistence of American Postwar Order", *International Security*, Vol. 23, No. 3, 1998, pp. 43-78。

② 参见门洪华:《霸权之翼:美国国际制度战略》,北京大学出版社 2005 年版,第 54 页;Joseph S. Nye, Jr., *The Paradox of American Power: Why the World's Only Superpower Can't Go It Alone?* New York: Oxford University Press, 2002, p. 158; Joseph S. Nye, Jr.,"The New Rome Meets the New Barbarians",*The Economist*, March 23, 2002, pp. 23-25。

施加负面压力。同时，小国可以借助道义约束，动员国际社会支持其立场，迫使大国改变政策。

二、驱动国际制度竞争的内生因素

上述分析明晰了国际制度作为权力来源的基本原理，为我们进一步探讨国家以国际制度为平台和手段增强自身权力以及在国际制度中的权力竞争奠定了基础。尽管非中性和战略工具属性是国际制度一经建立便自然具备的内在属性，但受资源禀赋和国家实力大小差异的影响，在现实政治中，国家影响和控制国际制度作为增强自身利益方式的能力各不相同，国家对于制度竞争的敏感程度也不同。在这种情况下，获取制度的主导权是国家行为体特别是大国发起和参与国际制度的重要目标，制度本身的负外部性也是驱动国家参与国际制度竞争的内在动力。

国际制度主导权是一国在某一国际制度框架中享有决定权的配额优势。制度主导权之所以能够诱发国家间的制度竞争主要是基于以下三个特征：

第一，国际制度主导权是制度分配中的一种零和收益。国际制度能够提供稳定的信息渠道，有助于降低交易成本，减少战略不信任，克服集体行动问题①，这些是国际制度提供给所有制度参与者的正和性收益，也是国际制度能够建立的重要前提。尽管在面临这些功能性收益的分配时，部分行为体出于相对收益的考量，可能会减弱制度参与的动力，但制度合作所带来的绝对收益能够在很大程度上维持制度的延续。然而，与这些正和性收益不同的是，国际制度主导权并不是制度合作带来的公共产品，而是制度内供应有限的稀缺资源。国家间在致力于合作获取共同收益的同时，却不可避免地面临着制度决策权、话语权和影响力分配的“此消彼长”。特别是在国际制度构建过程中，由于各国基于各自国内的发展模式和水平，对制度的议程、规则等要素具有不同偏好和诉求。面对这种异质化发展需求的外溢，拥有制度主导权的国家更能够按照自身利益最大化和成本最小化的方式塑造国际制度设计。因此，国际制度竞争虽然不是国家间的生存竞争，但是制度主导权的零和分配属性，使其成为国家间争夺的、互不相容的重要政治利益。

第二，国际制度主导权是一种不对称的权力。本质上，国际制度的建立就是制度性事实的构建过程，即把一种“地位—功能”赋予某个并不具有这种“地

---

① Robert O. Keohane and Lisa L. Martin, “The Promise of Institutionalist Theory”, *International Security*, Vol. 20, No. 1, 1995, pp. 39-51.

位一功能”的行为体。[①] 国际制度即是这种“地位一功能”的载体。但是，一个国际制度的建立也意味着某些国家可能被排除在制度之外，甚至直接成为制度的针对对象。在制度体系中占据优势地位的主导国，常常借助国际制度对其他行为体的选择进行限制或施加影响，以谋求自身利益。在政治体系内部，制度结构可以影响行为体之间权力分配的方式，因而在为一些行为体提供优势资源的同时却又约束了另一些行为体的选择。[②]

第三，国际制度主导权是一种约束性权力。国际制度的约束力源于内嵌于其中的制度规则和议程设置。任何制度的建立和运行都以规则为基础，规则的调整不仅影响制度运行的结果，甚至会从根本上改变制度的性质。国际规则的制定者往往是规则的最大受益者，行为体通过对他者理性行为和选择能力的制约，谋求自身在权力关系中的优势位置，使自己的行动目标与他者的目标相调适。[③] 例如，当前大国围绕国际规则制定权展开的竞争正成为塑造大国关系的主导内容，并引发国际秩序的转型。

由此，地区制度设计的主导权作为一种结构性因素，如同一只“看不见的手”，驱动着国家间以地区制度为平台的竞争。作为理性行为体，国家参与构建国际制度的最直接目标即最大限度地获取制度收益。如果能够干预甚至主导控制制度设计的核心要素，将确保国家能够影响制度的构建和发展进程，进而推动制度收益向于己有利的方向分配。国家对地区制度构建的参与同样遵循这一逻辑。在一定时期、特定领域内，地区一体化的发展方向是基本确定的，这使国家间对于地区制度设计的决定权和影响力处于此消彼长的结构中，主导制度设计才能避免制度设计成为其他行为体获取制度收益的工具，确保自身制度收益的最大化。

在无政府状态下，国际制度主导权使制度非中性的特征更具叠加效应。这是因为制度主导国能够通过塑造国际制度的成员资格范围、议程、规则等制度设计的基本要素，影响相关治理领域的法律标准，甚至使其演化为被国际社会普遍接受的国际规范。通过这一过程，制度主导国对他国谋求利益的方式和路径进行约束，使他国的国家利益与自身利益相协调，使他国的行动计划与自身

① 参见王丽：《全球风险社会下的公共危机治理：一种文化视阈的阐释》，社会科学文献出版社2014年版，第170页。

② G. John Ikenberry, “Institutions, Strategic Restraint, and the Persistence of American Postwar Order”, *International Security*, Vol. 23, No. 3, 1998, pp.43-78.

③ M. N. Barnett and R. Duvall, *Power in Global Governance*, Cambridge: Cambridge University Press, 2005, p.16.

的行动目标相一致，因而自身能在国际制度中获得更大的利益范围和行动自由。更进一步讲，拥有主导权意味着在制度中获得了更大的比较优势。一旦这种制度主导权的分配在多次互动交往中得以固化，具有制度优势的国家就能获取更多的制度功能性收益。

需要指出的是，国家寻求制度主导权的内在诉求不会因国家的身份、地位不同而有所区别。① 制度竞争行为不局限于大国，小国同样有在国际制度中争取更多话语权的诉求。但大多数情况下，受自身实力所限，小国的诉求常常难以实现，因而在制度竞争的相关分析中被选择性忽视。对此，小国也可以采取彼此联合的方式在国际舞台上"发出更大的声音"，比如东盟国家在参与地区制度中对自身"中心性"和"一致性"的强调是小国联合争取更大国际制度主导权的典型案例。同样，制度竞争行为也不局限于崛起国，在制度主导权分配中已经占据优势的守成国对自身的分配份额缩减同样十分敏感。只是由于崛起国改变制度主导权分配的诉求通常更加强烈，因而其行为在制度竞争的分析中常常被选择性地放大和强调。②

上述解释说明了制度设计主导权驱动国家主动发起制度竞争的行为动机。但是，在现实政治中，一些受自身实力或意图限制无意改变制度设计主导权分配的国家，也可能被动卷入地区制度竞争的进程中，这一制度竞争的发生路径主要与地区制度构建的外部性溢出效应有关。

"制度外部性"是起源于经济学的概念，意指制度的溢出效应或外部影响，包括正外部性和负外部性。③ 其中，制度正外部性是指在特定的制度框架内，其决策和行为使制度外的行为体受益，而受益者无须花费任何代价；制度负外部

① 国家的身份、地位可能影响其改变制度主导权分配现状的诉求是否强烈，但不会决定这种诉求的有无。

② 比如中国在崛起过程中新建国际制度或推动现行国际制度改革的行为常常被部分西方学者以修正主义的视角进行评判。

③ "外部性"最早是经济学的概念，是指一个人或企业的活动影响另一方当事人的成本或收益，而该方当事人并未选择承担该成本或收益。新制度经济学将外部性与制度变迁相结合，发展出"制度外部性"的概念。关于制度外部性的研究参见 Mark Lubell et al.，"Collaborative Forums in an Ecology of Games"，*American Journal of Political Science*，Vol. 54，No. 2，2010，pp.287-300；Richard C. Feiock，"The Institutional Collective Action Framework"，*Policy Studies Journal*，Vol. 41，No. 3，2013，pp. 397-425；Mark Lubell，"Governing Forum Complexity：The Ecology of Games Framework"，*Policy Studies Journal*，Vol. 41，No.3，2013，pp.537-559；Jack Mewhirter et al.，"Institutional Externalities and Actor Performance in Polycentric Governance Systems"，*Environmental policy and Governance*，Vol. 28，No. 4，2018，pp. 295-307；Jack Mewhirter et al.，"The Role of Forum Membership Diversity on Institutional Externalities in Resource Governance Systems"，*Society & Natural Resources*，Vol. 32，No. 11，2019，pp. 1239-1257。

性是指制度内成员的行为会使制度外的行为体利益受损,而造成负外部性的制度成员也不会为此承担成本。这一概念旨在描述制度在其设计思路以外对制度外行为体产生的影响,同时也提醒决策者关注制度决策之间的相互关联。在国际贸易领域的相关研究中,"多米诺效应"理论和"竞争性区域主义"理论借助"制度负外部性"概念,解释了地区双边自贸协定(FTA)的扩散。[①] 比如,在亚太地区,自2000年中国率先提出和启动构建中国—东盟自由贸易区(CAFTA)后,日本、韩国、澳大利亚、新西兰、印度等国为规避CAFTA的贸易转移效应,竞相与东盟商谈构建自贸区使FTA在地区迅速扩散。

将这一研究思路扩展到关于多边制度的研究中可以发现,制度负外部性在地区多边制度中同样存在。部分国家构建制度的行为或制度构建后制度内成员国的相关行为都可能使制度外国家的利益或潜在利益受损,包括政治利益、经济利益、安全利益等多个方面。[②] 以地区多边自贸协定谈判为例,虽然自贸协定对成员国的经济增长具有促进作用,各成员国均能绝对获益,但对非成员国的影响却是消极的。一方面,非自贸区国家由于贸易转移效应降低了其对自贸区成员国的出口水平,当非自贸区成员国的贸易条件恶化时,贸易条件效应也会降低非成员国的福利。[③] 比如,自由贸易协定谈判的一项重要议题就是原产地规则(ROO),通过ROO测试合格的产品可依据协议出口到FTA成员国,成员间的相互进口就会增加,而对世界其他地区的出口(各自具有比较优势的商品)相应就会减少。[④] 另一方面,自贸协定有助于消除地区贸易壁垒,扩大市场

---

① 相关研究参见 Richard E. Baldwin, *A Domino Theory of Regionalism*, Working Paper, No. 4465, National Bureau of Economic Research, September 1993, https://www.nber.org/papers/w4465; John Ravenhill, "The 'New East Asian Regionalism': A Political Domino Effect", *Review of International Political Economy*, Vol. 17, No. 2, 2010, pp.178-208; Mireya Solís, Barbara Stallings and Saori N. Katada eds., *Competitive Regionalism: FTA Diffusion in The Pacific Rim*, London: Palgrave Macmillan UK, 2009。

② 在国际制度的研究中,制度压力也被用于分析某一制度构建对制度外成员的影响。但是制度负外部性与制度压力的区别在于:制度负外部性是对制度外成员所造成的利益受损,这种利益损失是客观存在的;制度压力是指一国对他国制度行为的威胁感知,即认为对方的行为可能会限制或威胁自身发展的战略空间,这种感知具有心理学层面的主观色彩。关于"制度压力"的概念参见孙忆:《国际制度压力与中国的自贸区战略》,载《国际政治科学》2016年第3期。

③ Shujiro Urata, "Exclusion Fears and Competitive Regionalism in East Asia", in Mireya Solís et al. eds., *Competitive Regionalism: FTA Diffusion in the Pacific Rim*, London: Palgrave Macmillan, 2009, pp.27-53.

④ Kamal Saggi et al., "Do Free Trade Agreements Affect Tariffs of Nonmember Countries? A Theoretical and Empirical Investigation", *American Economic Journal: Applied Economics*, Vol. 10, No. 3, 2018, pp.128-170.

规模，促进外商直接投资流入地区市场，形成投资创造效应，但对成员国投资吸引力的增加是以牺牲对非成员国投资为代价的。[①] 有学者通过对东盟、中国、日本、韩国、澳大利亚和新西兰组成的自由贸易区的收益分析发现，所有成员国在经济福利方面都获得了好处，但美国、欧盟等非成员国则损失惨重。[②]

需要指出的是，虽然制度负外部性的针对对象是所有非制度成员，但是对于每一个非制度成员而言，制度的负外部性又是存在个体化差异的，因而难以统一概述某一制度的负外部性，只能分别分析对于每一个非制度成员而言，这种负外部性是否存在、具体内涵及其强弱。比如，在一定的地区范围内，一个新的贸易机制建立，并且将地区内的 A、B 两国同时排除在外，其中 A 国的经济结构严重依赖地区贸易，B 国则游离于地区贸易体系之外。显然，该机制的建立对 A 国产生的负外部性将远大于 B 国。因此，制度负外部性的有无和强弱需要结合机制外成员的具体情况来考察。对于经济机制而言，制度外成员的经济实力大小及其在地区产业链中的位置都会影响其对于地区经济机制负外部性的敏感程度。

制度负外部性能够驱动国际制度竞争的原因在于，尽管国家对制度主导权的诉求驱动了各自的制度竞争行为，但是彼此间的诉求是冲突性的，因而一国是否有足够的实力和强烈的意愿改变制度性权力分配现状，以及其本能诉求究竟处于被激发还是被抑制的状态，必然受到行为体间互动所构成的制度博弈环境的限制。具体而言，在国际社会的无政府状态下，行为体制度互动的两个特征，将加剧制度的负外部性效应，进而引发制度竞争行为。

一是不对称信息互动。由于缺乏权威机构协调多个制度间的构建和决策过程，相关行为体通常聚焦于如何通过博弈和妥协达成彼此间的内部合作，忽视或难以准确预测制度行为对制度外成员的潜在影响，从而无法在决策时进行全面的权衡和优化。因此，即使两个行为体之间最初并没有处于竞争状态，但是由于制度合作与制度竞争行为之间的模糊边界，再加上彼此间信息不对称造成的对对方战略意图的误判和对制度性权力分配失衡的担忧，可能导致制度竞争在无意中被触发。

二是重复互动。如前所述，国家对于制度性主导权这一制度稀缺资源的增

---

① 这也被称为“自贸区的投资分流效应”，参见 Shujiro Urata，“Exclusion Fears and Competitive Regionalism in East Asia”，in Mireya Solís et al. eds.，*Competitive Regionalism：FTA Diffusion in the Pacific Rim*，London：Palgrave Macmillan，2009，pp.27-53。

② Robert Scollay and John Gilbert，*New Regional Trading Arrangements in The Asia Pacific?* Peterson Institute for International Economics (PIIE)，May 2001，pp. 59-144.

减变化普遍较为敏感,在意识到对方的行为导致了或可能造成自身制度性权力的减损时,通常会选择采取反制措施。因此,在一定区域范围内,制度竞争现象常常表现为两个或者多个行为体之间的多轮重复博弈,是"制衡"与"再制衡"反复叠加、顺序聚合的过程。当这些竞争性的制度战略依次相互关联时,整个制度结构就会随之发生变化。①

总之,当制度负外部性传导触发了非制度成员的防御性反应时,就会导致国家间制度竞争现象的出现。这是因为被制度排除在外的成员会试图通过建立新的制度或加入并且改变现有制度规则和议程来抵消当前制度模式对自身的消极影响。比如,贸易转移等制度负外部效应促使被排斥的国家担心自身的"相对损失",寻求减少其造成的贸易和投资转移,并且通过形成新的自由贸易协定,以避免其在市场上受到自由贸易协定成员国的歧视,保持对外国资本的吸引力或避免丧失市场份额。特别是高度依赖对外贸易的小国对于这种压力尤为敏感,受其自身市场和经济规模的限制,其应对外部制度负面效应的能力有限,更需要积极寻求扩大在大国的优惠市场准入,消除跨境贸易壁垒,通过变"大"来提高其福利水平。由此可见,克服贸易转移效应是竞争性自由贸易协定激增背后的重要因素。伴有贸易转移效应的自由贸易协定谈判将引发自由贸易区扩大或替代贸易集团谈判的连锁反应。② 因此,当制度构建和决策对非制度成员的负面影响出现,或者非制度成员对其潜在负面影响的预期出现时,处于不利地位的成员出于防御性动机将采取构建新机制的方式加以应对,从而导致了国际制度的竞争性扩散。③

综上所述,厘清国家间制度竞争动因的关键在于阐释国家竞争行为的动机。主导权和制度负外部性两个变量分别阐释了国家主动和被动参与国际制度竞争的动机,因而对国家间制度竞争发生的动因作出了较为充分的解释。一方面,对地区制度设计主导权的分析有助于解释国家主动发起制度竞争的情境,这一因素旨在关注国家以制度为平台进行竞争时所处的权力结构。由于地区制度设计主导权能够直接影响国家参与制度的收益,因而对制度收益分配不满的国家或者期望改变制度收益分配的国家会尝试通过改变制度主导权的分

① Hyun Seung Cho, *Understanding Institutional Power Politics: Theory, Method and a Case of U.S.-China Competition*, Ph. D dissertation, Columbia University, 2017, pp.19-22.

② Richard E. Baldwin, *A Domino Theory of Regionalism*, Working Paper, No. 4465, National Bureau of Economic Research, September 1993, https://www.nber.org/papers/w4465.

③ Beth A. Simmons et al., "Introduction: The International Diffusion of Liberalism", *International Organization*, Vol. 60, No. 4, 2006, pp.781-810.

配来改变制度收益的分配，从而主动发起制度竞争。另一方面，制度负外部性解释了国家被动卷入制度竞争的情境，这一因素旨在关注国家间以制度为平台进行竞争的互动进程，以及国家行为之间的关联。由于制度负外部性的存在，原本无意改变制度收益和主导权分配的国家，可能会出于抵消其他国家争夺主导权产生的负外部性的考量，被动卷入制度竞争中。此外，在驱动制度竞争的现象和行为方面，制度主导权与制度负外部性两个变量既相互独立也相互影响，二者是独立还是共同发挥作用与具体的制度竞争类型相关。一般来说，制度内的竞争通常以主导权之争为诱因；制度间的竞争则更加复杂，制度的负外部效应常常是制度竞争的直接动因，如果其中涉及大国之间的排他性竞争，则主导权之争也是题中之义。

三、影响国际制度竞争的外生变量

以上分析阐释了国际制度竞争现象的内在动力。这一阐释聚焦于对国际制度内在属性及其构成要素的分析，是国际制度竞争现象和行为的根源，也揭示了国际制度竞争是与国际制度建立和发展相伴生的现象。但是观察国际政治现实可以发现，在不同时期、不同地区国际制度竞争的烈度并不同步和一致。例如自冷战后到2008年国际金融危机前，国际制度体系整体上在美国霸权的控制下保持了相对稳定。但2008年以来，随着以中国为代表的新兴国家群体性崛起，国际制度竞争现象明显趋于增多。又如，与美洲地区相比，东亚地区因为有更多的大国和中等强国，因而国家间制度竞争的现象更加频繁。

这提示我们在充分分析国际制度竞争内生性要素的同时，仍不应该忽略与国际制度竞争现象有关的外源性要素。国际制度的建立和发展与国家间的权力关系、国家间的交往方式、国际秩序环境等密切相关，因而这些要素的变动也将成为国际制度竞争的催化剂。换言之，这些外部条件不是导致国际制度竞争的根源，但是其存在与否可能会直接加剧或延缓国际制度竞争现象以及国家将国际制度作为战略工具使用的倾向性。

首先，“大国无战争时代”的到来和国家间复合相互依赖的加深将促使软制衡成为国家间竞争的首选方式。一方面，二战后，在核武器的威慑和现代军事科技的共同作用下，发动战争的成本十分高昂，这使战争不再是直接改变国际权力和资源分配的最优方式，而仅是慎重使用的备选手段。另一方面，全球性生产和价值链的发展使世界各国嵌入了高度相互依赖的国际制度和规则体系，形成“牵一发而动全身”的利益交融格局。研究表明，自冷战结束以来，传统意义上的军事制衡逐渐被外交、经济和制度等“软性”手段所取代。其中，国际制度制衡是软制衡的一种重要方式,即“利用国际制度来减少其他国家因不遵约行为而获得的利润,增加不遵约行为的边际成本,并破坏其行为的合法性”[1]。以 2014 年的克里米亚事件为例,俄罗斯吞并克里米亚后,欧盟成员国随即决定取消欧俄首脑会议,并支持暂停与俄罗斯就加入经济合作与发展组织(OECD)和国际能源署(IEA)的问题进行谈判。由此可见,在一定意义上,以国际制度竞争为代表的“软制衡”本质上仍是无政府状态下国家之间传统均势行为的集中体现。[2] 但国际制度竞争能够避免直接的冲突和对抗,因而更具成本效益。

其次,国家间的实力对比变动是激发国家间在多边制度中进行竞争的变量因素之一。国家在制度参与的多轮重复博弈互动中,彼此间的实力对比状况是国家是否采取制度竞争策略的重要考量。具体而言,国家间实力对比与制度主导权分配之间的关系主要表现为两个方面。

一是在无政府状态下,国际制度主导权分配基本与国家间的实力对比相匹配。在某个制度领域中具有实力相对优势的国家通常也具有更高配额的制度性权力,在政治、经济、军事等各领域都具有显著实力优势的国家则将建立全方位的制度霸权。因此,尽管寻求自身制度主导权最大化是所有国家的本能诉求,但国家在采取制度竞争策略、推动制度主导权分配变化之前,也会考量自身的国家实力基础,否则在多轮重复博弈互动中,缺乏实力支撑的盲目竞争尝试也难以成功。但是,一旦国家间的实力对比发生变化,将有助于消解制度霸权,加速大国战略调整,从而加剧国际制度竞争现象。换言之,实力对比变化将导致既有的制度结构出现松动,为新机制的建立提供了契机,从而加速了制度间的兴衰更替。制度主导国地位的衰落将引发国际制度的变革,以适应新的权力格局。这一“平衡—失衡—再平衡”的过程,将表现为旧制度的改革、现行规则的调整、新机制的建立等制度体系的变革,因而导致国际制度竞争的凸显。

二是国家实力的变化将引发制度主导权分配的变化,但是由于制度的路径依赖特征,致使前者的变化通常滞后于后者的调整。在这种滞后的动态匹配效应下,实力上升的国家对于改变制度性权力分配现状具有更强烈的诉求。当两国间的实力对比缩小时,实力上升的国家不仅有意愿也有能力转向制度竞争行为,从而引发国家间的制度竞争。因此,在现实政治中,霸权国的霸权护持与崛

---

① Anders Wivel and T. V. Paul, “Maximizing Security through International Institutions: Soft-Balancing Strategies Reconsidered”, in Anders Wivel and T.V. Paul eds., *International Institutions and Power Politics*, Washington, D. C.: Georgetown University Press, 2019, pp. 89-100.

② Kai He, *Contested Multilateralism 2.0 and Asian Security Dynamics*, Milton: Taylor & Francis Group, 2020, pp. 1-13.

起国的制度性崛起共同导向了以国际制度作为竞争手段和平台的竞争行为。崛起国在制度福利方面争取更公正的收益是制度竞争的传统和基本主题。崛起国要求多边制度更加体现公平原则，谋取准确反映自身实力、责任和贡献的议程设置权，有效防止自身安全受到侵害的现象再次出现。[①] 积极推动既有国际制度改革，新建替代性国际制度，就成为崛起国寻求制度性权力转移的主要方式。对霸权国而言，当体系中的其他国家与自身的实力差距显著时，霸权国将更加看重如何利用垄断国际交换渠道获得绝对收益，操纵国际组织和规则的原则主要在于通过霸权地位增进本国福利，其重点不在于遏制其他大国成长。[②] 然而，一旦感受到了崛起国的赶超压力，霸权国将竭力打击崛起国不断增加的诉求，以巩固自身的霸权地位。此时，参与国际制度的竞争就成为崛起国和霸权国共同的行为逻辑。

总之，国家间的复合相互依赖和实力对比变化改变了国家间竞争的方式。如果说国际制度的内在属决定了国家为什么能够采取国际制度竞争的行为，这些外部条件则可以进一步揭示国家在什么情况下会更加倾向于将国际制度作为战略工具使用。从逻辑关系来看，国际制度性权力是国际制度竞争现象出现的充分条件，而这些外部条件则是国际制度竞争的必要不充分条件。对内生性要素和外生性要素的综合把握才能更准确地解释各种具体情况下实际发生的国际制度竞争现象和行为。

第三节　国家参与国际制度竞争的行为逻辑

在解决了“国际制度为何能够影响国家间权力分配”的问题后，“国际制度如何影响国家间的权力分配”，即国家参与国际制度竞争、提升自身制度性权力的路径和过程，自然成为接下来需要关注和讨论的问题。

在本质上，国际制度是一种多边主义外交策略和政策设计。正如新制度经济学的创始人道格拉斯·诺斯(Douglass C. North)所指出的，“人们为实现某种目标功能而建立制度，如果由此得出的结果不符合初衷，我们就要修改制度，直至制度能够产生出我们想要的结果”[③]。国际规则和规范组织化、结构化的过程就是国际制度创立的过程，也是国际制度工具性价值得以发挥作用的起始。

① 参见任琳：《大国战争之后：权力生产方式的历史演变》，载《当代亚太》2020 年第 1 期

② 参见高程：《从规则视角看美国重构国际秩序的战略调整》，载《世界经济与政治》2013 年第 12 期。

③ [美]道格拉斯·诺斯：《改变中的经济和经济学》(诺斯在北大中国经济研究中心的讲演和讨论录)，载《北京大学中国经济研究中心简报》2002 年第 13 期(2002 年 4 月 2 日)。

再加上国际制度一经建立便具有公共产品属性，制度创建者之所以投身于制度创建，往往是基于某种选择性激励，例如他们被授予对未来规则的控制权，或为潜在竞争对手创造进入壁垒等。[①]

由此，国家实现自身制度性权力提升的方式必然与国际制度设计的基础性要素及其影响下的制度构建进程密切相关。或者说，改变制度设计的基本要素是国家寻求制度性权力改善的核心路径。制度设计主要是指为正式国际机构提供法律依据和规定行政结构的宪法或条约要素，包括关于本组织的权力和职权范围、成员资格、表决和行政结构以及经费筹措的规则。一些组织内的规则和行为模式，尽管不是来自宪法文件或条约，但是已经在组织内一贯实行和根深蒂固，也可以被视为制度设计的要素。[②] 朱杰进则在《国际制度设计》一书中概述了国际制度的五个基本特征：成员资格、议题范围、集中程度、控制方式、灵活性。参照这一分类，本书认为国际制度成员资格、国际制度议程设置、国际制度规则、国际规范是决定国际制度核心属性和特征的四个基本要素。下文将分别阐释这四种制度设计要素对国家间制度性权力分配的影响，并在此基础上提出国家提升自身制度性权力的制度策略，以求更加系统地描述和反映国家参与国际制度竞争的行为机理。

一、国际制度成员资格竞争

国际制度设计影响国际制度性权力分配的首要方式便是对制度成员资格的控制。哪些行为体被纳入制度集团中，哪些行为体被排除在制度框架之外，构成了制度性权力竞争的基本架构。对于行为体来说，成员资格直接关系到一国在决定国际制度所遵循的原则、规则和决策程序时是否有发言权，以及一国能在多大程度上掌控该国际制度以及对其他成员国施加影响。[③] 传统的国际制度研究在涉及制度成员构成的探讨时主要关注的是集体行动问题，重点强调如何达到最优的群体规模以克服集体行动的困境，最终产生自我增强的均衡。[④]

---

① Robert O. Keohane, "Governance in a Partially Globalized World", *American Political Science Review*, Vol. 95, No. 1, 2001, pp. 1-13.

② J. Samuel Barkin and Patricia A. Weitsman, "Realist Institutionalism and the Institutional Mechanisms of Power Politics", in Anders Wivel and T. V. Paul eds., *International Institutions and Power Politics*, Washington, D. C.: Georgetown University Press, 2019, pp. 23-40.

③ Hyun Seung Cho, *Understanding Institutional Power Politics: Theory, Method and a Case of U.S.-China Competition*, Ph. D dissertation, Columbia University, 2017.

④ Mancur Olson, *The Logic of Collective Action: Public Goods and the Theory of Groups*, Cambridge, MA: Harvard University Press, 1965.

然而，从国际制度竞争的视角观察国际制度的成员构成就会发现，当一个国家意识到其他国家被纳入制度之中还是被排除在制度之外会改变自身的相对收益时，对集体行动效率的担忧就会让步于对哪种成员结构能够使自身在国际制度框架中的权力最大化的关注，由此产生国家间围绕国际制度成员资格的竞争。

具体来看，成员资格对国际制度性权力分配的影响主要体现为两个方面。

一方面，国际制度的成员资格能够赋予其内部成员权力。前文述及，国际制度性权力的一个重要表现就在于对国际标准和规则的塑造，而只有被纳入相关国际组织和制度的国家才能在标准的制定中具有发言权。“政治自古以来的规则就是：如果你不出席会议，没有人会保护你的利益和议程。”[①]研究发现，即便有可靠的证据支持，来自制度外部群体的劝说信息几乎不会使制度成员产生态度改变。[②] 因此，只有加入特定国际制度的成员国才能对国际规则和标准产生直接影响。不仅如此，国际标准确立后，特别是对于经济合作与发展组织、世界贸易组织等大型国际组织的规范性影响力而言，那些未被邀请加入的国家也会受到间接影响。此外，对于制度成员国来说，国际制度所形成的集体力量就是一种重要的对外谈判筹码，从而有可能增加制度内成员特别是制度领导国的权力地位。制度领导国可以挟持国际制度拥有的集体力量来增强自身对制度外成员的谈判地位。[③]

另一方面，国际制度成员资格的排他性在一定程度上剥夺了未被纳入制度框架的外部行为体的权力。国际制度不仅能产生一种集体力量，可被制度成员国特别是制度领导国用来增强对外谈判能力，制度架构所带来的公共福利对于制度外成员国也是一种极大的压力。制度外成员国为了获得与制度内成员国同等的收益，会产生加入国际制度的急切愿望。[④] 劳埃德·格鲁伯(Lloyd Gruber)以世贸组织为例更详尽地证明了这一观点。他指出，退出或选择不加入(或无法加入)世贸组织的经济体发现，它们所处的世界中，所有主要的全球经济体都在一个俱乐部中，但它们被排除在外。世贸组织的规则规定，一个成员对非成员的任何让步也必须扩大到所有成员。这使非成员谈判双边贸易协

① Fareed Zakaria, “The U. S. Can Out-Charm China”, *Newsweek*, December 12, 2005, https://www.newsweek.com/u-s-can-out-charm-china-113691.

② Matthew J. Hornsey, “Why Being Right Is Not Enough: Predicting Defensiveness in the Face of Group Criticism”, *European Review of Social Psychology*, Vol. 16, No. 1, 2005, pp. 301-334.

③ 参见李巍:《制度之战:战略竞争时代的中美关系》,社会科学文献出版社 2017 年版,第 67 页。

④ 参见李巍:《制度之战:战略竞争时代的中美关系》,社会科学文献出版社 2017 年版,第 67～68 页。

定比没有世贸组织的情况更困难。[①]

国家借助国际制度的成员资格这一制度设计要素提升自身制度性权力时，核心诉求可以概述为两个：一是增加自身的制度性权力，二是减少对手的制度性权力。具体来看，国家可以通过三种国际制度策略来影响国际制度的成员构成，以实现自身制度性权力相对提升的目标。

一是成员排斥策略。这一策略具体有两种实现方式：将竞争对手排斥在制度框架之外和将自己排除在竞争对手的制度之外。将竞争对手排斥在制度框架之外是削弱对手制度性权力的最直接方式，因为这一手段直接剥夺了竞争对手在制度中的潜在收益。将自己排除在竞争对手的制度之外则是一种间接的方式，这一情形是指该国在本可以加入制度的条件下，主动放弃加入制度或主动退出制度，旨在通过自身拒绝制度的姿态，削弱制度的权威性，减少制度对自身的束缚，甚至破坏制度的运行。这一制度策略通常只适用于大国，因为大国的加入或退出能够对国际制度的合法性产生举足轻重的影响。严格来讲，拒绝加入或退出制度更大程度上是运用自身制度性影响力的一种策略，因为这一方式并不能使其制度性权力得到直接增长，并且一旦完全退出制度，则失去了影响制度的基本资格。但由于大国在各类事务中的巨大影响力，其在退出或威胁退出国际制度时常常能够换取其他行为体在谈判中的妥协。以特朗普政府上台后频繁的退群行为为例，在其执意退出实施 24 年之久的北美自由贸易协定(NAFTA)之后，美国、墨西哥、加拿大三国最终于 2018 年 11 月签署《美国、墨西哥、加拿大协定》(USMCA)作为替代。不难看出，退出制度成为美国主导重塑地区贸易规则的手段。随着中美战略博弈的加剧，近年来，美国对华竞争逐渐从包容性制度制衡向排他性制度制衡转变。拜登政府上任以来，在政治领域拜登政府召开了首届所谓的“全球民主峰会”，在安全领域组建美英澳军事联盟(AUKUS)，加强美日印澳“四方安全对话”机制，在经济领域启动“印太经济框架”(IPEF)等。这些多边机制的共同特征即是将中国排除在外，打着“民主”“自由”“开放”的旗号，孤立中国甚至中国的伙伴国，使中美的制度互动渐趋“脱钩”。

二是成员稀释策略。这一策略的实现方式同样有两个，即自身加入竞争对手的制度，或邀请自己的伙伴国加入竞争对手的制度，以实现稀释对方制度性权力的目标。加入制度即获得了影响制度设计的直接资格，不管是成为其中的“建设者”抑或“搅局者”，都增加了自身在制度中的影响力。以美国积极寻求加

---

① Lloyd Gruber, *Ruling the World*: *Power Politics and the Rise of Supranational Institutions*, Princeton, NJ: Princeton University Press, 2000, p.70.

入东亚峰会为例，虽然美国是东亚地区的域外国家，但是获取东亚峰会的成员资格赋予了美国在这一多边平台干预地区事务的机会，从而增加了美国在东亚地区的制度性影响力。2004 年，当“10＋3”领导人决定召开东亚峰会以进一步深化地区合作之际，日本却极力主张吸纳本不属于东亚地缘范围的印度、澳大利亚和新西兰参加，将“10＋3”的成员框架扩展为“10＋6”，实则是通过扩大制度的成员资格范围，达到稀释潜在竞争对手（中国）在东亚制度构建中的影响力的目的。

三是成员削弱策略。这一策略的具体操作是劝说自己的伙伴国不加入竞争对手建立的制度，或吸引竞争对手的伙伴国加入自身创建的制度，从而削弱对手在制度中的影响力。国际制度创建成功的一个重要指标即得到伙伴国的支持，更多的伙伴国在很大程度上意味着更大的制度影响力。因此，如果国家在自己拒绝加入竞争对手创建的制度的同时还能够说服自己的伙伴国采取一致的行动，则成功干扰了竞争对手的制度构建进程。在中国筹建亚投行的过程中，美国劝说日本、德国、法国等盟友不要加入亚投行则是对这一策略的运用。当然，反之，如果一国能够将竞争对手的伙伴国纳入自身创建的制度，也是对竞争对手制度性影响力的削弱。仍以亚投行的创建为例，中国最终成功吸引包括德国和法国在内的 27 个国家成为亚投行新的意向创始成员，有力地回击了美国的制度制衡。这一逻辑也解释了中国创建亚投行对中国制度性权力提升的重要意义。

二、国际制度议程设置竞争

无论在国内政治还是在国际政治中，议程设置都是决策过程中备受关注的关键环节。由于议程本身的技术特征——在任何给定的时间内，可进入议程的议题数量相对有限，即有限的“承载能力”——决定了在同一时期内不可能将各方关注的议题全都列入议程，因而议程设置具有天然的“零和特征”：一方设置的议题越多，就意味着他方能够列入议程的议题越少。① 议程设置决定了哪些议题能够进入政治领域，哪些议题被排除在决策程序之外，因而议题控制可以成为“获取和拓展权力的首要工具”②。

国际议程是指在全球层面获得国际行为体广泛关注的议题和针对相关问题的解决方案提议。国际议程设置即某些议题获得国际社会重点关注，相关解

① 参见韦宗友：《国际议程设置——一种初步分析框架》，载《世界经济与政治》2011 年第 10 期。

② Steven G. Livingston, “The Politics of International Agenda-Setting: Reagan and North-South Relations”, *International Studies Quarterly*, Vol. 36, No. 3, 1992, pp. 313-329.

决方案得到国际社会优先支持的过程。[①] 长期以来，和平与发展问题是国际政治聚焦的两大主题，具体又包括贸易公平、气候变化、恐怖主义、核扩散等多个议题，各议题在不同时期呈现出不同的重要性排序。由于国际社会的无政府特征，难以像国内政治一样具有权威决策者和明确的正式议程，因而尽管一些国际议题的出现具有其客观性和必然性，但最终究竟哪些议题成功进入了国际议程则是各方博弈的结果。

通过参与议题设计，国家可以通过在全球治理平台上讨论涵盖其关心的国际议题清单，动用治理平台，借助参与国家的集体合力来实现自己的目的。[②] 在国际制度交往中，各成员都有自身优先关注的议题清单，这使国际议程设置成为激烈的多方博弈战场。[③] 成为国际议题的发起者和国际议程的设置者是国家参与国际交往的基本诉求[④]，具体表现为各国都"力图使自己关注的问题在国际组织中提出来，通过议程的扩大或缩小追求自身优势的最大化"[⑤]。如能将本国的国内议题转化为各国普遍关注的国际议题，甚至提出某个国际倡议成为指导国家间政治、经济、文化交往的机制框架，则意味着一国在引导他国界定自身利益、塑造他国行为方式方面具有了"软权力"。以恐怖主义问题为例，尽管这一问题在历史上早已长期存在，但真正得到国际社会普遍关注并进入国际议程则是在 2001 年之后，而这主要是缘于美国在"9·11"事件发生后的引导和推动。

因此，主动参与和影响国际议程设置常被用作国家拓展自身权力甚至是打击竞争对手的战略工具。这种工具性的国际议程设置可以分为两种情形：一是使自身关注和具有优势的议题进入制度议程，二是将不利于自己或竞争对手关注的议题排除出国际制度。具体来看，国家一般运用议程属性干扰、议题扩散干预、议题载体控制等策略来使国际制度的议程设置更加符合自身的利益诉求。

一是议题属性干扰策略。这一策略的核心是影响国际社会对某一议题内容及其属性的判定，从而引导议题治理方案制定向符合自身利益的方向发展。

---

① John A. Vasquez and Richard W. Mansbach, "The Issue Cycle: Conceptualizing Long-Term Global Political Change", *International Organization*, Vol. 37, No. 2, 1983, pp. 257-279.

② 参见任琳：《全球经济治理中的议程设置问题》，载《东北亚学刊》2014 年第 6 期。

③ 参见刘玮：《发达成员在世界贸易组织改革中的议程设置分析》，载《当代世界与社会主义》2019 年第 2 期。

④ 在国际关系语义中，塑造国际议程的主体既包括国家行为体也包括非国家行为体，但无可否认的是，国家行为体在其中起主导作用。本书中的国际议程设置者主要是指国家行为体。

⑤ [美]罗伯特·基欧汉、约瑟夫·奈：《权力与相互依赖：转变中的世界政治》，门洪华译，北京大学出版社 2003 年版，第 34～35 页。

例如，在南海问题上，美国积极运用这一策略拓展南海问题的属性，在原本的领土主权争端的基础上，将其拓展为“航行自由”问题，并多次声称美国在维护南海航行自由方面的重大利益关切。在美国的推动下，“航行自由”构成了南海争端中的一个不容忽视的新议题，虽然“航行自由”问题没有完全取代主权问题成为南海争端的焦点，但却在一定程度上了占据了后者应有的部分国际关注度，冲击了后者在南海问题上的核心地位。美国也借此由“局外人”俨然成为“局内人”，顺理成章地插手起南海问题，获得了推行其主导亚太、遏制中国战略的重要筹码。[①] 又如，对于气候变化究竟被定位为环境问题还是发展问题，发达国家和发展中国家在这一议题属性判定上具有不同的倾向性。发达国家较早完成了工业化，并且环境污染和温室气体排放问题得到了较好的控制，认为气候变化问题就是环境治理问题。但发展中国家仍处于发展的初级阶段，因而更倾向于认为气候变化问题不仅是环境问题，更是现代化进程中的综合发展问题。这一问题性质的争议，决定了“共同但有区别的责任”能否在气候变化谈判中得到认可，直接影响到全球气候治理的权责分配。

拜登政府上任以来，在中美战略博弈中着力采用议题属性干扰策略寻求对华遏制。一方面，拜登政府将美国对华竞争这一议题放大为“民主”与“威权”两种政权甚至是意识形态之间的竞争。通过将美国与其盟友和伙伴国进行绑定，将对华竞争这一原本仅对美国具有重要性的议题扩展为具有体系重要性的议题，最大限度地对所有支持美国主导的自由主义国际制度体系的国家进行利益动员，从而在对华竞争中获得更多的支持力量。这也是拜登政府上台后一改特朗普政府“美国优先”的外交理念，转而强调“美国回归”，着重拉拢盟友和伙伴国的内在行动逻辑。另一方面，拜登政府将供应链、基础设施投资、科技合作等原本属于非传统安全领域的议题“安全化”，通过夸大中国在相关领域的安全威胁，达到塑造共同利益、凝聚盟友的目标，从而获得重新主导亚太、规锁中国的战略筹码。

二是议题扩散干预策略。议题扩散干预是指对议题所涉及的利益动员过程施加影响，具体包括加速符合自身利益的议题扩散与阻止损害自身利益的议题扩散两种方式。国际议程设置得以实现的一个重要前提是，这一议题涉及多方利益，从而得到广泛关注，成为国际合作治理的内容。由此，议题扩散干预策略的基本原理就在于通过扩展或限制议题的利益动员范围，来加速或减缓甚至

① 参见吕松涛：《隐蔽的压制——国际政治中的排除型议程设置探析》，载《社会主义研究》2015 年第 5 期。

阻断某议题上升成为国际议程。有学者研究表明,通过将一个地方性议题或纯粹的技术问题界定为具有体系重要性的议题或意义深远的政治和伦理问题,将极大地拓展冲突的范围,将更多的利益攸关方牵涉进来,导致利益的重新洗牌和新的议题联盟的出现。[①] 作为当今国际体系中的霸权国家,美国在国际议程设置中的影响力无人能及。为阻止其他国家使用中国华为的5G技术,美国以“威胁国家安全”为由对华为进行封杀和限制,不断在各类双边和多边国际交往中对各国进行游说,将原本的经济问题安全化,并将这一议题的讨论植入慕尼黑安全会议这一全球规模最大的国际安全政策会议中。[②] 可以说,通过在华为问题上对英国等欧洲国家的利益动员和冲突扩展,美国的议题扩散干预策略实现了成功。

三是议题载体控制策略。国际议程载体是指议题进入国际议程的平台,包括国际会议、国际组织等跨国性媒介,也称国际议程的“进入渠道”(access routes)或议程“切入点”(access points)。曼斯巴赫(Richard W.Mansbach)和瓦斯克斯(John A. Vasquez)最早指出,“进入渠道”是个体议程转化为集体议程的关键。[③] 斯蒂芬·利文斯通(Steven G.Livingston)进一步指出,正是由于议程的“切入点”将议题的定义、政策转向和议题的全球显著性联系起来,议程政治才得以继续。对这些“切入点”的控制或定位是议程设置成功的必要条件。[④] 简言之,议程载体就是国际社会对议题及其解决方案进行讨论和分析的实体性场所。如果一国能够影响甚至决定某一议题“在哪里讨论”和“以何种形式被讨论”,毫无疑问该国在这一问题上相较其他国家拥有更强的影响力。比如,主场外交就是提升自身国际议程设置能力的方式之一,东道国可以利用主场便利在议程设置方面拥有更大的发言权。此外,美国对南海问题的解决方式进行干预,试图将南海问题多边化也是对这一策略的运用。2011年,美国在首次参加东亚峰会时就提出将南海的领土争端问题纳入东亚峰会议程,把南海问题作为一个海事安全或者海上通道的安全议题在峰会上讨论。尽管由于中国和东盟

---

① 参见韦宗友:《国际议程设置——一种初步分析框架》,载《世界经济与政治》2011年第10期。

② 参见 The Munich Security Conference (MSC), *Munich Security Report 2020: Westlessness*, https://securityconference.org/assets/user_upload/MunichSecurityReport2020.pdf;傅莹:《对2020年慕尼黑安全会议的印象》,中国南海研究院网站,2020年2月22日,http://www.nanhai.org.cn/info-detail/26/9031.html。

③ Richard W. Mansbach and John A. Vasquez, *In Search of Theory: A New Paradigm for Global Politics*, New York: Columbia University Press, 1981, pp. 96-103.转引自韦宗友:《国际议程设置——一种初步分析框架》,载《世界经济与政治》2011年第10期。

④ Steven G. Livingston, "The Politics of International Agenda-Setting: Reagan and North-South Relations", *International Studies Quarterly*, Vol. 36, No. 3, 1992, pp. 313-329.

国家的强烈反对，这一提议未能最终成型，但美国通过主动塑造地区多边议程介入地区事务的动机和策略可见一斑。[①]

在对华竞争中，美国也积极运用了议题载体控制策略，竭力将多边机制打造成"制衡中国的联合统一阵线"。上任以来，拜登本人和政府成员开展了密集的多边外交活动，包括赴欧洲参加G7峰会、北约峰会、美国—欧盟峰会，赴亚洲参加美日印澳四国机制（QUAD）领导人峰会等，追求在中美对立和竞斗的所有重大问题领域最大限度地取得诸盟友和伙伴的同情、呼应、支持或协作。通过在各类多边机制平台强调当今世界的主要竞争是美西方民主国家和中国、俄罗斯为代表的"异质"国家之间的较量，不断在各类双边和多边国际交往中对各国进行游说，甚至不惜大肆"妖魔化"中国来拉拢盟友，拜登政府将对华竞争议题植入了政治、安全、经济等各领域的国际议程设置中，从而在对华竞争中获取更多的外部支持。

三、国际制度规则竞争

规则是制度约束力的来源。任何制度的建立和运行都以规则为基础，规则的调整不仅影响制度运行的结果，甚至会从根本上改变制度的性质。在国际制度中，国际规则同样是其核心组成部分。如果说国际议程设置是各国协商"做什么"的问题，那么国际规则制定则是"怎么做"的问题，表现为国际行为体在政治、安全、经济、环境等各领域协商制定的各类公约、守则、准则、协定等。国际制度之所以能够降低交易成本、减少国际交往的不确定性，正是得益于国际规则对行为体行为的限制作用。

在国家间围绕国际制度的竞争中，国际规则的重要影响主要表现在两个方面。

一是在国际制度成员构成和国际议程已经确定的情况下，国际规则是影响各国制度性权力分配的最直接因素。其中，投票规则是制度设计中能够对国家间权力分配产生显著影响的关键环节。"一国一票"的投票方式相较于其他决策方式赋予了小国更大的话语权，而"一致性原则"将赋予在该问题领域有显著优势的单元行为体更大的影响力。这种相对的权力分配模式也解释了为什么强国更愿意允许在不产生具有法律约束力规则的组织中进行简单多数表决，并

① 参见《东盟呼吁：东亚峰会不设南海议题》，2011年11月19日，http://news.ifeng.com/gundong/detail_2011_11/19/10767173_0.shtml?_from_ralated。

且更倾向于对能够产生具有约束力规则的投票采取一致性原则。[①] 尽管国际规则的确立都以确保分配公正为基本价值导向，但这并不意味着在实践中规则指导下的利益分配能够呈现完全公平的结果。在现实中，各国为适应国际规则所付出的成本存在明显的差异，规则制定者的内化成本远小于规则接受者的成本，这也是国际制度被认为具有"非中性"特征的内在原因。在国际秩序体系和全球治理体系形成和转型的过程中，各国针对国际制度主导权的竞争，在很大程度上就是关于国际规则制定权的竞争。以世界气候变化大会为例，减排协定的达成经历了京都议定书、巴厘路线图、哥本哈根协定、巴黎协定等多种方案的讨论，这些方案的最大争议就是关于能源使用和碳减排上应该依据的国际规则。

二是国际制度规则的路径依赖效应使国际制度倾向于"维持现状"、阻止变革，减缓国家间权力的重新分配和调整。制度变迁中的路径依赖效应是指，制度变迁一旦走上了某一条路径，它的既定方向会在以后的发展中得到自强化。国际制度同样具有自我存续的惯性，从国际制度中获益的行为体会主动适应并强化这一制度安排，从而期望获取更大的收益。国际制度一经建立，就进入了制度变迁的进程，制度运行过程中相关规则、议程、制度运行的环境不断发生改变和替代。然而，由于国际制度的规则通常是在制度构建时的条约或章程类文件进行明确的界定，在大部分情况下，制度规则的改变需要经由所有成员的同意，因而变革往往难以达成。以世贸组织为例，根据其决策程序的相关规定，对《世界贸易组织协定》和多边贸易协定的修改，除有特殊规定外，一般应实行协商一致原则通过。这意味着除非 164 个成员（截至 2021 年 3 月的成员数量）之间达成普遍协议，认可新规则在促进贸易方面的改进效应，否则新规则将不能通过，旧规则将继续延续。[②] 不难看出，在这样的机制下，阻止制度变革将比创造变革容易得多。[③] 作为全球治理规则体系的既得利益者，霸权国家及其盟国通常会极力维护现有体系中的权力结构和利益分配格局，并阻碍任何可能损害

---

① J. Samuel Barkin and Patricia A. Weitsman, "Realist Institutionalism and the Institutional Mechanisms of Power Politics", in Anders Wivel and T. V. Paul eds., *International Institutions and Power Politics*, Washington, D. C.: Georgetown University Press, 2019, pp. 23-40.

② J. Samuel Barkin and Patricia A. Weitsman, "Realist Institutionalism and the Institutional Mechanisms of Power Politics", in Anders Wivel and T. V. Paul eds., *International Institutions and Power Politics*, Washington, D. C.: Georgetown University Press, 2019, pp. 23-40.

③ Lloyd Gruber, *Ruling the World: Power Politics and the Rise of Supranational Institutions*, Princeton, NJ: Princeton University Press, 2000.

其权力和利益的规则调整和变革。[①] 现有制度框架内可供崛起国选择的空间和范围非常有限，其谋求改变现有国际制度是十分困难的。对于国家行为体而言，以国际规则为切入点推动国际制度性权力分配变化的努力，通常从以下三个方面着手。

一是国际规则替代策略。规则替代是调节国际制度性权力分配的较为根本的方式。新规则对旧规则的替代能够从根本上改变行为体间的制度互动。当然，在现实政治中，由于制度的路径依赖效应，完全的规则替代很难实现，并且常常与其他制度竞争策略组合运用才能达到目标。一个比较典型的例子是近期美、日、欧等研究“市场导向条件”的新标准，制定特殊的补贴规则和特殊的国企规则，以规范和约束包括中国在内的“非市场经济国家”。在它们看来，WTO区分发达经济体和发展中经济体的规则框架，不仅没有对中国的不公平的贸易行为进行有效约束，还使中国精明地“占了便宜”[②]，因而推动新规则尽快取代旧规则以改变当前的利益分配方式。

二是国际规则叠加策略。规则叠加策略较规则替代策略更为缓和，当行为体尝试修正规则，但直接的规则替代又难以实现时，规则叠加是一个实施难度稍小的折中选择。规则叠加策略提出替代性方案，但是要避免新规则与旧规则成为“非此即彼”的激烈竞争关系，而是寻找各自发挥作用的空间。二者可能长期并行存在，也可能在经过一段时间后合而为一。例如，在主权信用评级领域，针对美国三大评级公司在美国次贷危机以及随后欧洲主权债务危机中饱受批评的局面，中国减少了对国际评级机构的使用和依赖，支持本土评级机构的发展，采取“双评级模式”。这属于对既有国际信用评级制度的叠加型改革路径。[③]

三是国际规则嵌套策略。规则嵌套是一种竞争烈度更低的制度竞争方式。特别是对于新建立的机制而言，通过将机制运行的部分规则与现有机制相衔接，既有利于利用已经成熟的规则保障制度的运行降低新建制度的成本，也有助于新旧制度之间的相互协调。比如，亚洲的清迈倡议（CMI）、欧洲稳定机制（ESM）、拉丁美洲储备基金（FLAR）等地区性金融救助机制都在不同程度上采取了与国际货币基金组织（IMF）的制度嵌套安排，规定其中一定比例的资金使

---

① 参见徐秀军：《规则内化与规则外溢——中美参与全球治理的内在逻辑》，载《世界经济与政治》2017年第9期。

② 参见张宇燕、冯维江：《从“接触”到“规锁”：美国对华战略意图及中美博弈的四种前景》，载《清华金融评论》2018年第7期。

③ 参见朱杰进：《崛起国改革国际制度的路径选择》，载《世界经济与政治》2020年第6期。

用需要配套IMF的相关救助方案和救助条件。[①] 这样一来，地区储备基金的设立提升了本地区防范风险和应对挑战的能力，IMF完善的经济监控体系也降低了制度创建面临的“后来者”压力。此外，亚投行在核心制度规则上与世界银行保持一致，主要在运营方向上体现差异，也是在制度筹建中对规则嵌套的策略运用。

四、国际规范和观念竞争

规范是指具有给定身份的行为体适当行为的准则，这一概念包括了对“应然”和“共同价值”的评判。[②] 依此类比，国际规范即各国在价值观念方面达成共识，并形成关于定义国际事务中的“正常”行为的理念和准则。因此，与国际议程和国际规则相比，国际规范是一种在国家间长期的互动实践中形成的更稳固和根本性的力量，是国际规则制定和国际议程设置所遵循的“价值观”。[③] 综观国际组织的建立和运行过程可以发现，无论是正式还是非正式的国际机制，其形成都受到相关观念潜移默化的影响和引导，可以说制度在本质上是一种规制化了的观念。各类国际组织和国际规范之间是“外壳”与“内核”的关系：一方面，国际组织体现了国家间合作背后所遵循的理念；另一方面，规范的影响力也需要借助制度化的形式才能得以呈现。

国际规范影响国际制度性权力的机制主要是基于制度的合法性效应。国际制度一旦建立，就意味着其本身得到了制度成员的认可而具有了合法性。同时这也意味着，制度背后的观念和规范性要素转化成了被普遍接受的“道德适当性”要素，即符合公正原则或者这一规范本身就是应该被遵守的。这不仅赋予那些声称尊重这些规范的国家权力，而且能够威胁那些不遵守这些准则的行为体的权力。通常情况下，让别人做自己想做的事的最有效方法是说服他们相

① 参见刘玮：《兼容性制度竞争：双层对冲与地区制度的嵌套设计》，载《世界经济与政治》2020年第1期。

② 参见潘亚玲：《国际规范更替的逻辑与中国应对》，载《世界经济与政治》2014年第4期。

③ “国际规范”的概念在学术界存在一定分歧。广义上，国际规范既包括国家间交往所反映的道德价值观，也包含更为具象的行为准则、惯例等制度因素。狭义上的国际规范仅指观念性因素，如以温特和玛莎·费丽莫为代表的建构主义学者认为规范是“行为体之间的共享信念（也可称‘共享知识’或‘共享预期’），是指导行为体行事的‘恰当性逻辑’（logic of appropriateness）”（[美]玛莎·费丽莫：《国际社会中的国家利益》，袁正清译，浙江人民出版社2001年版，第37页）。为与前文的“国际议程”“国际规则”的概念进行区分，本书沿用建构主义的定义，即认为国际规范是“指导国家行为背后的信念和价值观”。

信这是他们想做的事，或者说这是正确的事情。[①] 国际规范和观念正是通过培养这种“制度正当性的信念”，如同支配经济运行的“看不见的手”一样，支配着国际制度的变革方向和制度成员行为逻辑。

因此，国际社会占据主流的发展理念和发展模式决定了国际秩序发展演变的趋向，也决定了倡导和奉行该理念和模式的国家在国际社会中的位置。[②] 例如，长期以来欧洲将自身定位为国际社会的“榜样”，并在其中扮演“规范性力量”的角色。前欧盟委员会主席巴罗佐曾提到，欧洲的比较优势在于它的“规范性力量”，或者说是“价值的力量”。这种力量的本质即决定国际规范以及制定国际行为的道德标准的能力。[③] 又如，民主和人权是西方国家最为关注的两类国际规范，在此基础上建立的自由主义国际秩序在本质上也是对这两种价值的维护和推崇。总之，与规范相关联的制度性权力，不仅促进了自身价值理念的传播，更是对他者的同化和约束，将其他行为体锁定在可预期的行为轨道。在引领国际规范和国际观念方面占有优势的行为体就拥有了更多的制度性权力。

作为一种制度竞争策略，国际规范和观念竞争的实施和效果显现需要较长周期才能实现。这是因为与成员资格以及国际议程和规则设置相比，国际规范是制度设计要素中更为稳定的力量。一方面，要想将某种国际规范完全嵌入某一制度的组织架构和运行中，需要较长时间的适应和演化；另一方面，一旦这种观念性的力量得以塑造行为体的制度行为，在短时间内也不易被替代和改变。此外，与前述三类制度要素设计的竞争策略不同，国际规范和观念的竞争需要借助国际议程设置、国家规则设定等作为载体才能实现。

在操作层面，规范竞争既关注言语层面的竞争，也关注适用层面的抵抗和理解差异，竞争缘起于规范正当性、规范意义的模糊性、规范在实践中产生的内在张力、规范适用时的多重文化背景等。[④] 具体来看，一是在某一治理领域中提出新的理念，并将其嵌入治理规则的设定和议程设置之中。如中国提出“构建人类命运共同体”的理念，提倡追求本国利益时兼顾他国合理关切，在谋求本国发展中促进各国共同发展。这一新的治理理念与传统上霸权主义所主张的强国凭借军事和经济实力，强行干涉别国内政外交的理念构成了竞争。“构建人

---

① J. Samuel Barkin and Patricia A. Weitsman, “Realist Institutionalism and the Institutional Mechanisms of Power Politics”, in Anders Wivel and T. V. Paul eds., *International Institutions and Power Politics*, Washington, D. C.: Georgetown University Press, 2019, pp. 23-40.

② 参见刘昌明、李慧明：《世界金融危机与国际秩序转型》，山东大学出版社 2015 年版，第 108 页。

③ 参见潘忠岐：《国内规范、国际规范与中欧规范互动》，载《欧洲研究》2017 年第 1 期。

④ 参见吴文成：《从扩散到竞争：规范研究纲领的问题转换与理论进步》，载《太平洋学报》2020 年第 9 期。

类命运共同体”理念载入联合国决议，体现出国际社会对这一理念的支持和认可。① 二是通过规范重塑，使原有规范在扩散中被新的行为体在实践过程中赋予和充实一些新的内涵，使规范的内容更丰富、更完善。如中国与广大发展中国家提出的以生存权和发展权为核心的人权理论体系丰富了国际人权规范的内涵，扩展了国际社会对人权规范的共识。②

综上，国际制度设计的四大基础要素（成员资格、议程、规则、规范）能够影响国家间制度性权力的消长和制度收益的分配，使其成为国家追求制度性权力的核心路径。通过影响国际制度的成员资格范围、制度议程、制度规则、制度规范等制度设计的基本要素，国家能够利用国际制度的非中性，并将其作为自身的战略工具，推动制度性权力向于己有利的方向分配，强化自身的制度优势，以最大限度地获取物质和非物质性国家利益。这一过程正是国家参与国际制度竞争的主要方式。

需要说明的是，国际制度竞争的多种策略之间的关系既不是线性的，也不是递进的，而是互相作用、交替运用的。制度竞争则是多个相关行为体同时运用多种策略竞争的结果。比如亚投行的筹建就包含了中美之间的制度竞争，中国采取了规则嵌套策略，在核心制度规则上与世界银行保持一致，有助于这一开发性银行的成功筹建，美国阻止其盟友日本参加亚投行所采取的成员削弱策略则是在亚投行筹建过程中进行干扰。鉴于国家间的制度竞争常常是多轮重复博弈的过程，因而上述多种策略也是殊途同归的，不同行为体各种策略之间有时会相互增强，有时彼此的影响会被抵消，但都会导致制度竞争以及制度变迁的最终结果。

本章小结

本章在对国际制度竞争进行概念界定的基础上，分析了驱动和引发国际制度竞争的变量因素，以及国家参与国际制度竞争的行为机理，旨在构建分析国际制度竞争现象的理论框架。国际制度竞争是指国家行为体通过影响和控制制度设计的基本特征，以最大限度地获取物质和非物质性国家利益的现象。国际制度竞争的出现是内生性因素和外生性因素共同作用的结果。其中，内生性因素主要包括国际制度设计的主导权以及制度本身的负外部性两个方面。国

① 参见《“构建人类命运共同体”再次写入联合国决议》，2017 年 11 月 3 日，新华网，http://www.xinhuanet.com/mrdx/2017-11/03/c_136725856.htm。

② 参见袁正清、李志永、主父笑飞：《中国与国际人权规范重塑》，载《中国社会科学》2016 年第 7 期。

际制度主导权的分配是国家参与制度竞争争夺的内在目标，制度本身的负外部性则是驱动制度竞争出现的另一个重要内生动力。此外，国家间复合相互依赖的加深以及国家间实力对比变动等外部条件的变化，使行为体对制度主导权以及制度负外部性更加敏感，因而常常是加剧某一地区或某一时期国际制度竞争的外部因素。从制度竞争的具体行为策略来看，行为体的制度竞争主要是围绕着国际制度成员资格、议程设置、规则设定、规范演化四个维度展开。因此，制度竞争行为可以分为制度成员资格竞争、议程设置竞争、规则设定竞争、规范竞争四类，具体包括成员排斥策略、成员稀释策略、成员削弱策略、议题属性干扰策略、议题扩散干预策略、议题载体控制策略、国际规则替代策略、国际规则叠加策略、国际规则嵌套策略、国际规范创设策略、国际规范重塑策略等。

第二章 东亚地区制度竞争的演进：动力因素与行为逻辑

冷战结束以来，美国、日本、中国、东盟不仅是推动东亚地区制度建设的核心力量，而且对制度建设过程中的权力结构变动也最为敏感，是参与地区制度竞争的主要行为体。由于制度设计与地区制度性权力分配之间的密切关系，四个行为体在地区经济制度建设的成员构成、议程设置、规则设定等问题上进行了多轮较量。其中，1997 年的亚洲金融危机和 2008 年的国际金融危机，不仅加速了大国间实力对比的变化，而且引发了各行为体的制度战略调整，因而成为影响东亚地区制度竞争演进的关键节点。据此，东亚地区的制度竞争可以划分为三个阶段。其中，20 世纪 90 年代是东亚地区制度竞争的兴起阶段，在此期间东盟倡议的东亚经济集团（EAEG）和美国主导的亚太经合组织（APEC）之争开启了“东亚”与“亚太”两种地区制度构建路径的分野；同时，APEC 内的议程设置之争开始凸显出发达成员与发展中成员对区域经济合作的异质化诉求。1997 年亚洲金融危机后，东亚地区制度竞争继续延续和扩展，中日围绕地区制度主导权展开的“东盟＋中日韩”（10＋3）与东亚峰会（10＋6）之争将地区制度竞争引向深入，EAFTA、CEPEA、FTAAP 之争则进一步揭示了日本、中国、美国对于区域自贸区建设的路线分歧。2008 年以来，随着中日力量对比的结构性变化以及中美权力转移的加速，东亚地区制度竞争进入全面展开和深化阶段。跨太平洋伙伴关系协定（TPP）与区域全面经济伙伴关系（RCEP）之争成为这一阶段东亚地区制度之争在成员构成、议程设置、规则设定等多个制度设计要素全面展开的典型案例。

第一节　东亚地区制度竞争的兴起

随着冷战的结束，地区政治经济格局发生了深刻变化，为东亚地区制度竞争的兴起提供了外部条件和内在动力。这一时期，东盟倡议的东亚经济集团(EAEG)和美国主导的亚太经合组织(APEC)之间的竞争成为焦点，标志着“东亚”与“亚太”两种地区制度构建路径的分野。同时，在APEC内部，议程设置之争也开始浮现，凸显出发达成员与发展中成员在区域经济合作上的异质化诉求。本节将围绕东亚地区制度竞争的兴起展开探讨，分析制度竞争兴起的外部条件、内在动力以及具体案例。

一、冷战后东亚地区制度竞争兴起的外部条件与内在动力

冷战后东亚地区制度竞争的兴起有着复杂深刻的时代背景。

首先，冷战后东亚地区多边经济机制的建立和发展是制度竞争出现的前提。在东亚地区，区域层面的多边经济制度直到冷战后期才开始建立。在此之前，东亚地区制度建设主要体现为美国与日本、韩国、菲律宾等同盟国家构筑的“轴辐体系”。由于特殊的地缘战略环境，东亚地区经贸关系被美国视为增强自身在地区的政治影响力、遏制苏联的重要战略武器，因而美国不仅向其东亚盟友提供安全保障，并且在不要求互惠的情况下，向其盟友提供经济援助和市场准入。① 20世纪80年代中后期，随着美苏两极争霸对峙的格局结束，东亚地区安全和经贸关系重回正常状态，各国逐渐将战略重心转移到经济发展和区域合作上，加之地区的经济相互依赖逐渐增强和专业化分工体系的发展，促进了多边经济制度的构建。

具体而言，各国间经济相互依赖的增强呈现出两条路径并进的趋势。一是东亚域内的经济相互依赖明显增强。这一方面得益于20世纪80年代日本通过产业分工构建的“雁行模式”在东亚国家间建立起了内在的经济联系，推动了东亚经济的发展。② 另一方面，冷战结束使各国将重心转向经济发展，为东亚地区经济增长和相互依赖的增加创造了良好的环境。因此，自冷战后期开始，东亚区域内的进出口贸易迅速增长，其增长速度不仅高于东亚对区域外进出口贸

---

① Kai He, *Institutional Balancing in the Asia Pacific: Economic Interdependence and China's Rise*, London: Routledge, 2009, pp. 49-79.

② 参见苏浩:《东亚整合的艰难之路:“平轴”—“胡桃”—“双核”模式的建构》,世界知识出版社2018年版,第79页。

易增长速度，也远高于世界贸易增长速度。20 世纪 90 年代的前三年，东亚发展中国家和地区相互间的贸易平均年增长率高达 3%，区域内贸易占其整个对外贸易的比重从 1986 年的 27%上升到 1992 年的 37%，如果加上对日本的贸易，这一比重已高达 48%。[①] 二是美国与东亚地区的相互依赖伴随着双方经贸联系的增加而不断扩大和深化。根据美国传统基金会的统计，1992 年美国同亚太经合组织成员的双向贸易总额达 5340 亿美元，其中同东亚地区的贸易额达 3480 亿美元，远远超过美国同加拿大和墨西哥 2650 亿美元以及美国同欧洲 2270 亿美元的贸易额。[②] 1993 年 7 月 7 日，克林顿总统在日本早稻田大学的演讲中也明确传达了美国对亚洲地区的关注，他表示"我们国家已经准备好成为亚洲经济增长的全面伙伴"，"我相信，太平洋地区能够而且将成为美国人民就业、收入、伙伴关系、思想、增长的巨大来源"。[③]

与上述趋势相对应的是，在这一时期，以"亚太"和"东亚"为架构的地区多边制度建设开始同步兴起。美国、日本、澳大利亚、新西兰等地区内比较发达的经济体先后推动了太平洋盆地经济理事会(PBEC)、太平洋经济合作委员会(PECC)等地区机制的建立，继而催生了亚太经合组织(APEC)的建立。与此同时，东亚区域内的联系和合作也逐渐兴起，使东亚开始作为一个相对独立的区域出现，其中的一个标志性事件便是 1990 年 12 月马来西亚总理马哈蒂尔(Mahathir bin Mohamad)首次提出了构建东亚经济集团(East Asian Economic Group, EAEG)的建议。

其次，国家间实力对比的变化以及彼此间相互依赖的不平衡发展为东亚地区制度竞争的发生创造了条件。其中最为突出的是，在 20 世纪 90 年代初，美国经济的短暂衰退和战略收缩使其在东亚地区的权力和影响力出现了相对下降的趋势。[④] 虽然此时美国赢得了两极争霸的政治胜利，但是国内经济却出现了明显的衰退。一是政府财政出现严重赤字。1980 年美国政府赤字为 9070 亿美元，但到 1989 年时这一数值已经攀升到 2.85 万亿美元。在整个 20 世纪 90 年代，政府财政赤字占 GDP 的比重均在 50%以上，达到 1921 年大萧条以来的

① 参见陆燕：《亚太地区经济贸易：现状与趋势》，载《国际贸易》1995 年第 1 期。

② 参见李长久：《东亚经济崛起与美国对外经贸关系重心东移》，载《亚太研究》1994 年第 1 期。

③ "Remarks by President Clinton to Students and Faculty of Waseda University", Ministry of Foreign Affairs of Japan, https://www.mofa.go.jp/region/n-america/us/archive/1993/remarks.html.

④ 需要强调的是，这里是指美国在东亚地区权力和影响力的相对下降，并不是美国的绝对衰落。在绝对意义上，1991 年苏联解体后美国是当时世界上的唯一超级大国。

最高水平。[①] 二是 GDP 增速放缓。美国的 GDP 增长率从 1989 年的 3.67%下降到 1990 年的 1.89%，甚至在 1991 年出现了 0.1%的负增长。[②] 经济的相对衰退使美国削减了其海外的国防开支，并在亚洲进行军事收缩，制约了美国在 90 年代初对其亚洲盟国的安全和经济承诺。对美国的亚洲盟友而言，美国作为地区安全保护者的可信度降低。

在地区权力结构和不对称性相互依赖关系调整变化的背景下，东亚地区在经济和安全事务上的力量平衡逐渐被打破，东盟、日本、美国等地区行为体围绕地区制度主导权的争夺开始凸显。比如东盟国家经济实力的提升使其开始尝试在地区制度建设中发挥更加积极的作用。鉴于地区制度的总部或秘书处所在地通常是制度主导权的象征，在 1989 年召开的第一届亚太经合组织部长级会议上，东盟国家提议仿照东盟秘书处在印尼首都雅加达设立亚太经合组织秘书处。虽然这一提议在当时被否定，但在东盟的努力下，1992 年举行的第四届亚太经合组织会议通过了在新加坡设立秘书处的决定。[③]

除上述地区内的结构性因素变化之外，西欧和北美区域经济合作机制建设的负外部性是驱动这一阶段东亚地区制度竞争的外部结构性因素。事实上，APEC 以及 EAEG 的提出和建设本身就是在外部刺激下发生的。自 20 世纪 80 年代中后期以来，北美和欧洲的区域合作谈判都取得了显著进展。美国和加拿大在双边自贸协定的基础上签署了《北美自由贸易协定》(NAFTA)。欧共体的一体化进程也逐渐深入，直至 1992 年《马斯特里赫特条约》的签署标志着欧盟的建成。与之形成对比的是，此时东亚地区在自贸区建设方面并没有任何进展，东亚国家在关贸总协定乌拉圭回合等重大国际谈判中也难以发挥影响力。对此，东亚国家逐渐意识到，只有加强地区合作，才能够在世界贸易多边谈判中拥有集体发言权。[④] 因此，EAEG 在倡议之初的核心目标就是“在与世界其他国家的贸易谈判中，特别是在与欧共体和北美自由贸易协定谈判中，为东亚国家

---

① “What is the National Debt Year by Year From 1790 to 2019?”, https://www.thestreet.com/politics/national-debt-year-by-year-14876008.

② https://data.worldbank.org/indicator/NY.GDP.MKTP.KD.ZG? locations=US.

③ Kai He, *Institutional Balancing in the Asia Pacific: Economic Interdependence and China's Rise*, London: Routledge, 2009, pp. 113-146.

④ Mahathir Mohamad, “Let Asians Build Their Own Future Regionalism”, *Global Asia*, Vol.1, No. 1, 2006, https://www. globalasia. org/v1no1/cover/let-asians-build-their-own-future-regionalism_mahathir-mohamad.

发出强有力的声音”[①]。

总之,东亚地区发展中出现的上述结构性变化为多边地区制度的建设提供了动力和机遇,但同时也为地区制度竞争的发生创造了条件。尽管在这一时期东亚地区内部以及地区与美国的相互依赖总体都表现出了显著的增强,但是各行为体间相互依赖关系的不对称性却呈现出了差异化的发展,特别是在美国与东亚之间,不对称的相互依赖关系向东亚国家倾斜,为东亚国家与美国之间在地区制度主导权方面的竞争提供了可能。

二、EAEG与APEC之争:“东亚”与“亚太”路径分化的缘起

如上所述,国家间实力对比和相互依赖关系的变化深刻影响了东亚地区的经济一体化进程,也使地区制度构建中逐渐表现出“东亚”与“亚太”两种路径的对立,首当其冲的便是东盟倡议的东亚经济集团(EAEG)与美国主导的亚太经合组织(APEC)之争。

以APEC为代表的制度合作发轫于并涵盖太平洋区域,这主要基于该区域经济和贸易联系的增强。在美国扶持下,日本经济在战后迅速恢复,积极推动“雁行模式”,深化了域内国家的经济相互依赖。1989年11月,首届亚太经济合作部长级会议召开,标志着亚太经合组织正式成立。APEC最初成员包括美国、澳大利亚、文莱、加拿大、印度尼西亚、日本、韩国、马来西亚、新西兰、菲律宾、新加坡和泰国,首要目标是支持亚太地区经济的可持续增长和繁荣,通过倡导自由开放的贸易和投资,促进和加快区域经济一体化,鼓励经济技术合作。[②]

与此同时,东亚区域内的联系和合作也逐渐兴起,国家间开始尝试探索建立正式的合作机制。1990年12月10日,马哈蒂尔在中国时任总理李鹏到访马来西亚期间首次提出了构建东亚经济联盟(East Asian Economic Bloc, EAEB)的建议。[③] 他表示,如果关贸总协定谈判失败[④],马来西亚将建议成立一个东亚

---

① Johan Saravanamuttu, “Malaysia's Foreign Policy in the Mahathir Period, 1981-1995: An Iconoclast Come to Rule”, *Asian Journal of Political Science*, Vol. 4, No. 1, 1996, pp. 1-16.

② 1991年11月,中国以主权国家身份、中国台北和中国香港以地区经济体名义正式加入APEC。此后智利(1994)、墨西哥(1993)、巴布亚新几内亚(1993)、秘鲁(1998)、俄罗斯(1998)、越南(1999)六个国家也先后加入。

③ Glenn Hook, “Japan and the Construction of Asia-Pacific”, in Andrew Gamble and Anthony Payne eds., *Regionalism and World Order*, New York: St. Martin's Press, 1996, p.194.

④ 此时正值关贸总协定的乌拉圭回合谈判期间,由于部分成员在农产品贸易方面的分歧,谈判一度陷入破裂的边缘。

经济集团，以抗衡西方贸易集团。考虑到英文的“bloc”一词太过具有攻击性①，1991年1月马来西亚战略与国际研究所所长、马哈蒂尔的助手诺尔丁·索皮（Noordin Sopiee）在发表于《新海峡时报》（*New Straits Times*）的文章中提议将其改为“东亚经济集团”（East Asian Economic Group，EAEG）。② 此后，这一提案首先在东盟国家内部进行了讨论，并得到了新加坡、泰国和菲律宾的积极回应，但是由于印度尼西亚并不赞同该提议，因而东盟内部并未就这一问题达成共识。1991年7月，马来西亚作为东盟主席国正式向第24届东盟外长会议提交了关于EAEG的提案报告。同年10月，在吉隆坡主办的第23届东盟经济部长会议上，为回应外界对EAEG意在构建封闭性的贸易集团的质疑，马来西亚决定将该集团重新命名为“东亚经济核心小组”（East Asian Economic Caucus，EAEC）。1992年1月，马哈蒂尔在第四届东盟首脑会议的筹备会议上再次强调了EAEC作为讨论区域经济问题的协商小组的作用，弱化其机制化的经济集团内涵。③ 总之，虽然EAEC倡议是在东亚区域内的联系和合作逐渐兴起的背景下提出的，但是在倡议之初这一机制的构建并不顺利，甚至经历了多次易名的曲折历程。

在制度设计方面，EAEC是运用制度成员排斥策略的典型案例。在马哈蒂尔的设想中，EAEC将包括东盟当时的六个成员国（马来西亚、泰国、新加坡、菲律宾、印度尼西亚、文莱）以及日本、韩国、中国大陆、中国台湾、中国香港、越南和缅甸。这一成员范围的设计有两个突出特点：一是参与区域合作的成员是地处东北亚和东南亚的纯粹东亚国家；二是将亚太地区的主导大国——美国排除在外。④ 当然，马哈蒂尔这一制度设计并非偶然的结果。1991年马来西亚国际

---

① 在正式访问结束时，时任中国总理李鹏也表达了这一意见，认为这种经济合作机制应该是一个松散的论坛，而不是一个贸易集团。参见 Michio Kimura，“Asian Expectations toward Japan's Role in the Consensual Process of Regional Integration: The Case of the East Asian Economic Caucus”，in Jochen Legewie and Verena Blechinger eds.，*Facing Asia: Japan's Role in the Political and Economic Dynamism of Regional Cooperation*，München: Iudicium，2000，p.37。

② 同时，诺尔丁·索皮还具体补充和澄清了这一机制的基本特征：第一，EAEG不是一个贸易阵营，而是一个关于区域贸易问题的协商小组；第二，EAEG不具有排他性，尽管他并未说明非排他性的具体内涵；第三，日本是必不可少的成员，东盟国家、中国、中国台湾、中国香港和越南是潜在成员（马哈蒂尔似乎对开始时的成员范围的界定模糊不清）；第四，这一机制的目标是促进东亚的经济合作，在未来形成东亚共同体。参见 Shintaro Hamanaka，*Asian Regionalism and Japan: The Politics of Membership in Regional Diplomatic, Financial and Trade Groups*，London: Routledge，2009，p.147。

③ Linda Low，“The East Asian Economic Grouping”，*The Pacific Review*，Vol. 4，No. 4，1991，pp. 375-382.

④ 参见苏浩：《东亚整合的艰难之路：“平轴”—“胡桃”—“双核”模式的建构》，世界知识出版社2018年版，第104页。

贸易与工业部发布的关于 EAEC 的提案报告就曾指出，“东盟将是这一区域合作进程的核心，应该在初始阶段考虑成员(范围)的问题”，“顾名思义，东亚经济集团将由东亚的经济体组成”。[①] 由此，EAEC 在地域范围进而在制度的成员构成上与 APEC 形成竞争，这是冷战结束后亚太地区制度竞争的最初形态。

马哈蒂尔之所以提出基于“东亚”的制度构想，主要源于其对地区制度主导权的考量。APEC 作为当时亚太唯一大型经济合作机制对区域一体化发展具有重要影响，但随着经济合作的深化，发展中成员开始担心 APEC 的法律化标准会延伸到境内政治和社会领域，质疑美国试图利用 APEC 作为工具，将其“公平贸易”理念强加给其他成员，并提出诸如人权、劳工标准和环境标准等“社会倾销”问题，干涉和迫使他国改变发展模式。[②] 这一担忧意味着 EAEC 的建设目标并不限于推进东亚地区经贸的自由化进程，更重要的是削弱美国甚至欧洲国家在域内的政治影响力。正如马哈蒂尔对东亚缺乏自主性所作的评判：“在东亚，我们被告知，我们不能称自己为‘东亚人’，(尽管)欧洲人称自己为‘欧洲人’，美国人称自己为‘美国人’。我们被告知必须称自己为‘太平洋民族’，并与部分属于太平洋，但更多的是美国、大西洋或欧洲的人民结盟。”[③]在这一背景下，排除域外力量对东亚地区的影响，最大限度地争取区域合作的主导权无疑就成为 EAEC 与 APEC 之争的重要内容。

美国敏感地捕捉到了这一将自身排除在外的制度设计可能带来的负外部效应，并迅速公开表示反对。一方面，这一排除美国的经济和贸易合作机制一旦建成将对美国的出口设置壁垒，引发针对美国的贸易转移效应。1990 年，美国与亚洲地区的双边贸易额已达到 3390 亿美元，超过了与欧洲的 2200 亿美元。[④] 显然，美国不愿接受这一可能会损害其重要贸易伙伴关系的地区机制存在。另一方面，EAEC 的机制化发展可能会对 APEC 带来冲击。由于在制度功能和目标方面相类似，但是在成员构成上，EAEC 将美国排除在外，使 APEC 与

---

① Sanae Suzuki, *East Asian Cooperation through Conference Diplomacy: Institutional Aspects of the ASEAN Plus Three (APT) Framework*, IDE APEC Study Center Working Paper Series 03/04, No.7, March, 2004.

② Richard Higgott and Richard Stubbs, “Competing Conceptions of Economic Regionalism: APEC versus EAEC in the Asia Pacific”, *Review of International Political Economy*, Vol. 2, No. 3, 1995, pp. 516-535.

③ Richard Higgott and Richard Stubbs, “Competing Conceptions of Economic Regionalism: APEC versus EAEC in the Asia Pacific”, *Review of International Political Economy*, Vol. 2, No. 3, 1995, pp. 516-535.

④ Richard Fisher, “How Bush Can Prevent Creation of an Asian Anti-U.S. Trade Bloc”, The Heritage Foundation, October 31, 1991, https://www.heritage.org/node/21288/print-display.

EAEC构成了典型的具有排他性的制度间竞争。[①] 总之，在美国看来，EAEC的提议不仅可能威胁美国在东亚地区经济领域的制度主导权和优势，并且也将对APEC的发展产生负外部性，因而立即公开表示了强烈反对。1991年5月，美国副总统詹姆斯·丹·奎尔(James Dan Quayle)在演讲中表示，美国"不欢迎"将其排除在外的机制安排。"如果没有美国的参与，EAEG就不会成功，甚至将'适得其反'。"[②]时任美国国务卿詹姆斯·贝克(James Baker)称EAEC是"在太平洋画一条线，将日本同美国分开，这是(美国)绝不允许的"[③]。时任美国副国务卿琼·斯佩罗(Joan Spero)则表示，"对美国来说，APEC是美国外交政策的主要支柱，美国支持其机制化的发展"[④]，言外之意是EAEC并不符合美国对未来地区机制化的愿景。

对此，美国立即采取成员削弱策略加以应对，利用其在地区的双边同盟网络，向日本和韩国施压，要求它们拒绝加入EAEC。例如，在EAEC提出之初，韩国政府曾提到可能会支持这一东亚地区的经济合作组织。时任美国国务卿詹姆斯·贝克随即提醒韩国说："四十年前马来西亚没有为韩国洒下鲜血(保护韩国)，但我们(美国)做到了。"[⑤]根据《日经新闻》的报道，1991年11月，贝克还致函日本外务省，要求日本不要支持马哈蒂尔的提议。[⑥] 总之，美国不遗余力地以同盟国在安全方面对自身的依赖为杠杆破坏EAEC的筹建。贝克在其回忆录中也承认了对EAEC的打压："马哈蒂尔并没有被视为是亲美的，甚至可能带来麻烦，所以我在公开场合对他的提议持温和态度，但是私下里我会尽一切可

---

① Linda Low, "The East Asian Economic Grouping", *The Pacific Review*, Vol. 4, No. 4, 1991, pp.375-382.

② Joseph M. Grieco, "Realism and Regionalism: American Power and German and Japanese Institutional Strategies during and after the Cold War", Center for German and European Studies, University of California at Berkeley, 1996, pp. 107-129; Linda Low, "The East Asian Economic Grouping", *The Pacific Review*, Vol. 4, No. 4, 1991, pp.375-382.

③ Warren Hunsberger ed., *Japan's Quest: The Search for International Recognition, Status and Role*, London: Routledge, 1996, pp.1-12; Vinod K. Aggarwal and Seungjoo Lee eds., *Trade Policy in the Asia-Pacific: The Role of Ideas, Interests, and Domestic Institutions*, New York: Springer-Verlag, 2010, p.117.

④ "U.S. Sees Forum as Major Pillar in Foreign Policy", *Straits Times*, July 26, 1994, https://eresources.nlb.gov.sg/newspapers/Digitised/Issue/straitstimes19940726-1.

⑤ James A. Baker, *The Politics of Diplomacy: Revolution, War and Peace 1989-1992*, New York: G.P. Putnam's and Sons, 1995, p.611.

⑥ Shintaro Hamanaka, *Asian Regionalism and Japan: The Politics of Membership in Regional Diplomatic, Financial and Trade Groups*, London: Routledge, 2009, p.149.

能破坏它。”[①]此外,美国还通过加强对APEC的支持牵制EAEC的构建,尝试将EAEC纳入APEC的框架,从而确保APEC在地区机制架构中处于主导地位。如1993年克林顿在西雅图举行的第一届亚太经合组织峰会上表示,如果EAEC能够奉行“开放的区域主义”,美国政府就不再反对。[②]

美国的成员排斥策略随即显示出了效果,日本和韩国考虑到与美国的特殊盟友关系以及在安全和市场方面对美国的依赖都选择了站在美国一边。特别是日本的态度转变对EAEC和APEC之争具有关键意义。对日本而言,扩大与东亚的经济联系甚至是在东亚发挥领导作用符合自身利益,因而在EAEC倡议之初并没有公开表示任何反对态度。但是美国的外交压力使日本陷入了两难的选择。[③] 一方面,从政治和外交的角度来看,EAEC成员仅限于东亚地区范围内,因而这一机制有助于加深日本与东盟的经济和政治关系,也有利于日本在地区事务中的领导力提升。另一方面,从经济和安全的角度来看,日本在亚太地区,特别是与美国有复杂和深刻的相互依赖关系。在经济方面,日本1/3以上的出口产品流向了北美,1/4出口到欧洲,因而支持EAEC并将自身的经济利益仅绑定在东亚地区并不符合日本的经济利益。[④] 在安全方面,日本并不希望由于地区内任何排他性的制度安排导致其与安全保护者——美国的关系有所疏远。日本深知,尽管冷战已经结束,但是在朝鲜问题等地区内的安全事务中,美国仍发挥着至关重要的作用。特别是日本的经济实力之所以能够不断增长,也与日本和美国之间的特殊安保关系密切相关。

因此,日本对EAEC这一排斥美国的制度倡议首先采取了模糊和谨慎的表态,随着美国外交压力的增加,日本的态度转变为更明确的否定。例如1991年4月27日,日本首相海部俊树会见马哈蒂尔时,仅表达了他对东亚经合组织的

---

① James A. Baker, *The Politics of Diplomacy: Revolution, War and Peace 1989-1992*, New York: G.P. Putnam's and Sons, 1995, p.610.

② Shintaro Hamanaka, *Asian Regionalism and Japan: The Politics of Membership in Regional Diplomatic, Financial and Trade Groups*, London: Routledge, 2009, p.149.

③ 时任美国驻日大使迈克尔·阿玛考特(Michael Armacost)表达了日本的复杂政策立场和偏好:“作为一个全球贸易国,他们(日本人)不愿意支持地区贸易集团。与美国的经济关系非常重要。……尽管有这些考虑,但在亚洲区域安排中担任领导的提议对日本产生了不可否认的吸引力。”(Michael Vatikiotis, “Building Blocs: Japan's Negative about Leading Asian Economic Pact”, *Far Eastern Economic Review*, January 31, 1991, pp. 32-33)

④ Michael Vatikiotis, “Building Blocs: Japan's Negative about Leading Asian Economic Pact”, *Far Eastern Economic Review*, January 31, 1991, pp. 32-33.

“理解”而不是“支持”。[①] 同年11月，新任首相宫泽喜一上任后，美国国务卿詹姆斯·贝克到访日本，进一步加速了日本的态度转变。据日本《每日新闻》(*Mainichi Shimbun*)报道，贝克在此期间与时任日本外务大臣渡边美智雄达成了一项秘密协议，即日本不会参加任何排斥美国的地区合作框架。[②] 贝克访问结束后，日本政府公开表示，日本支持将EAEC纳入APEC的框架内，这与此后美国克林顿政府对EAEC的主张高度一致。由此可见日本和美国在EAEC问题上的相互影响和一致立场。

此外，在东盟内部，印尼对EAEC的提议也持反对态度，并不认同这一可能被域外敌视的贸易集团，由此构成了EAEC的重要解构力量。[③] 在EAEC的筹建问题上，印尼主张优先将APEC作为地区经济合作的基本框架。这一立场主要是基于东盟对美国经济依赖的考虑。印尼领导人苏哈托认为马哈蒂尔的设想并不符合冷战后东亚的现实状况。[④] 他表示，此时美国不仅是东盟最重要的贸易伙伴之一，也是东盟外国直接投资的主要来源国。在这种不对称经济依赖的情况下，构建排斥美国的地区制度并不符合东盟的利益，相反，应该坚持开放的区域主义。在印尼的反对下，东盟始终未能就EAEC的构建达成共识。在1992年于新加坡举办的第四届东盟首脑峰会上，东盟国家对EAEC的讨论并没有取得实质性进展，会议的联合公报仅称：“东盟认识到，EAEC有助于东亚经济体就共同关心的问题进行磋商，有助于扩大该区域各经济体之间的合作，促进建立一个开放和自由的全球贸易体系。”[⑤]此后，直到1997年，虽然每年东盟部长会议(AMM)的声明中都会提到EAEC，但始终没有就具体的实施措施进行深入讨论。

在强大的内外压力下，马哈蒂尔对EAEC的大力推动并不顺畅。1993年6月召开的东盟外长会议提议将EAEC作为亚太经合组织框架内的核心小组。然而，尽管新成立的核心小组在接下来的几年里举行了非正式会议，但远不及

---

① Takashi Inoguchi, *Japan's Foreign Policy in an Era of Global Change*, London: Pinter Publishers Ltd., 1993, p.124.

② Shintaro Hamanaka, *Asian Regionalism and Japan: The Politics of Membership in Regional Diplomatic, Financial and Trade Groups*, London: Routledge, 2009, p.151.

③ Richard Stubbs, “ASEAN Plus Three: Emerging East Asian Regionalism?”, *Asian Survey*, Vol. 42, No. 3, 2002, pp. 440-455.

④ Kai He, *Institutional Balancing in the Asia Pacific: Economic Interdependence and China's Rise*, London: Routledge, 2009, pp. 113-146.

⑤ “Singapore Declaration of 1992”, January 28, 1992, https://asean.org/?static_post=singapore-declaration-of-1992-singapore-28-january-1992.

APEC 的迅速发展。1992 年,APEC 在新加坡设立了一个小型秘书处,1993 年 11 月在西雅图举行了第一次领导人峰会,并在 1994 年印度尼西亚峰会上确立了长期贸易自由化目标。此后,在关于区域合作的讨论方面,EAEC 逐渐失去了影响力。[①]

东盟与美国之间的 EAEC 与 APEC 之争最终以 APEC 的胜利而告终,也使地区制度建设继续以开放地区主义的路径展开。从竞争过程来看,二者竞争的焦点始终围绕区域制度构建的地缘范围和成员构成,但在本质上,这一关于制度设计的竞争已脱离了区域合作的经济理性考虑,而是基于对地区制度设计主导权分配以及对方主导制度建设潜在负外部性的担忧和不安。[②] 从竞争结果来看,尽管 EAEC 未能在当时顺利建成,但对东亚区域一体化的未来产生了深远影响,启发了地区国家以"东亚"为基础进行地区制度建设的想象和身份认同,成为东盟"10+3"等东亚地区制度构建的雏形。总之,EAEC 与 APEC 之争是冷战结束后地区经济制度竞争的第一轮较量,其动因既有制度负外部性这一结构性因素的作用,又有各行为体间争夺地区主导权的矛盾驱动。这一竞争进程开启了地区经济一体化进程中"东亚"与"亚太"两种路径的对立,也影响和塑造了此后地区制度竞争的演进轨道。

三、APEC 内的议程设置之争:发达成员与发展中成员的异质化诉求

由于构建东亚经济集团的设想失败,EAEC 与 APEC 之间的竞争也止于成员资格这一制度设计要素,竞争并未向制度设计的其他要素延伸。由此,APEC 成为 20 世纪 90 年代亚太区域经济合作的主渠道,在 EAEC 与 APEC 排他性制度之争中尚未解决的矛盾也集中到了 APEC 中,表现为以东盟和中国为代表的发展中成员与美国为代表的发达成员对于 APEC 议程设置的异质化诉求。

首先是 APEC 的政治安全与经济议题的设置之争。关于 APEC 仅作为讨论经济问题的论坛,还是改变其性质,把议题扩展到政治、社会等领域,并引入非政府组织或民间组织参与的问题,美国、东盟、中国等国家存在着明显分歧。[③] 美国、加拿大等成员一直试图在 APEC 中引入经济以外的议题。特别是美国多

① Richard Stubbs, "ASEAN Plus Three: Emerging East Asian Regionalism?", *Asian Survey*, Vol. 42, No. 3, 2002, pp. 440-455.

② 这一点从各国参与这一竞争的负责部门中也可以看出。尽管马哈蒂尔提出的 EAEC 在性质上是一个经济领域的合作机制,但显然其构建将产生显著的政治影响,因此,美国负责回应这一提案的主要是美国联邦政府主管外交事务的国务院,而不是负责贸易事务的美国贸易代表办公室(USTR);日本负责这一问题的也主要是外务省,而不是经济产业省。

③ 参见刘重力等:《东亚区域经济一体化进程研究》,南开大学出版社 2017 年版,第 39 页。

次将 APEC 领导人会议等国际会议作为议程设置的“切入点”，对 APEC 的议程设置进行干预，将 APEC 作为实现其“新太平洋共同体”构想的抓手。如 1993 年克林顿在 APEC 会议的演讲中对地区愿景的描绘不仅涵盖经济领域，更包含了对地区和各国政治发展的期待：“对于本组织而言，这些会议和我们今天正在建立的这些关系可以使我们的成员对我们的共同责任和未来抱有共同的期望……想象一下一个经济自由与更大的个人自由、政治自由和人权相匹配的区域正在出现，在这个区域所有国家都享有人权和自由选举。”①在 1995 年 APEC 大阪会议期间，美国国防部长佩里（William James Perry）也提出在下一届 APEC 会议上将地区安全问题纳入讨论范围。②

APEC 泛政治化的倾向遭到了发展中成员的反对。东盟国家和中国都担心亚太经合组织成为美国在政治和安全领域施加自身影响力的工具，在将 APEC 定位为地区的经济对话机制方面达成了共识。特别是对于此时的中国而言，一旦 APEC 涉足政治安全议题，恐将涉及台湾问题这一中国高度敏感的内政问题，因而中国始终坚持将亚太经合组织的议程仅聚焦于经济领域。③因此，对于美国的提议，菲律宾借助其即将主办 1996 年 APEC 会议的东道国优势明确表态，马尼拉会议将不包括安全问题，强调“亚太经合组织的基本任务是经济合作”。此后，直到 2001 年的 APEC 上海会议将反恐议题纳入会议讨论之前，APEC 都保持了非政治和非安全的机制性质，重在发挥经济协商的功能。

在将安全议题排除出 APEC 的议程设置之后，在经济合作的具体议题上，各成员仍然具有分歧，最为突出的即是围绕“自由贸易”和“经济技术合作”两大议程设置之间的竞争与制衡。总体来看，以美国和澳大利亚为代表的发达成员高度关注推进贸易自由化的进程，敦促发展中成员开放市场；以中国和东盟为代表的发展中成员更加关注经济技术合作的议题，主张减缓自由贸易的推进，以减少经济自由化对自身的负面影响；日本虽为发达成员，但囿于国内市场开放的压力，在这一议题设置之争中选择了站在发展中成员一边。

具体而言，开放地区市场、促进贸易和投资自由化和便利化是美国等发达

---

① William J. Clinton, “Remarks to the Seattle APEC Host Committee”, November 19, 1993, https://www.presidency.ucsb.edu/documents/remarks-the-seattle-apec-host-committee.

② Dennis J. Ortblad, *The U.S. and Japan in APEC: Arena for Leadership in Asia and the Pacific*, East-West Center, https://www.files.ethz.ch/isn/28275/api028.pdf.

③ Kai He, *Institutional Balancing in the Asia Pacific: Economic Interdependence and China's Rise*, London: Routledge, 2009, pp.113-146.

经济体对 APEC 议程设置的核心诉求。例如 1993 年在西雅图举行的首届亚太经合组织成员领导人非正式会议上,美国总统克林顿强调了 APEC 在促进地区贸易自由化方面的重要目标,试图为这一机制的发展指示方向。他指出:"我们必须继续敦促各国对我们的产品更加开放……我们必须像其他地区一样,利用太平洋地区的一切手段,通过全球协议、区域努力和与个别国家的谈判,促进一个更加开放的世界经济。"①此后,在美国等发达成员的推动下,1994 年印度尼西亚茂物会议确立了 APEC 实现贸易和投资自由化的"茂物目标",要求发达成员在 2010 年前、发展中成员在 2020 年前实现贸易和投资的自由化。1995 年日本大阪会议通过了大阪行动议程,确定将贸易和投资自由化便利化、经济技术合作作为亚太经合组织合作的两个轮子,要求 APEC 成员制定推进区域贸易投资自由化的单边行动计划和集体行动计划。②

美国等成员积极推动地区贸易自由化进程的根本动因来源于其作为发达经济体的国际贸易诉求。与中国、东盟等亚洲成员相比,美国和澳大利亚等发达成员较早完成了工业化,其农业部门具有较强的生产能力和竞争力,制造业占国民经济比重下降,服务业占比较高,在经济技术方面也占据优势,因而对于促进地区贸易和投资便利化具有更强烈的需求。更重要的是,冷战期间,美国出于对苏联的争霸和战略威慑考虑,单方面向其亚洲盟友开放了市场,到 20 世纪 80 年代,这些国家的高关税和其他非关税壁垒使美国的国际贸易逆差持续波动性扩大。③ 从 1971 年到 1990 年,美国的国际货物贸易逆差从 22.6 亿美元上升到 1110 亿美元。④ 在亚洲地区,美国对日本的贸易逆差在 20 世纪 70 年代约为几十亿美元,这一数字到 90 年代基本上在 500 亿美元上下波动,占到美国对外贸易逆差的 50%左右。⑤ 因此,冷战结束后,伴随着国内经济的衰退,美国急需拓展出口市场,解决贸易不平衡的问题。APEC 作为地区多边经济制度框架具有促进经济自由化的功能,为美国联合地区其他国家促进地区市场进一步

① William J. Clinton, "Remarks to the Seattle APEC Host Committee", November 19, 1993, https://www.presidency.ucsb.edu/documents/remarks-the-seattle-apec-host-committee.

② 参见《亚太经合组织(Asia-Pacific Economic Cooperation, APEC)》,中华人民共和国外交部网站,https://www.fmprc.gov.cn/web/gjhdq_676201/gjhdqzz_681964/lhg_682278/jbqk_682280/。

③ Kai He, *Institutional Balancing in the Asia Pacific: Economic Interdependence and China's Rise*, London: Routledge, 2009, pp.49-79.

④ U.S. BEA, "U.S. Trade in Goods and Services, 1960-present", Table 1 "International Trade in Goods and Services—Exports, Imports, and Balances", https://www.bea.gov/data/intl-trade-investment/international-trade-goods-and-services.

⑤ 参见中华人民共和国商务部政策研究室:《日美贸易摩擦的概况、特征与启示》,http://zys.mofcom.gov.cn/article/d/200512/20051201257359.shtml。

开放，提供了比双边谈判更温和但更有效的方式。[①]

对于中国和东盟等地区发展中成员而言，尽管自由贸易和投资能够使地区所有国家获益，但技术合作才是缩小发展中成员与发达成员经济差距的关键。然而，这一关切在 APEC 最初的议程设置中并没有得到回应。在 1993 年西雅图会议上达成的《亚太经合组织领导人经济展望声明》（又称《布莱克岛展望》）中，发达成员关注的“减少贸易和投资壁垒；扩大地区贸易；促进货物、服务、资本和投资自由流动”等议题得到了强调，但是并没有提及经济技术合作的问题。[②] 在一定程度上，这暴露出美国等发达成员只想打开东亚市场获得利益而不想为发展中成员尽义务的心态。[③]

为此，中国和其他发展中成员为推动“经济技术合作”的议程设置，确保 APEC“贸易投资自由化”与“经济技术合作”两个轮子协调共进做了诸多努力。[④] 如在 1994 年的茂物会议上，中国提议召开 APEC 科技合作部长级会议。[⑤] 次年的大阪会议上，中国提出要实行贸易投资自由化与经济技术合作并重的方针。[⑥] 在 1997 年的温哥华会议上，中国国家主席江泽民在演讲中建议 APEC 制定《走向二十一世纪的科技产业合作议程》，这一建议受到会议的高度重视和其他发展中成员的支持，于 1998 年 11 月在马来西亚举行的 APEC 第六次领导人非正式会议上获得通过。[⑦] 与此同时，中国政府拨款 1000 万美元设立了“中国—APEC 科技产业合作基金”，用于资助中国和其他成员在产业科技领域的合作。

值得指出的是，日本虽然作为发达经济体，但是在这一议程设置之争中却选择了和发展中成员一致的立场。早在 1989 年，日本就考虑到东盟国家的顾

---

① Ellis S. Krauss, “Japan, the US, and the Emergence of Multilateralism in Asia”, *The Pacific Review*, Vol. 13, No.3, 2000, pp.473-494.

② “1st APEC Economic Leaders’ Meeting 1993—APEC Leaders Economic Vision Statement”, Seattle, Washington, November 20, 1993, http://mddb. apec. org/Pages/search. aspx? setting = ListMeeting&DateRange = 1993/11/01% 2C1993/11/end&Name = 1st% 20APEC% 20Economic% 20Leaders%27%20Meeting%201993.

③ 参见陆建人：《亚太经合组织的目标及中国的立场》，载《当代亚太》1996 年第 2 期。

④ 参见《APEC 系列述评：“两个轮子”促发展》，载《人民日报》2001 年 10 月 15 日。

⑤ 参见《江泽民在亚太经合组织领导人非正式会议上作第二次发言》，新华网，http://www.xinhuanet.com/APEC2001/chinese/zgyAPEC/zgyAPEC_lhz10.htm。

⑥ 参见《江主席在亚太经合组织领导人非正式会议上再次发言》，新华网，http://www.xinhuanet.com/APEC2001/chinese/zgyAPEC/zgyAPEC_lhz9.htm。

⑦ 参见《江泽民主席建议制定〈走向二十一世纪的科技产业合作议程〉》，新华网，http://www.xinhuanet.com/APEC2001/chinese/zgyAPEC/zgyAPEC_lhz7.htm；《中国与 APEC》，中华人民共和国商务部网站，http://www.mofcom.gov.cn/article/bg/200207/20020700033019.shtml。

虑,说服澳大利亚不要在 APEC 会议上过于强调贸易自由化的重要性。此后,日本也站在发展中成员特别是中国和东盟一边,在历次 APEC 会议上强调经济合作和技术转让,以制衡发达成员倡导的贸易自由化议程。[①] 日本的立场与其国内的经济发展模式和当时所处的经济发展阶段有关。虽然出口导向型的发展模式使日本经济保持了持续快速增长和贸易顺差,但是其国内市场却一直保持相对封闭的状态。为保护国内效率较低的产业,如纺织品、食品和其他农业部门,日本政府对这些领域的商品进口设置了诸多官方和非官方贸易限制。[②] 为此,美国和其他贸易伙伴通过双边和多边谈判敦促日本开放国内市场,对其施加政治压力。因此,对日本而言,在 APEC 多边机制框架下,与发展中成员在这一议题设置之争中建立“联合阵线”能够有效帮助其应对来自美国的压力,以保护自身的经济利益。

总体来看,APEC 议程设置之争的结果更多地体现了发展中成员的诉求。以“开放的区域主义”为指导,APEC 在遵循协调的单边自由化、协商一致、自愿非约束原则的前提下,保持了其作为“松散的经济区域组织”的性质,也发挥了推行贸易投资自由化与便利化和经济技术合作的功能。但是,这一结果并没有从根本上解决各方诉求的异质性问题,也使以 APEC 推进地区经济一体化的进程难以满足发达经济体的现实需要。在亚太经济一体化进程加快之后,亚太地区贸易不平衡现象加剧,以美国为首的发达经济体对“公平贸易”的诉求压倒了“自由贸易”的诉求,在国内政治压力上升的情况下,发达经济体诉诸“竞争性自由化”战略。[③] 在美国等发达经济体的主张下,1997 年温哥华会议和 1998 年吉隆坡会议上确定 9 个部门提前自由化的“先期自愿部门自由化”(Early Voluntary Sectoral Liberalization, EVSL)计划,力求通过谈判加速贸易自由化的进程。[④] 这一方案使发展中成员面临的市场开放压力增加,最终在 1997 年亚洲金融危

① Kai He, *Institutional Balancing in the Asia Pacific: Economic Interdependence and China's Rise*, London: Routledge, 2009, p.98.

② Kai He, *Institutional Balancing in the Asia Pacific: Economic Interdependence and China's Rise*, London: Routledge, 2009, p.91.

③ 参见唐国强、王震宇:《亚太区域经济一体化的演变、路径及展望》,载《国际问题研究》2014 年第 1 期。

④ 部门自愿提前自由化(EVSL)是 1997 年 APEC 领导人会议作出的一项决定,其含义是选取一些对本地区及全球贸易和经济发展有重大影响的产业部门,提前实施贸易自由化。具体内容包括降低关税,取消非关税壁垒等。所谓“提前”是相对《茂物宣言》确定的 2010/2020 年贸易投资自由化的目标而言。参见“1997 Leaders' Declaration”, Canada, November 25, 1997, https://www.apec.org/Meeting-Papers/Leaders-Declarations/1997/1997_aelm;《APEC 的发展历程与现状》,新华网,http://www.xinhuanet.com/APEC2001/chinese/gyAPEC/gyAPEC061.htm。

机的影响下也未能真正落地。但是这一事实深刻反映了 APEC 在平衡亚太地区成员间差异化诉求方面面临的两难境地，也为亚太地区制度竞争的持续演进创造了条件。

第二节　东亚地区制度竞争的延续与扩展

1997 年爆发的亚洲金融危机，作为东亚地区政治经济格局演变中的重大事件，无疑成为影响东亚地区制度竞争的关键节点。这场危机不仅给地区带来了深重的经济冲击，更在一定程度上重塑了东亚地区的合作机制与竞争格局。在此背景下，东亚地区制度竞争不仅得以延续，而且进一步扩展和深化。其中，中日两国围绕地区制度主导权的争夺尤为激烈，通过推动“东盟＋中日韩”(10＋3)与东亚峰会(10＋6)等机制，将地区制度竞争推向了更深的层次。此外，EAFTA、CEPEA、FTAAP 等自贸区建设方案的争议也凸显了日本、中国、美国在地区自贸区建设上的路线分歧。

一、亚洲金融危机与地区制度竞争的新动力

1997 年亚洲金融危机是亚太地区制度发展进程中的一个转折点。正如历史上危机事件对历史发展路径的巨大影响，此次金融危机爆发后，不仅地区内部国家间的相互依赖关系发生了显著变化，而且加速了国家间实力对比的结构性调整，进而改变了地区国家在参与地区制度构建中的偏好，甚至是制度战略的调整，为地区制度竞争的演进提供了新动力。

突如其来的亚洲金融危机对地区经济制度建设的最直接影响是激发了东亚域内机制的建设。20 世纪 70 年代以来，依托自身的资源和劳动力优势，借助外部投资和市场，东亚国家在出口导向型的经济模式下实现了经济高速发展，特别是印度尼西亚、泰国、马来西亚、菲律宾以“亚洲四小虎”著称，实现了亚洲的经济增长奇迹。但是这一经济增长模式也带来了对国际贸易依赖度过高的弊端。突然爆发的金融危机使地区国家的经济普遍受到冲击，西方银行和债权人的大规模撤资更使各国深陷困境。泰国、韩国、印度尼西亚被迫向国际货币基金组织(IMF)申请援助，而 IMF 所开的处方却千篇一律：在提高利率的同时抑制财政支出，抑制通胀，强硬地要求这些国家采取缩小均衡的财政政策。[①] 这

---

① 参见中国现代国际关系研究所：《亚太战略场：世界主要力量的发展与角逐》，时事出版社 2002 年版，第 549 页。

一救助方案不仅没有迅速产生积极效应，反而由于强迫东亚各国进行经济和社会改革，导致许多金融机构被关闭，公司破产，社会失业率迅速上升，使各国的经济局面更加混乱。APEC和IMF在危机应对上的无能为力，激发了东亚国家间内向合作的需求。东亚国家普遍意识到，只有加强地区内部合作，建立自身具有主导权的地区经济机制才是长远发展之道，东盟“10＋3”机制由此应运而生。

在这一时期，地区国家间的实力结构也在悄然转变，最为突出的是中国开始展现出经济崛起的势头。自改革开放以来，中国经济增长的成效显著，1978～1990年中国GDP年均增长约9.25％，1992～1994年更是保持了13％以上的增长率。[①] 亚洲金融危机发生后，中国GDP实际增长率仍然基本保持在8％以上，且呈持续上涨趋势，至全球金融危机爆发前的2007年，又恢复到13％的历史高位。[②] GDP的迅速增长与中国对外贸易的增长密切相关，1978年中国货物进出口贸易总额仅为355亿元人民币，但到1990年时这一数字已经增长到了5560亿元，到1997年时达到26967亿元，到2007年时已经高达166924亿元。[③]与此同时，中国巨大的国内市场和廉价的劳动力为吸引外资创造了显著的比较优势，自20世纪90年代初以来，外国直接投资大量涌入中国。在20世纪90年代的大部分时间里，中国是仅次于美国的世界第二大外国直接投资接受国。[④]总之，在这一阶段，中国经济实现了迅速增长，并且表现出了巨大的增长潜力。

中国实力的快速增长引发了中日两国实力对比的变化。从1995年到2005年，中国和日本在东亚出口中所占份额分别从7.4％和8.5％变为14.1％和7.4％，而在东亚的进口份额则分别从7.2％和13.4％变为16.1％和11.9％。[⑤]总体来看，在冷战结束后的三十年中，日本相对于中国的实力优势呈现明显的下降趋势，特别是在2000年以后，中日实力对比持续缩小。

伴随着经济力量对比同步变化的是中日双方在地区影响力的此消彼长。由于20世纪90年代日本长期难以走出经济停滞的困局，其引领的“雁行模式”

---

① 参见世界银行网站数据，https://data.worldbank.org。

② 参见刘重力等：《东亚区域经济一体化进程研究》，南开大学出版社2017年版，第48页。

③ 参见中国国家统计局网站数据，https://data.stats.gov.cn/easyquery.htm? cn=C01。

④ World Bank, *World Development Report 1999/2000: Entering the 21st Century*, https://openknowledge.worldbank.org/bitstream/handle/10986/5982/WDR%201999_2000%20-%20English.pdf? sequence=1&isAllowed=y.

⑤ Shujiro Urata, "Exclusion Fears and Competitive Regionalism in East Asia", in Mireya Solís, Barbara Stallings and Saori N. Katada eds., *Competitive Regionalism: FTA Diffusion in the Pacific Rim*, London: Palgrave Macmillan, 2009, pp.27-53.

也日渐式微，最终难以为继。2001 年 5 月，日本内阁会议通过的《通商白皮书》中明确指出，日本引领的东亚经济“雁行模式”时代业已结束，取而代之的是“以东亚为舞台的大竞争时代”。① 相反，在亚洲金融危机中，中国从维护地区稳定发展的大局出发，坚持人民币不贬值，并且通过扩大内需、刺激经济增长的政策保持了国内经济稳定，有力带动了亚洲经济的复苏，提升了负责任的大国形象。

上述结构性变化刺激了中日两国在东亚地区制度构建中的主导权之争。一方面，尽管中国并没有争夺地区主导权的明确意图，但迅速提升的国家实力使中国开始具备成为地区经济领导者的潜力。以中国和东盟之间的贸易发展为例，1990 年东盟对中国的出口额为 26 亿美元，到 2004 年这一数字跃升至 390 亿美元。与此同时，东盟从中国的进口额也从 1991 年的 41 亿美元稳步增长到 2004 年的 430 亿美元。② 中国分别于 2001 年和 2004 年成为东盟第四大进口国和第四大出口市场，仅次于日本、美国和欧盟。另一方面，中国的迅速发展也开始引发地区国家的担忧和疑虑，特别是日本开始将中国视为自身争取地区主导权的威胁。2002 年日本《读卖新闻》(*Daily Yomiuri*)以《中国的东盟战略胜过日本》为题的报道表达了日本的担忧。文章指出，日本政府官员注意到中国通过战略外交一直在增加其在该地区的存在，日本感到迫切需要恢复自身的地区经济领导地位。③ 此后，日本以中国为“假想敌”，通过缔结双边 FTA 的方式加强与东盟国家的经济联系，在地区多边机制的构建和发展中也将制衡中国置于优先的战略考虑，积极谋求东亚事务的主导权。“10＋3”与“10＋6”之争，以及双方关于地区自贸区建设的争议都是在此背景和驱动下展开的。

总之，1997 年亚洲金融危机的爆发为打破以亚太为核心的制度结构、促进东亚域内的制度建设提供了新的契机，也进一步加剧了“亚太”与“东亚”两种路径的竞争。自 EAEC 倡议逐渐淡出东亚地区制度建设的进程后，APEC 担当了区域经济合作的主要平台。然而，亚洲金融危机使东盟国家的经济普遍受到冲击，不仅原来规划的 APEC 进程停滞，而且激发了东亚域内的制度建设。加之，在这一时期中日之间的不平衡发展和中国展现出的经济崛起势头，使日本对自身能否保持在地区事务中的领导地位更加敏感。由此，中日在地区制度建设的

① 参见刘重力等：《东亚区域经济一体化进程研究》，南开大学出版社 2017 年版，第 48 页。

② Kai He, *Institutional Balancing in the Asia Pacific: Economic Interdependence and China's Rise*, London: Routledge, 2009, pp.113-146.

③ Jinsoo Park, "Political Rivals and Regional Leaders: Dual Identities and Sino-Japanese Relations within East Asian Cooperation", *The Chinese Journal of International Politics*, Vol. 6, No. 1, 2013, pp. 85-107.

进程中倾向于制度竞争性互动，双方的主导权之争成为这一阶段地区制度竞争的核心矛盾。

二、“10+3”与“10+6”之争：地区制度主导权的争夺

伴随着地区经济一体化进程的发展，亚太地区的制度建设出现了第二轮“东亚”与“亚太”之争。本轮竞争的焦点仍是地区制度建设的地缘范围，但与EAEC和APEC之争不同的是，此次竞争主要发生于中国和日本之间，具体体现为双方关于地区制度主导权的分歧。

如前所述，亚洲金融危机刺激了东亚域内合作机制的构建和深化。为应对金融危机带来的冲击和挑战，摆脱对美国和IMF等国际金融机构的过度依赖[①]，1997年12月，首次东盟—中日韩非正式领导人会晤在马来西亚吉隆坡举行，启动了东亚地区的区域经济合作进程。[②] 2000年11月，在新加坡举行的第四次会议进一步提升了地区合作的机制化水平，会议不再以非正式会晤的形式举办，而是改称“东盟与中日韩(10+3)领导人会议”。此外，马来西亚总理马哈蒂尔在此次会议上提出将这一政治对话与合作框架提升为东亚峰会(EAS)的设想。2001年，第五次“10+3”领导人会议正式通过了东亚展望小组报告，建议推动会议向东亚峰会过渡。[③] 2004年底，“10+3”领导人会议决定将“10+3”作为建立东亚共同体这一长期目标的主渠道，于次年在吉隆坡召开首届东亚峰会。

然而，在地区机制化合作逐渐走向深入的过程中，日本却表达了异议，主张扩大区域制度框架的地缘范围，并进一步提出以“10+6”为基础的机制框架。2002年1月，日本首相小泉纯一郎在访问新加坡的讲话中就提出了扩大东亚共同体的设想，他呼吁东亚共同体不应具有排他性，建议澳大利亚和新西兰也应作为这一共同体的核心成员。[④] 2004年7月，日本外务省分别就“东亚共同体建设”“功能性合作”“东亚峰会”三个议题发布了三份议题文件，以中国推动东亚峰会为契机，试图就东亚峰会的结构和实质内容展开讨论，旨在提议接纳澳大利

---

① 参见黄大慧、孙忆：《东亚地区合作主导权与中日制度竞争》，载《教学与研究》2017年第6期。

② 此时柬埔寨尚未加入东盟，故时为“9+3”会议。1999年，随着柬埔寨的加入，东盟成员国扩大为10国，会议名称变为“东盟与中日韩(10+3)领导人非正式会议”。

③ 参见任晓：《论东亚峰会及与美国的关系》，载《国际问题研究》2007年第4期。

④ “Japan and ASEAN in East Asia—A Sincere and Open Partnership”, Speech by Prime Minister of Japan Junichiro Koizumi, January 14, 2002, https://www.mofa.go.jp/region/asia-paci/pmv0201/speech.html.

亚、新西兰和印度为东亚峰会成员。[①] 此外，时任日本外相町村信孝（Nobutaka Machimura）在2005年1月提议将美国作为观察员纳入东亚峰会。[②]

日本的上述设想凸显了中日两国在地区合作机制设计上的分歧。中国是"10＋3"框架的积极推动者，对于"10＋3"合作表现出了较强的倾向性。一是它更符合中国周边战略的要求，同时在这个表面上由东盟主导的框架内，中国似乎更有话语权；二是从效率角度来看，这个框架也使合作安排更容易达成和实现。[③] 日本虽然最初也是"10＋3"的支持者，但是随着中国实力的快速增长，中日力量对比逐步由"中弱日强"向"中强日弱"转换，使日本的态度逐渐发生了转变。[④] 一方面，两国的不平衡发展使日本对于地区制度主导权的分配非常敏感。2000年11月，中国提出与东盟签署自由贸易协定（CAFTA）时，日本已经感到非常不安。2002年11月，在中国同意与东盟启动自贸协定谈判的第二天，日本就提出与东盟构建经济伙伴关系框架。随后，当中国主张和支持"10＋3"机制并以此为基础构建东亚自贸区时，日本主观判定中国存在争夺地区制度主导权的意图。另一方面，实现国家正常化、成为地区领导者是日本实现经济迅速发展后的重要政治目标。然而，日本先后提出的倡议和举措，包括亚洲货币基金组织倡议、"新宫泽构想"等，都未能成功地提高日元及日本的国际地位，也未能使日本成为亚洲领导者。因此，日本要借助其他的制度平台争取自身在东亚地区合作中的优势地位，其中一项重大举措就是转而推动东亚峰会"10＋6"机制的形成与发展。[⑤]

中日在地区经济合作机制以及自贸区建设中的竞争并没有表现出排斥对方的意图，其竞争动力主要来源于双方在同一制度框架内对主导权的争夺。成员稀释策略是日本重塑地区制度架构和地区主导权分配的核心行为逻辑。尽管这一策略无法阻止中国经济的快速崛起，但是日本可以通过成员范围的扩大稀释中国在地区机制中的影响力，阻止中国主导地区一体化的进程，从而延缓

① Ministry of Foreign Affair, Japan, "Issue Papers Prepared by the Government of Japan", June 25, 2004, http://www.mofa.go.jp/region/asia-paci/issue.pdf.

② 这一提议在当时并未被接受，但是2011年美国和俄罗斯作为观察员加入东亚峰会，东亚峰会机制由此扩大至"10＋8"。参见 Jinsoo Park, "Political Rivals and Regional Leaders: Dual Identities and Sino-Japanese Relations within East Asian Cooperation", *The Chinese Journal of International Politics*, Vol. 6, No. 1, 2013, pp. 85-107.

③ 参见王玉主：《中日之争与东亚合作——以"10＋3"、"10＋6"为主的分析》，载《创新》2010年第3期。

④ 参见张蕴岭：《在理想与现实之间——我对东亚合作的研究、参与和思考》，中国社会科学出版社2015年版，第41页。

⑤ 参见黄大慧、孙忆：《东亚地区合作主导权与中日制度竞争》，载《教学与研究》2017年第6期。

自身在地区影响力的下降。① 对此,东盟积极利用大国间的矛盾,在其中发挥协调作用,也借此巩固东盟在区域合作中的主导地位。2005 年 4 月,东盟各国外长在菲律宾宿务举行的会议上声明“保持东亚峰会的开放性、外向性和包容性,确保东盟在其中发挥驱动作用”,并确定了非“10＋3”成员参加东亚峰会需要满足的三个条件:第一,必须是东盟的正式对话伙伴国;第二,必须与本地区有实质性的关系;第三,必须签署东盟提出的《东南亚友好合作条约》。②

尽管中日两国认可东盟的主导作用,但在东亚峰会制度设计的细节问题上,仍积极提出有利于自身获取地区制度主导权的提议。比如,在 2005 年 7 月举行的“10＋3”外长会议上,日本副外相逢泽一郎(Ichiro Aisawa)在东亚峰会与“10＋3”机制的定位问题上表达了日本的立场,指出:“东亚峰会应该从更广泛的视角战略性地探讨区域合作的基本原则和方式,并将探讨结果以联合声明的方式发布;‘10＋3’峰会则应该从更实际的角度探讨各种类型功能性合作的提升。为了促进开放的区域合作,必须将澳大利亚、新西兰和印度包含进来,并进一步促进美国和其他国家对合作的积极参与。”③此外,尽管日本认同东亚峰会仅在东盟国家召开的决定,但是仍然尝试建议东盟“考虑引入一个共同主席国的可能性,并在未来在东盟地区以外举行东亚峰会”,为自身争取担任会议的东道国并影响会议的议程设置争取机会。④ 中国则更加关注“10＋3”机制的发展,延缓“10＋6”机制化的进程,建议“东亚峰会可以以每两年或三年甚至更长的时间间隔举行”。⑤ 在东亚共同体的建设上,中国也主张以“10＋3”机制为主体,但是日本则主张以东亚峰会作为东亚共同体的成员基础。⑥

“10＋3”与“10＋6”之争以两个机制的平行共存为阶段性的结果。东亚峰会最终被定位为“10＋3”成员国与域外国家进行对话的机制,该机制没有采取

---

① Benny Teh Cheng Guan, “Japan-China Rivalry: What Role Does the East Asia Summit Play?”, *Asia Pacific Viewpoint*, Vol. 52, No. 3, 2011, pp. 347-360.

② “Joint Communique of the 38th ASEAN Ministerial Meeting Vientiane, 26 July 2005”, ASEAN, https://asean. org/? static _ post = joint-communique-of-the-38th-asean-ministerial-meeting-vientiane-26-july-2005.

③ “ASEAN+3 Foreign Ministers Meeting (summary)”, Ministry of Foreign Affairs, Japan, July 28, 2005, http://www.mofa.go.jp/region/asia-paci/asean/conference/asean3/summary0507.html.

④ “ASEAN+3 Foreign Ministers Meeting (summary)”, Ministry of Foreign Affairs, Japan, July 28, 2005, http://www.mofa.go.jp/region/asia-paci/asean/conference/asean3/summary0507.html.

⑤ “ASEAN+3 Foreign Ministers Meeting (summary)”, Ministry of Foreign Affairs, Japan, July 28, 2005, http://www.mofa.go.jp/region/asia-paci/asean/conference/asean3/summary0507.html.

⑥ Jinsoo Park, “Political Rivals and Regional Leaders: Dual Identities and Sino-Japanese Relations within East Asian Cooperation”, *The Chinese Journal of International Politics*, Vol. 6, No.1, 2013, pp.85-107.

“10＋6”的架构，而是以“10(东盟)＋3(中日韩)＋3(印澳新)”的框架出现。[①] 与此同时，原来的“10＋3”对话与合作机制继续存在，并保持其东亚合作主渠道的地位。[②] 但在“10＋3”和东亚峰会内部，仍以东盟为主导，与成员国有关的重要决定仅由东盟成员国作出，甚至会议的地点也仅限于东盟国家。

上述竞争结果体现了中日双方的互相妥协，这使东盟得以继续在东亚制度框架中发挥主导作用，同时也使东亚地区的经济合作呈现出多机制并进的路径。时任日本外务省亚洲和海洋事务局副局长田中俊美(Toshihisa Tanaka)对这一结果进行了解释：“也许日本不能独占鳌头，但如果中国在亚洲合作中占据主导地位，我们可能会感到有点不安。因此，从这个意义上讲，我们继续依赖东盟作为共同合作的‘安全驾驶员’。”[③]对中国而言，推动东亚合作的顺利发展符合国家长期发展的要求，与持续稳定的发展相比，地区主导权虽然很重要，但在优先性上似乎应该排在后面一些。因此，与其为争夺主导权而使东亚合作陷入僵局(即使这种争夺主要是来自日本方面的)，不如再次采取跟着走的策略。[④]

总之，在这一阶段，大国之间继续就各自的区域经济一体化愿景展开竞争，中日之间围绕东亚地区制度主导权的竞争构成了这一阶段地区制度之争的核心逻辑。中国倾向于在没有域外国家参与的情况下建立区域性合作机制，在这一范围内，中国更能够发挥大国的影响力优势，进而争取自身在东亚地区合作中的主导地位。但日本却通过坚持要求澳大利亚、新西兰和印度的参与来削弱中国的影响力，以平衡自身实力的不足，制衡中国崛起对自身的冲击和威胁，力求获得东亚地区合作的主导权。

三、EAFTA、CEPEA、FTAAP之争：自贸区建设路线的分歧

与中日“10＋3”和“10＋6”之争同步延伸的还有双方关于东亚自贸区建设的东亚自由贸易协定(EAFTA)与东亚全面经济伙伴关系(CEPEA)之争。自贸区建设是推进地区经济合作和一体化的重要政策工具。在1998年举行的第二次“10＋3”领导人会议上，与会国家决定成立东亚展望小组(EAVG)，研究经济合作的长期构想。2001年，东亚展望小组报告提出构建东亚自由贸易协定的

---

① 在各方认同的基础上，第一届东亚峰会于2005年12月在马来西亚首都吉隆坡如期召开。

② 参见张蕴岭：《在理想与现实之间——我对东亚合作的研究、参与和思考》，中国社会科学出版社2015年版，第37页。

③ Jinsoo Park, “Political Rivals and Regional Leaders: Dual Identities and Sino-Japanese Relations within East Asian Cooperation”, *The Chinese Journal of International Politics*, Vol. 6, No. 1, 2013, pp. 85-107.

④ 参见王玉主：《中日之争与东亚合作——以“10+3”、“10+6”为主的分析》，载《创新》2010年第3期。

倡议得到了各国的肯定。2004年，中国在第八次“10＋3”领导人会议上提出愿牵头启动东亚自由贸易区可行性学术研究。[①] 2006年8月，研究小组向东盟与中日韩经济部长会议提交了以“10＋3”为基础的EAFTA可行性研究联合专家组报告，各成员随后同意进行第二阶段的研究。[②] 与此同时，日本在此次会议上提出了以“10＋6”为基础的CEPEA构想，主动牵头组成新的专家组进行新的研究。为避免落后于EAFTA的提案，日本加快了对于CEPEA的研究进程，于2009年7月完成了两个阶段的研究报告，仅比EAFTA第二阶段报告的完成晚了一个月的时间。

EAFTA与CEPEA之争并不局限于自贸区的成员构成，而是在区域贸易的议程设置和规则设定等制度设计的要素方面都出现了分化。具体而言，中国重点关注商品贸易的自由化，认为自贸区应该以市场准入，即货物贸易市场开放为重点，并且在推动贸易自由化的进程中照顾到各参与成员的舒适度，逐渐推动谈判标准和模式的转变。日本对CEPEA的制度设计具有更加广泛的议题覆盖面，纳入多项“世贸组织附加条款”，并且将重点放在了贸易的规则标准方面，强调投资、知识产权、劳工标准、国有企业竞争等非商品问题，构建更加紧密的经济伙伴关系。换言之，中国提供了一个非法律化的自由贸易协定模式，其特点是选择性自由化，而没有环境和劳工标准等问题的条款。日本自贸区战略的性质更倾向于经济伙伴关系协定，而不是自由贸易协定。经济伙伴关系协定使日本在关税细目上具有更大的灵活性，并在投资、知识产权、竞争政策以及经济合作等方面维持商业管制措施。[③]

双方上述差异化的议程设置和规则主张是出于自身比较优势和主导权之争的考虑。如果该协议仅限于货物贸易，考虑到中国在地区生产网络中的位置，以及中国市场规模和巨大的市场潜力，中国将在谈判中占据主导地位。与中国相比，日本作为东亚地区最早的工业化国家，拥有超过半个世纪推动国内和地区自由贸易的经验，其货物贸易、服务贸易自由程度远远领先于东亚地区多数国家，除了拥有巨大的产能，在金融管理规则的制定方面，日本也拥有巨大

---

① 参见《温家宝在第八次东盟与中日韩领导人会议上的讲话（全文）》，中国网，http://www.china.com.cn/news/txt/2004-11/30/content_5716234.htm。

② Shintaro Hamanaka, “TPP versus RCEP: Control of Membership and Agenda Setting”, *Journal of East Asian Economic Integration*, Vol. 18, No. 2, 2014, pp. 163-186.

③ Mireya Solís, “Japan's Competitive FTA Strategy: Commercial Opportunity versus Political Rivalry”, in Mireya Solís, Barbara Stallings and Saori N. Katada eds., *Competitive Regionalism: FTA Diffusion in the Pacific Rim*, London: Palgrave Macmillan, 2009, pp. 198-215.

的经验优势。[①] 因此，如果在谈判中把投资和知识产权等条款包括在内，日本则将成为主导力量，甚至可以借此重塑地区金融体系，促进日本国际地位的整体提升。[②] 此外，双方的分歧也符合国家对经济机制化合作的偏好与其自身经济的发展水平之间的对应关系。以东亚域内的双边自贸协定为例，发达成员（日本、美国、澳大利亚和新西兰）更倾向于与本区域发展中成员签订"世贸组织附加条款"协定的形式（即包括如劳工标准和流动性、信息技术合作、中小企业和环境等条款），许多只包含货物和服务贸易条款的自由贸易协定则是在发展中成员之间签订的。[③] 因此，当中日分别依据自身偏好塑造地区的自贸协定和经济合作机制时，这种差异会凸显出来，进而使双方提出的机制倡议呈现出明显的竞争性。

与此同时，东亚经济一体化进程的潜在负外部性使美国感受到了压力，对此，美国寻求重新振兴 APEC 的方案，推动以 APEC 为架构建设亚太自由贸易区（FTAAP）的另一条竞争性路径。"亚太自由贸易区"的概念最早出现在 2004 年 APEC 工商咨询理事会（ABAC）提交的《亚太自由贸易区方案的初步评估》研究报告中，但随后的 APEC 领导人会议经过讨论，并没有采纳这一建议。[④] 面对 WTO 多哈回合谈判的僵局以及东亚经济整合影响力的增强，原本在 APEC 中犹疑不定的美国布什政府在 2006 年 11 月召开的第 14 届 APEC 领导人会议上提出了一份正式的 FTAAP 可行性研究报告。会议同意就在 APEC 框架内建立亚太自由贸易区进行可行性研究，使 FTAAP 正式进入 APEC 的讨论议程。[⑤]

FTAAP 的提出是美国试图在整个亚太层面建立自贸区所做的第一次尝试，同时也是美国应对迅速发展的东亚区域经济合作的一种战略反应。[⑥] 至 2007 年时，东亚地区约有 60 个自贸协定已经生效，另有 117 个协定处于谈判

---

① 参见席桂桂：《制度内选择行为与东亚一体化的路径选择》，暨南大学出版社 2017 年版，第 128 页。

② Shintaro Hamanaka, "TPP versus RCEP: Control of Membership and Agenda Setting", *Journal of East Asian Economic Integration*, Vol. 18, No. 2, 2014, pp. 163-186.

③ Masahiro Kawai and Ganeshan Wignaraja, "EAFTA or CEPEA: Which Way Forward?", *ASEAN Economic Bulletin*, Vol. 25, No. 2, 2008, pp. 113-139.

④ Robert Scollay, "Preliminary Assessment of the Proposal for a Free Trade Area of the Asia-Pacific (FTAAP)", An Issues Paper for the APEC Business Advisory Council (ABAC), February 25, 2004, https://www.pecc.org/resources/trade-and-investment-1/2027-preliminary-assessment-of-the-proposal-for-a-free-trade-area-of-the-asia-pacific/file.

⑤ 参见上海国际问题研究院亚太自贸区建设课题组：《亚太自贸区建设的演进、实现路径和前景》，研究报告，2015 年 10 月，第 8 页。

⑥ 参见刘重力等：《东亚区域经济一体化进程研究》，南开大学出版社 2017 年版，第 62 页。

中。据计算,如果被排除在中国、日本、韩国、东盟缔结的自贸区之外,美国每年的出口损失将可能达250亿美元。[①] 此外,东亚国家间一些自由贸易协定包括了对农业和服务业等敏感部门的划分,并建立了一套管理知识产权、竞争政策和原产地规则的标准,但其中许多条款并不符合美国在双边协定中规定的高标准。因此,在美国的设想中,亚太自贸区必须消除"几乎所有"货物贸易的壁垒,服务贸易自由化必须提供"实质性的部门覆盖",放开亚太经合组织各经济体之间的投资管制,并采纳原产地规则、标准、海关程序和知识产权保护等条款。[②] 由此可见,美国试图通过构建FTAAP重塑地区经济一体化进程的演进方向,并确保美国在其中发挥主导作用。

值得指出的是,美国此举效果并不显著,也没有进一步引发激烈的制度间竞争。这与当时特殊的国际和地区环境背景有关。一是在2001年"9·11"事件后美国将其重点关注目标转向安全议题,对东亚域内经济合作机制建设关注不足,因而没有采取强烈的反制举动。二是随着东亚域内多边和双边经贸合作谈判的迅速发展,APEC在地区经济合作中发挥的作用十分有限。1997年金融危机之后,美国曾在APEC框架内推行"部门自愿提前自由化"(EVSL)政策,但是此时东亚国家仍对危机期间APEC拒绝施以援手的做法不满,拒绝支持美国的提议,使美国的热情因失望而有所减弱。随着北美自由贸易协定的生效和美洲自由贸易区向南推进,美国已经将西半球的贸易自由化战略作为优先考虑。[③] 因此,2004年美国提出的关于建设亚太自贸区的提议遭到了大多数东亚国家(尤其是中国、日本、马来西亚和印度尼西亚)的反对。此后,2005年在釜山召开的APEC峰会上,FTAAP的问题甚至未被提及。在2006年河内峰会、2007年悉尼峰会上,尽管美国大力倡导FTAAP议题,但最终因分歧太大而没有达成任何实质性共识,FTAAP的构建暂时停滞。[④]

经过长期的僵持,EAFTA与CEPEA之争最终以RCEP的组建而告终。2006年之后,EAFTA与CEPEA保持了短暂的平行发展状态。2009年的"10

---

① Myron Brilliant, "A Free Trade Area of the Asia-Pacific: An Idea with Merit, but Is It Feasible?", September 1, 2007, Brookings Institution, https://www.brookings.edu/opinions/a-free-trade-area-of-the-asia-pacific-an-idea-with-merit-but-is-it-feasible/.

② Myron Brilliant, "A Free Trade Area of the Asia-Pacific: An Idea with Merit, but Is It Feasible?", September 1, 2007, Brookings Institution, https://www.brookings.edu/opinions/a-free-trade-area-of-the-asia-pacific-an-idea-with-merit-but-is-it-feasible/.

③ 参见魏红霞:《九一一事件之后的美国与亚太经合组织》,载《当代亚太》2006年第10期。

④ Christopher M. Dent, "Full Circle? Ideas and Ordeals of Creating a Free Trade Area of the Asia-Pacific", *The Pacific Review*, Vol. 20 No. 4, 2007, pp. 447-474.

＋3”领导人会议和东亚峰会的主席声明中分别对EAFTA和CEPEA的研究报告给予了肯定，但是并没有启动任何一个谈判进程。[①] 此后，东盟成立工作组，尝试协调中日之间的分歧，但双方始终无法达成一致。直至2009年，美国宣布重返亚太并参与TPP谈判，为打破这一僵局提供了契机。在TPP谈判进展的压力下，中日双方最终选择了东盟提出的RCEP作为地区自贸区谈判的基本框架。2012年8月召开的东亚峰会经济部长会议宣布同意组建RCEP，结束了中日两国关于地区自贸区建设的竞争。

总之，在地区自贸区建设的尝试和推进中，中国、日本、美国围绕自贸区涵盖的地缘范围、议题设置、贸易规则标准等方面呈现出了难以调和的分歧。中国坚定地把“10＋3”作为东亚合作的主渠道，认为构建东亚自贸区应该以“10＋3”为基础，日本却希望纳入澳大利亚、新西兰等太平洋国家，为自身在东亚和亚太两个区域的发展和合作提供更广阔的空间，也便于稀释中国在地区的影响力，确保自身的主导权。由于不愿加入《东南亚友好合作条约》，美国被排斥在东亚峰会以及东亚自贸区构建的进程之外，为此美国尝试重新以APEC为框架构建亚太自贸区。[②] 由此可见，三种地区自贸区构建的制度设计都并非地区自由贸易协定自然扩散的逻辑结果，而是地区主要行为体在获取制度主导权和规避制度负外部性驱动下竞争的产物，各个方案的提出都没有经过彼此间的主动协调，因而并未形成合力，而是呈现出多层次、多线条、多机制并进的演进特征。

第三节　东亚地区制度竞争的全面展开与深化

2008年的国际金融危机不仅促使大国间实力对比发生显著变化，更催生了各行为体对制度战略的重新调整。此后，中日两国力量对比的结构性变革以及中美权力转移的加速，共同推动了东亚地区制度竞争的全面展开和深化。在这一阶段，跨太平洋伙伴关系协定（TPP）与区域全面经济伙伴关系（RCEP）的竞争尤为突出，它们不仅在成员构成上有所差异，更在议程设置、规则设定等多个

---

① “Chairman's Statement of the 12th ASEAN Plus Three Summit”, Cha-am Hua Hin, Thailand, October 24, 2009, https://www.mofa.go.jp/region/asia-paci/asean/conference/asean3/state0910-1.pdf; “Chairman's Statement of the 4th East Asia Summit”, Cha-am Hua Hin, Thailand, October 25, 2009, https://asean.org/? static_post = chairman-s-statement-of-the-4th-east-asia-summit-cha-am-hua-hin-thailand-25-october-2009-2.

② Shujiro Urata, “Exclusion Fears and Competitive Regionalism in East Asia”, in Mireya Solís, Barbara Stallings and Saori N. Katada eds., *Competitive Regionalism: FTA Diffusion in the Pacific Rim*, London: Palgrave Macmillan, 2009. pp.27-53.

制度设计要素上展开了全面较量,成为东亚地区制度竞争的典型案例。

一、大国战略博弈与地区制度竞争新格局

2008年国际金融危机的爆发是东亚地区制度竞争演进进程的另一重要转折点。始于2008年的世界金融危机不仅危及全球金融的稳定,而且对国际经济、政治格局都产生了持久的影响。[①] 危机加速了世界经济重心由西方向东方转移和新兴经济体的经济崛起,特别是2010年中国GDP总量超过日本成为仅次于美国的世界第二大经济体,标志着国家间实力结构的重大改变。实力对比变化进一步引发了国家制度战略的调整,从而使地区制度竞争呈现新格局。

2008年世界金融危机对美国等西方国家经济的打击远大于以中国为代表的新兴经济体。自2009年下半年起,美国经济虽然走出了衰退,但仍受创历史纪录的高失业率、高财政赤字、高债务的困扰,复苏乏力。[②] 长期经济低迷和受危机打击,美国经济实力地位直线式下降,按购买力平价(PPP)法计算,2000年美国经济总量占到全球经济总量的20.42%,这一数字在2010年降至16.74%,2020年再下降至约15.98%。[③] 相反,即使在金融危机发生后,中国经济依然保持了较高的增速,2008～2011年间GDP增长率始终保持在9%以上。[④] 此外,自2008年美国经济衰退之后,中国作为世界经济增长主要引擎的作用也愈加突出,开始取代美国成为世界各国主要的贸易伙伴。2010年,中国货物进出口总额达到29740亿美元,比1978年增长了143倍,年均增长16.8%。中国出口总额和进口总额占世界货物出口和进口的比重分别提高到10.4%和9.1%。[⑤] 在双边贸易方面,以中日间为例,双方的经济依赖关系已经发生了明显的逆转。自1972年邦交正常化至1991年,日本对华贸易依存率(以对华贸易总额/对外贸易总额计算)一直低于5%,而中国对日贸易依存率一直高于16%;2002年,中日贸易依存率首次持平;至2010年,日本对华贸易依存率攀升至20%,而中国对日贸易依存率为11%。[⑥] 据世界贸易组织统计数

---

① 参见刘昌明、李慧明:《世界金融危机与国际秩序转型》,山东大学出版社2015年版,第47页。

② 参见尹承德:《金融危机与世界格局的新变化》,载《国际问题研究》2011年第2期。

③ IMF, "GDP Based on PPP, Share of World", https://www.imf.org/external/datamapper/PPPSH@WEO/OEMDC/ADVEC/WEOWORLD/USA.

④ 参见国家统计局网站,https://data.stats.gov.cn/easyquery.htm? cn=C01&zb=A0208&sj=2019。

⑤ 参见中华人民共和国国务院新闻办公室:《中国的对外贸易(2011年12月)》,2011年12月7日,http://www.gov.cn/zwgk/2011-12/07/content_2013475.htm。

⑥ 参见刘重力等:《东亚区域经济一体化进程研究》,南开大学出版社2017年版,第80页。

据，2013 年中国超越美国成为货物贸易第一大国。2007 年，中国成为日本第一大贸易伙伴；2015 年，中国超越加拿大成为美国第一大贸易伙伴；2020 年，中国超越美国成为欧盟最大贸易伙伴。①

总体来看，在这一阶段，地区实力对比的重大变化体现在两个方面。一是在东亚域内，中国经济实力超过日本成为东亚地区最大经济体；二是在亚太地区乃至全球范围内，中国成为仅次于美国的第二大经济体。中日之间的 GDP 差值在 2010 年前后两国 GDP 持平时达到最低值，此后中国的快速发展使两国之间的 GDP 差值迅速拉大，到 2019 年时，中国的 GDP 已达 14 万亿美元，日本为 5 万亿美元，仅约为中国的 1/3。② 自 2008 年以来，中美之间的实力差距呈现出明显缩小的趋势，到 2018 年时中国的 GDP 约占美国的 65%。2000 年，美国经济规模大约是金砖四国（巴西、俄罗斯、印度和中国）经济总量的 4 倍，而到 2023 年，金砖四国的经济规模将超过美国 10%。③

地区国家间实力对比的变动加剧了各国对中国“威胁”的感知，也改变了地区主导权之争的矛盾焦点，制衡中国成为美国的优先事项。为此，2008 年上任的美国奥巴马政府高调宣布重返亚太，将战略重心东移，并随后正式提出“亚太再平衡”战略，借助盟友和“潜在伙伴”的力量制衡、对冲中国在亚太地区的影响力。④ 作为这一战略布局的经济抓手，TPP 成为美国在经济领域重塑地区力量平衡的制度工具。一方面，这一战略调整有助于美国增强与亚太地区的经济联系，借助地区的经济活力促进美国经济复苏。正如时任美国国务卿希拉里·克林顿 2011 年在《美国的太平洋世纪》演讲中所指出的：“越来越清楚的是，在 21 世纪，世界战略和经济重心将是从印度次大陆到美洲西海岸的亚太地区。未来几十年，美国治国之道最重要的任务之一将是持续增加在该地区的投入，包括外交、经济、战略等各个方面。”⑤另一方面，这一阶段美国参与地区经济制度的

① 参见中华人民共和国商务部网站，“国别贸易报告”《2007 年日本货物贸易及中日双边贸易概况》，https://countryreport.mofcom.gov.cn/record/view110209.asp? news_id=8321；《2015 年商务工作年终综述之十六：深化合作共赢的中美经贸关系》，http://www.mofcom.gov.cn/article/ae/ai/201601/20160101245056.shtml；《中国超越美国成为欧盟最大贸易伙伴》，http://www.mofcom.gov.cn/article/i/jyjl/m/202009/20200903003589.shtml。

② 参见世界银行网站数据，https://data.worldbank.org。

③ 参见《2023 年中国 GDP 预计达 19.5 万亿美元》，2020 年 6 月 1 日，中华人民共和国商务部网站，http://www.mofcom.gov.cn/article/i/jyjl/k/202006/20200602969496.shtml。

④ 参见逄锐之：《美国在亚太地区的离岸制衡战略——从小布什政府到特朗普政府》，载《南开学报（哲学社会科学版）》2019 年第 6 期。

⑤ Hillary Clinton, “America's Pacific Century”, November 10, 2011, East-West Center, https://2009-2017.state.gov/secretary/20092013clinton/rm/2011/11/176999.htm.

核心诉求在于重新制定全球贸易规则,提高新兴经济体竞争成本,服务于维护美国在地区和全球领导地位的总体目标。2015 年 1 月,奥巴马在第 114 次国会的国情咨文中提及 TPP 的重要战略价值时毫不避讳地指出,美国不会允许中国为这个世界上增长最快的地区制定规则,相反,地区规则需要由美国主导。[①] 此外,作为"亚太再平衡战略"的重要组成部分,美国还在 2011 年开始参加东亚峰会,积极介入东亚地区事务。

受地区地缘政治格局变化和美国战略调整的影响,东亚地区的制度竞争出现了新一轮高潮。有学者用"竞争性多边主义 2.0"概述了这一阶段亚太地区多个竞争性制度倡议相继被提出的制度构建特征。[②] 如 2009 年澳大利亚总理陆克文提出建立"亚太共同体"(Asian Pacific Community, APC)的建议;同年,日本首相鸠山由纪夫提议建设"东亚共同体"(East Asia Community);2011 年,东盟提出整合域内的自贸协定,构建区域全面伙伴关系协定(RCEP);2013 年,中国国家主席习近平提出了"一带一路"(Belt and Road)和构建"人类命运共同体"(community of shared future)的倡议,2015 年成立的亚洲基础设施投资银行(AIIB)则成为"一带一路"的重要机制化成果。2017 年,美国特朗普政府重启了美日印澳四方安全对话("QUAD 2.0"),并试图在印太战略的框架下将其扩展成为包含经济、安全等多领域的小多边机制。2022 年 5 月,美国总统拜登在日本东京正式宣布启动"印太经济框架"(IPEF),作为美国印太战略在经济领域的支柱,帮助美国和亚洲经济体在供应链、数字贸易、清洁能源、工人保护和反腐败努力等问题上更紧密地合作。

总之,在后金融危机时代,东亚地区以多边制度为工具的战略竞争愈益突出。随着国家间实力对比的均衡状态被打破,地区的主导权之争进一步被激发,大国间的制度制衡行为成为地区"新常态",地区关键行为体的制度战略也都据此进行调整。其中最为典型的案例即是 TPP 与 RCEP 之争。

二、TPP 与 RCEP 之争:地区制度成员、议程与规则的多维度较量

TPP 与 RCEP 本是由地区中小国家倡议构建的区域自由贸易协定。TPP 最初是由文莱、智利、新西兰和新加坡于 2006 年缔结的自由贸易协定,旨在建

① "Remarks by the President in State of the Union Address", the White House Office of the Press Secretary, January 20, 2015, https://obamawhitehouse.archives.gov/the-press-office/2015/01/20/remarks-president-state-union-address-january-20-2015.

② Kai He ed., *Contested Multilateralism 2.0 and Asian Security Dynamics*, Milton: Taylor & Francis Group, 2020, pp. 1-13.

立一个高标准、全面、开放的自贸区，最终实现完全的商品市场准入。RCEP是2011年由东盟提出的一个综合性自贸协议，旨在将东盟与其经济伙伴国签署的双边自贸协定进行整合，构建统一的地区合作机制。2009年，奥巴马积极推进的亚洲再平衡战略引发了地区新一轮的制度竞争。在这一过程中，TPP与RCEP逐渐扩展为巨型自贸协定（Mega-FTA），并成为这一阶段亚太地区制度竞争的主要平台。

奥巴马上台伊始，重塑美国在亚太经济一体化进程中的主导权成为新政府的优先任务，也是美国于2008年决定参与TPP谈判的主要动机。一方面，1997年亚洲金融危机以来，地区经济一体化的“东亚轨道”迅速发展，美国主导的“亚太轨道”停滞不前，甚至在地区机制化的构建进程中处于被边缘化的状态。有研究显示，东亚域内自贸区构建的歧视效应使美国每年的出口损失高达250亿美元。[①] 另一方面，长期以来，世贸组织下贸易谈判的重点是关注货物贸易并且谈判效率较低，APEC的非约束性“协调单边主义”（concerted unilateralism）合作方式也使处于不同发展水平的国家无法实现共同推进贸易自由化的目标。[②] 在此背景下，美国迫切需要打造符合美国经济发展需求的贸易标准和模式。此外，2008年金融危机所引发的中美力量结构变化也加剧了美国对中国的威胁感知。[③] 因此，重塑美国在地区的主导权、制衡中国崛起成为美国以TPP为抓手重返亚太的核心目标。2009年11月，奥巴马在出访日本的演讲中明确将TPP定位为“反映美国优先事项和价值观的高标准、综合性贸易协定”[④]。

在这一背景下，美国对TPP成员构成、议程设置、规则设定等方面的机制设计都鲜明地体现出重塑地区经济制度主导权的战略导向。在成员构成上，TPP将美国及其在亚太地区的主要盟友日本、韩国、澳大利亚纳入其中，但将中

---

① “Increasing U. S. Exports, Creating American Jobs: Engagement with the Trans-Pacific Partnership”, Office of the United States Trade Representative, https://ustr.gov/about-us/policy-offices/press-office/blog/2009/november/increasing-us-exports-creating-american-jobs-engagement-tra.

② 参见刘中伟、沈家文：《跨太平洋伙伴关系协议（TPP）：研究前沿与架构》，载《当代亚太》2012年第1期。

③ “Remarks by Ambassador Michael Froman at the Council on Foreign Relations: The Strategic Logic of Trade”, Office of the United States Trade Representative (USTR), June 16, 2014, https://ustr.gov/about-us/policy-offices/press-office/speeches/transcripts/2014/June/Remarks-USTR-Froman-at-Council-Foreign-Relations-Strategic-Logic-of-Trade.

④ “Increasing U. S. Exports, Creating American Jobs: Engagement with the Trans-Pacific Partnership”, Office of the United States Trade Representative, https://ustr.gov/about-us/policy-offices/press-office/blog/2009/november/increasing-us-exports-creating-american-jobs-engagement-tra.

国排除在外,这一制度设计不仅能够削弱中国的地区影响力,防止以中国为核心的地区经济集团的形成和出现,而且能够抑制美国亚太盟友因对中国经济依赖产生的离心倾向,进而重塑美国在地区的主导权和影响力。在机制的议程设置方面,TPP 旨在突破传统的自由贸易协定模式,达成包括所有商品和服务在内的综合性自由贸易协议,其谈判议题不仅包括商品、服务和投资等传统议题和领域,而且延伸到尚未受到 WTO 约束的"超 WTO"领域,包括知识产权、劳工标准、环境标准、政府采购等,以及国有企业、中小企业、规则一致、电子商务等横向议题。① 有研究采用 APEC 的 FTA 数据库将 TPP 条款与现有亚太 FTA 条款进行对比,发现 TPP 中三分之一的议题为相对于现有亚太一体化协定的新议题。② 在地区贸易规则和标准方面,TPP 旨在建立被称为"白金标准""21 世纪协议"的高标准贸易模式。例如,在商品贸易方面,TPP 不承认例外,强调全部商品完全取消关税,虽然有过渡和缓冲期,但最终要实现完全的市场准入,不包括对发展中成员实行差别待遇的条款,同时对监管协调提出了更高的要求以及作出更明确的目标规定。③ 在国有企业规则方面,TPP 要求国有企业的商业性行为必须仅依据商业因素进行决策,必须给予其他企业非歧视待遇,禁止对国有企业实施任何非商业援助。④ 通过上述设计,美国旨在将 TPP 打造成美国主导的、亚太地区乃至未来的高标准自由贸易模板。⑤

然而,这一符合美国偏好的制度设计对于参与地区机制构建的其他行为体将产生显著的潜在负外部性。

首先,TPP 排除中国和仅包含部分东盟国家的成员结构将给中国和东盟带来经济损失和政治风险。对中国而言,TPP 地区是中国重要的出口目的地和进口来源地,2015 年中国与 TPP 成员的贸易占中国货物贸易总额的 49%。一旦 TPP 达成,受成员之间关税降低及原产地规则的影响,这一协定将对中国带来明显的贸易和投资转移。据测算,中国对 TPP 成员的出口将下降 0.3%左右,

① "TPP Full Text", Office of the U.S. Trade Representative (USTR), https://ustr.gov/trade-agreements/free-trade-agreements/trans-pacific-partnership/tpp-full-text.

② 参见中国社会科学院世界经济与政治研究所国际贸易研究室:《〈跨太平洋伙伴关系协定〉文本解读》,中国社会科学出版社 2016 年版,第 1～7 页。

③ "TPP Full Text (Chapter 2)", Office of the U.S. Trade Representative (USTR), https://ustr.gov/trade-agreements/free-trade-agreements/trans-pacific-partnership/tpp-full-text.

④ "TPP Full Text (Chapter 17)", Office of the U.S. Trade Representative (USTR), https://ustr.gov/trade-agreements/free-trade-agreements/trans-pacific-partnership/tpp-full-text.

⑤ "Remarks by the President in the Meeting with Trans-Pacific Partnership", the White House Office of the Press Secretary, November 12, 2011, https://obamawhitehouse.archives.gov/the-press-office/2011/11/12/remarks-president-meeting-trans-pacific-partnership.

从该地区的进口可能减少 1.05%，并且激烈的竞争将迫使其降低对 TPP 成员的出口价格，从而导致中国与相关国家贸易条件的恶化，总体福利损失将在 26.82 亿美元至 27.84 亿美元之间。[①] 在东盟看来，包含四个东盟成员的 TPP 将使东盟面临着被分裂的风险，一旦 TPP 成为地区经济合作的核心架构，如何维护东盟内部的团结和一致性、确保东盟在地区一体化进程中的中心地位将是巨大的挑战，因而东盟对于 TPP 负外部性的关注超出了经济维度，更多的是担忧自身在地区一体化中影响力的下降。

其次，TPP 协定中高标准的议程和规则设定，不仅未能满足中国和东盟等发展中国家对于区域经济一体化方式和节奏的需求，还使其面临着丧失区域合作主导权的挑战。在 2010 年的亚太经合组织领导人会议声明中，各方就推动建设亚太自贸区(FTAAP)采取实质性措施达成了一致，但是在如何达成这一全面的自贸协定问题上却仅是模糊提及了“东盟＋3”、“东盟＋6”、TPP 等多种路径。[②] 这意味着如果亚太自贸区是亚太区域贸易制度架构的终点，那么选择“东亚”还是“亚太”轨道通向这一终点就成为一个悬而未决但却至关重要的问题。因此，如果 TPP 在地区经贸制度构建中占据先发优势，甚至成为主导亚太地区经济一体化进程的模板，东盟和中国等发展中国家将彻底失去对亚太地区经贸合作的主导权。

上述潜在负外部性迅速传导并刺激了地区行为体对美国主导 TPP 构建作出反应，也直接促成了 RCEP 倡议的提出和加快推进。梳理两个机制提出和推进的时间线索，可以清楚地反映出负外部性驱动下两个机制竞争演进的逻辑。尽管 TPP 的前身——跨太平洋战略经济伙伴协定(TPSEP)早在 2006 年就已正式生效，但因其规模所限，最初并未引起国际关注。2008 年 9 月，美国宣布参加 TPSEP 谈判并将其更名为 TPP，加速了这一协定的迅速扩展。[③] 此后至 2011 年 10 月，随着澳大利亚、秘鲁、越南、马来西亚先后加入谈判，TPP 不仅完成了第一轮成员扩容，而且顺利完成前九轮谈判。这一迅速的谈判进程无疑引发了域内国家的关注，也直接刺激了东盟、中国和日本的制度战略调整。东盟率先于 2011 年 2 月召开的第十八次东盟经济部长会议上规划和提出了组建

① Chandrima Sikdar and Kakali Mukhopadhyay, “Economy-wide Impact of TPP: New Challenges to China”, *Journal of Economic Structures*, Vol. 6, No. 22, 2017.

② “APEC: 2010 Leaders' Declaration”, Yokohama, Japan, November 12, 2010, https://www.apec.org/Meeting-Papers/Leaders-Declarations/2010/2010_aelm.

③ Office of the United States Trade Representative (USTR), *United States to Negotiate Participation in Trans-Pacific Strategic Economic Partnership*, September 2008, https://ustr.gov/archive/assets/Document_Library/Fact_Sheets/2008/asset_upload_file660_15116.pdf.

RCEP的草案。[1] 中日也开始弱化彼此在区域合作上的分歧和博弈,于同年8月在“10+6”经济部长会议上共同提出设立货物贸易、服务贸易、投资自由化工作组。[2] 2011年11月,TPP与RCEP均取得了标志性进展,在APEC年会宣布《TPP协议总体框架》仅几天后,东盟峰会正式批准了RCEP,提出了《东盟地区全面经济伙伴关系(RCEP)框架》。[3] 总之,虽然此时TPP与RCEP仍处于各自推进的初期阶段,但彼此的进展在时间维度上已经表现出明显的耦合。

2011年11月,日本表示了对参与TPP谈判的兴趣,成为进一步刺激TPP与RCEP竞争性演进的关键。[4] 显然,日本的加入将显著扩大TPP的规模和影响力。对RCEP而言,这是一个明显的不利信号,但也为东盟和中国加速推进RCEP进程提供了外部压力。2012年8月召开的第44次东盟经济部长会议通过了《RCEP谈判的指导原则与目标》,紧随其后的“10+6”经济部长会议表达了各方关于RCEP对加强地区经济架构具有重要价值的共识。[5] 2012年11月东亚峰会期间,“10+6”领导人在东盟的倡导下发表了《启动“区域全面经济伙伴关系协定”(RCEP)谈判的联合声明》。[6] 与此同时,TPP谈判也持续快速进展,至2013年3月时,加拿大、墨西哥、日本都正式加入了谈判,标志着TPP完成第二次扩容。随后,RCEP也于2013年5月正式开始了第一轮谈判。总之,尽管RCEP起步较晚,但其进程却因TPP的冲击而减少了诸多内部阻力,在仅三个月的时间中就完成了从确定机制目标到正式启动的程序。尽管这一协定最初旨在进一步整合东亚区域自贸协定网络,并不完全符合中国提出的以构建

---

① 参见《RCEP简介》,中国—东盟自贸区网站,http://www.cafta.org.cn/rcep/index.php?m=content&c=index&a=lists&catid=2。

② 参见刘均胜:《TPP和RCEP双轨竞争自由化下CAFTA的建设》,载《国际经济合作》2015年第12期。

③ “Outlines of the Trans-Pacific Partnership Agreement”, Office of the United States Trade Representative (USTR), https://ustr.gov/about-us/policy-offices/press-office/fact-sheets/2011/november/outlines-trans-pacific-partnership-agreement; “Chair's Statement of the 19th ASEAN Summit”, Bali, 17 November 2011, https://www.asean.org/wp-content/uploads/archive/documents/19th%20summit/CS.pdf.

④ “Japan Welcomed as New Member”, Department of Foreign Affairs and Trade, Australia Government, https://www.dfat.gov.au/trade/agreements/in-force/cptpp/news/Pages/cptpp-news.

⑤ “First ASEAN Economic Ministers Plus ASEAN FTA Partners Consultations”, ASEAN, August 30, 2012, https://www.asean.org/wp-content/uploads/images/documents/AEM-AFP%20JMS%20(FINAL).pdf.

⑥ “6th East Asia Summit, Bali, Indonesia”, November 19, 2011, https://asean.org/archive/asean-summit/6th-east-asia-summit-bali-indonesia-19-november-2011/; “Joint Declaration on the Launch of Negotiations for the Regional Comprehensive Economic Partnership”, https://www.mofa.go.jp/mofaj/press/release/24/11/pdfs/20121120_03_01.pdf.

东亚自贸区为核心的地区经济一体化路径，但是美国主导下 TPP 的迅速推进以及日本加入 TPP 的压力，促使中国和日本在“10＋3”与“10＋6”之争中妥协，而 RCEP 则成为双方妥协的平衡点。

由此可见，美国、日本、东盟、中国四个主要行为体的竞争性互动成为 TPP 和 RCEP 之争兴起和演进的催化剂。21 世纪初“10＋3”“10＋6”等东亚区域合作机制的快速发展刺激了美国重新主导地区事务的战略调整。美国以 TPP 为抓手争取地区经济合作主导权的努力又进一步促使东亚国家采取防御措施，避免自身被边缘化甚至被排除出区域经济一体化进程。具体而言，TPP 的快速进展消解了中日之间的主导权之争，使双方转而以 RCEP 为平台影响和塑造地区经济架构的演进方向。随后，日本加入 TPP 谈判的举动在增强 TPP 力量的同时又进一步刺激和加速了 RCEP 的启动进程。因此，TPP 和 RCEP 各自的进展及其负外部性，不断改变着行为体参与地区经济机制建设的利益预期和动机，最终刺激了两大巨型自贸区在近乎同一时间出现在同一地区，并且持续竞争性演进。

此外，作为 TPP 刺激下加速发展的地区机制，RCEP 的制度设计也反映了对 TPP 负外部性的回应以及对亚太区域合作主导权的积极争取。第一，将制度成员限定为东盟的自贸协定伙伴，突出强调东盟的中心地位。《RCEP 谈判指导原则和目标》明确指出，RCEP 将保持东盟在地区经济架构中的中心地位。为了确保东盟的中心性不受冲击，该文件还规定，与东盟签署自由贸易协定是参与 RCEP 谈判的先决条件，其他非东盟自贸协定伙伴只能在 RCEP 谈判完成后再参加。① 这一条款将美国排除在谈判进程之外，也使 RCEP 与 TPP 构成了典型的排他性制度竞争。第二，在谈判的议程设置方面，RCEP 涵盖了货物贸易、原产地原则、海关程序与便利化、争端解决、服务贸易、投资等“东盟＋1”FTA 共有的贸易议题，也涉及数字贸易、金融、电信、竞争政策等新议题，还纳入了电子商务等新的贸易形式。总体来看，RCEP 在整合地区“东盟＋1”FTA 时也向构建全面、高质量自由贸易协定的方向推进。但是与 TPP 相比，RCEP 中传统贸易方式和第一代贸易规则所占比例更大，这也与发展中成员在地区产

① 《RCEP 谈判指导原则和目标》规定，任何一开始没有参加 RCEP 谈判的东盟自由贸易协定伙伴都被允许参加谈判，但须遵守与所有其他参与国商定的条款和条件。RCEP 协议另有一个开放的加入条款，即没有参加 RCEP 谈判的任何东盟自由贸易区伙伴和任何其他外部经济伙伴在 RCEP 谈判完成后都能参加（原则 6）。参见“Guiding Principles and Objectives for Negotiating the Regional Comprehensive Economic Partnership”，https://asean.org/wp-content/uploads/2012/05/RCEP-Guiding-Principles-public-copy.pdf。

业链中的定位相匹配。第三,在贸易规则标准方面,与 TPP 相比,RCEP 采取了更为务实和灵活的做法,在协商一致的基础上根据“最大公约数”设定目标和作出承诺。一是与 TPP 强调全部商品完全取消关税不同,RCEP 延续了一般 FTA 消除 90%以上关税的要求,并保持一定的农产品配额。二是 RCEP 考虑到成员方的不同发展水平,力求保留各国的政策空间和灵活性,允许各成员以不同的速度减少壁垒。协议文本中提出对柬埔寨、老挝、缅甸、越南等提供特殊和差别待遇,以及给予最不发达的东盟成员国更多的灵活性。[①] 例如,RCEP 对于所有 16 个成员有一个共同的关税削减清单,同时还有一个为低度发展的东盟国家所特制的减税清单,强调对于东盟国家中最不发达的成员有额外的灵活性。这与 TPP 的“一视同仁”形成鲜明的对比。[②] 另外,RCEP 还通过加强经济技术合作,力图满足发展中成员和最不发达成员的实际需求。

TPP 协定谈判于 2015 年 10 月结束,2016 年 2 月正式签署,标志着这一亚太地区自贸机制正式建立。2017 年 1 月,特朗普政府以“TPP 对美国制造业将是致命打击”为由宣布从 TPP 中退出,使 TPP 与 RCEP 之争随之意外结束。此后,在日本的主导下,TPP 的其他 11 个成员将 TPP 改名为“全面与进步跨太平洋伙伴关系协定”(CPTPP),并于 2018 年 12 月签署生效。在 TPP 协议意外中断的背景下,亚太国家为寻求经贸合作的新突破,转向由东盟主导的 RCEP 也就成了必然的选择。2019 年 11 月,RCEP 谈判全部结束,最终于 2020 年 11 月完成签署,使 RCEP 成为当前亚太地区经济一体化的主导机制。原 TPP 主要成员经济体对美国市场依赖较强,没有美国参与的 TPP(CPTPP)与亚太经济体的贸易关联减弱[③],在人口和贸易规模上大幅下降,在标准上也冻结了 TTP 中关于知识产权等 20 条高标准条款,在成员资格上坚持开放性,因而 CPTPP 与 RCEP 两个机制并未表现出明显的竞争性。

总的来看,TPP 与 RCEP 之争作为近年来地区制度竞争的典型案例,不仅是长期以来地区“东亚”与“亚太”路径之争的延续,也标志着地区经济制度竞争进入新阶段。与此同时,这一时期的 TPP 与 RCEP 之争呈现出典型的排他性、异质化制度竞争特征。TPP 是由美国推动的机制设计方案,旨在抑制排美的亚太地区一体化进程、重塑其地区主导权。东盟提出 RCEP 倡议实质上是对美国

---

① 参见《区域全面经济伙伴关系协定》(RCEP)协定文本,中国自贸区服务网,http://fta.mofcom.gov.cn/rcep/rcep_new.shtml。

② 参见胡加祥:《亚太自贸区法律框架构建路径研究》,载《交大法学》2019 年第 2 期。

③ 参见杨勇:《中美对亚太多边化区域贸易平台主导权的争夺》,载《武汉大学学报(哲学与社会科学版)》2019 年第 3 期。

主导的 TPP 作出的竞争性回应，旨在维护自身在地区机制构建中的中心性和一致性。同时，这一倡议为中国提供了一个既能排除美国又能避免与美国直接对抗的区域架构，且能够减弱 TPP 对中国的负面效应，因而得到了中国的积极支持和推动。更重要的是，TPP 初期的顺利进展在一定意义上促使中日两国就推动 RCEP 的价值达成共识，削弱了双方在自贸区构建中的政治对抗，使 RCEP 成为一条能够缓和中日利益矛盾的中间路线。

因此，RCEP 带有明显的对 TPP 负外部性压力的应激反应属性，主导权竞争和制度负外部性两个因素及其相互作用是驱动地区国家围绕 TPP 与 RCEP 进行制度竞争的内在动力。其一，地区主导权在制度分配中的零和收益属性及其约束性和同化性特征，使其成为驱动美国、中国、日本、东盟等地区主要行为体参与 TPP 与 RCEP 之争的首要动力。其二，在制度负外部性的作用下，各方争取主导权的努力又引发了其他成员的防御性反应，刺激了 TPP 与 RCEP 两大巨型自贸协定在近乎同一时间出现在同一地区，并且持续竞争性推进。当然，TPP 与 RCEP 之争的意外结束并非意味着其所代表的两种不同区域一体化模式和路线的融合和统一。随着拜登政府上台后美国对外战略的调整及对国际机制的重视，不排除美国可能重新加入和启动 CPTPP 谈判，将 CPTPP 重新引入 TPP 的轨道和目标，以确保美国在亚太区域一体化中的主导权和影响力，届时亚太地区将可能重回 TPP 与 RCEP 的制度之争。

本章小结

冷战结束以来，亚太地区经济领域的制度建设取得了迅速进展，但国家间在其中的制度竞争和制衡现象也尤为突出，具体表现为相关行为体对成员资格、议程设置、规则设定三类制度设计要素的争夺。

首先，20 世纪 90 年代的 EAEG 与 APEC 之争是东亚地区经济制度竞争的第一轮较量。冷战结束后，随着地区国家间经济联系和相互依赖的增强，APEC 在美国和日本的支持下迅速发展成为地区经济合作的主要机制。但是随着经济合作的深化，以东盟为代表的地区发展中成员开始意识到自身在 APEC 的法律化标准方面严重缺乏话语权和主导权，质疑美国试图利用 APEC 作为工具干预和塑造地区国家的经济发展模式。为了重新夺回自身在地区制度建设中的主导权，马哈蒂尔提出了将美国排除在外的 EAEG 倡议，削弱域外力量对东亚地区制度建设的影响。然而，美国敏感地意识到了这一将自身排除在外的制度设计可能带来的负外部效应，不仅迅速公开表示反对，还利用其在地区的双边同盟网络,破坏 EAEG 的建设。最终,在美国的压力下,EAEG 未能实现机制化的目标,使 EAEG 与 APEC 的竞争以 APEC 的胜利而告终,也开启了地区经济制度建设中“东亚”与“亚太”的路径对立。此外,在 APEC 内部,以东盟和中国为代表的地区发展中成员与美国等地区发达成员也围绕 APEC 议程设置的主导权展开了竞争。一是发展中成员反对发达成员将安全议题纳入 APEC 议程设置的提议;二是在经济合作方面,发展中成员更加关注经济技术合作的议题,主张适度推进自由贸易的进程,而发达成员主张加速推进贸易自由化的进程,敦促发展中成员开放市场。最终,双方竞争的结果使 APEC 的议程设置更多地体现了发展中成员的诉求。

1997 年爆发的亚洲金融危机刺激了东亚域内的机制建设,也使地区第二轮制度竞争主要围绕着东亚域内的机制平台展开。由于在这一时期中国开始展现出经济崛起的势头,并且在区域合作中的影响力日渐增强,使日本担忧自身能否保持在地区事务中的主导权,由此引发了中日之间以“10＋3”和“10＋6”为平台的制度竞争。为稀释中国在地区的影响力,日本提议将澳大利亚、新西兰和印度这三个本不属于东亚地缘范围的国家纳入东亚峰会的机制框架,将“10＋3”扩展为“10＋6”。在双方主导权竞争的影响下,“10＋3”与“10＋6”两个机制在东亚地区保持了平行共存。此外,这一时期东亚地区自贸区建设的演进也受到中日围绕地区制度主导权竞争的影响,中国坚定地把“10＋3”作为东亚合作的主渠道,认为构建东亚自贸区应该以“10＋3”为基础,因而支持 EAFTA 的制度框架;日本则希望纳入澳大利亚、新西兰等太平洋国家,以便于确保自身的主导权,因而选择了 CEPEA 的制度框架。此外,在这一过程中,美国也提出了建设亚太自贸区的倡议,试图通过构建 FTAAP 重塑地区经济一体化进程的演进方向,并确保美国在其中发挥主导作用,但没有得到地区国家的积极响应和支持。经过长期的僵持,EAFTA 与 CEPEA 之争最终以 RCEP 的组建而告终,使这一阶段的制度竞争得以结束。

2008 年国际金融危机以来,国家间实力对比的变化和大国战略调整诱发了地区的第三轮制度竞争,TPP 与 RCEP 成为这一阶段地区制度竞争的主要平台。奥巴马政府上台后,美国尝试以 TPP 为抓手,重塑美国在亚太经济一体化进程中的主导权。但是这一将中国排除在外并且仅包含部分东盟国家的制度框架将为中国和东盟带来诸多负外部性。对于中国而言,一旦 TPP 达成,受成员之间关税降低及原产地规则的影响,这一协定将对中国带来明显的贸易和投资转移。在东盟看来,仅包含四个东盟成员的 TPP 将使东盟面临着被分裂的风险,威胁东盟在区域一体化进程中的主导地位。为重塑地区制度主导权的演进方向和抵消TPP的潜在负外部效应，东盟倡议的RCEP框架迅速得到了中国的支持和推进，也由此开启了TPP与RCEP彼此相互刺激、互为竞争的推进模式。

总之，通过对亚太地区制度竞争的演进路径、动力机制的实证研究，可以得出两个结论：

第一，制度竞争的实质是大国竞争，推动大国进行制度竞争进而实现自身战略诉求的动力因素最终都导向两个变量，即地区制度设计主导权和制度负外部性。尽管随着不同时期的国际环境变化，在不同的制度竞争案例中两个变量作用方式和程度会有差异，但通过对冷战结束后地区一体化进程的现实考察可以发现，地区制度设计主导权和制度负外部性始终是驱动东亚地区制度竞争的两个根本要素，也由此使不同时期东亚地区的制度竞争呈现出一些共同特征和规律。

第二，推动地区制度建构的因素复杂多元，但制度竞争是东亚制度构建的重要方式。由于塑造地区制度的东亚主要国家对地区一体化目标和路径存在着较大差异，都力求通过国际制度构建实现自身利益诉求，因而形成了不同时期的制度竞争和多元并存、交叠嵌套的地区制度结构。同时，由于不同时期地区力量结构的调整和大国战略偏好差异，推动地区制度竞争呈现出东盟与美国的EAEG与APEC之争、中国与日本的“10＋3”与“10＋6”之争、美国与中国的TPP与RCEP之争依次轮替的演进路径和各阶段的独有特征。

第三章　东亚制度竞争与地区结构演进新态势

地区的政治、经济、安全结构都是以不同领域的地区制度形态表现出来，因而地区制度形态反映着地区结构的调整和变化，地区制度的变革过程本质上就是地区结构的调整和演变过程。由此，地区行为体之间的制度竞争无疑对地区结构演进产生重要影响，推动地区结构的重塑，具体体现为地区行为体之间权力结构的调整、地区制度结构形态的变化及由此引发的地区治理模式的转变等方面。正如有学者所指出的，“总体制度结构的变化是国家间竞争的意外副产品”，“每个国家都是自己梦想家园的建筑师，但他们居住的城市是一个由相互竞争的建筑组成的庞大结构，这一最终结构并非最初设计的样貌，甚至是得非所愿的”。[①]

第一节　东亚地区制度竞争与地区格局调整

国际制度竞争深刻影响国家间的权力转移，进而推动地区格局的调整。前文述及，国家间的权力转移是加剧国际制度竞争的外部要素。反过来，国际制度竞争所带来的最直接后果即是国家间权力对比的消长。在竞争中获得了更多制度性权力的国家，在其正反馈效应的作用下，能够以这些新获得的权力为杠杆在下一轮制度变迁过程中以及其他问题领域发挥更大的作用。与之相反，如果行为体在上一轮权力斗争中失势，它们就可能被进一步边缘化而无法回到制度变迁进程中去。[②] 由此，国际制度竞争既是观察国家间权力转移的窗口，也是影响和管控这一进程的重要渠道。在东亚地区，制度竞争对权力转移进程的

---

① Hyun Seung Cho, *Understanding Institutional Power Politics: Theory, Method and a Case of U.S.-China Competition*, Ph. D dissertation, Columbia University, 2017, p.55.

② 详见唐世平关于制度路径依赖如何影响制度变迁的分析（参见唐世平：《制度变迁的广义理论》，沈文松译，北京大学出版社 2016 年版，第 81～82 页）。

影响主要表现为两个方面：从积极效应来看，制度竞争有助于地区内中日、中美两轮权力转移的和平进行，打破了崛起国与守成国必有一战的历史定律，推动地区格局的和平调整；从消极效应来看，制度竞争也带来了地区格局调整进程中的制度性权力困境。

一、制度竞争与地区格局的和平调整

与通过全面战争或军事冲突等实现国家间权力转移的方式不同，国际制度竞争有助于实现权力的和平转移和地区格局的和平调整。近年来，伴随着国家间权势对比的变化，国家间的权力转移日益成为研究的焦点话题，并且诸多研究对国家间权力转移的方式作出了悲观的判断。如奥根斯基（A. F. K. Organski）的权力转移理论认为，当现行秩序中的挑战国在实力上超越主导国前夕冲突最有可能爆发。[①] "修昔底德陷阱"也作出了类似的判断，即一个新兴（崛起）大国必然挑战既有（守成）大国，后者也会主动应对这种威胁和挑战，从而导致大国之间的战争不可避免。[②] 然而，事实是，冷战结束以来，东亚国家间的权力转移并没有引发战争，而是以相对和平的方式进行。这是因为上述论断主要是基于对国际制度体系建立之前大国权力转移历史经验的总结，从而对解释国际制度体系下国家的互动方式和行为逻辑产生了偏差。

在大国无战争时代，国际制度主导权既是行为体参与制度竞争的焦点目标，也是国家间权力转移的核心内容，这是国际制度竞争有助于实现国家间权力和平转移的内在逻辑。一方面，对于行为体而言，其参与国际制度竞争的主要方式是通过筹建小多边机制、新建替代性机制推动国际制度改革的实践，以确保自身最大限度地获得制度收益。另一方面，在当今的国际体系中，国家的权力日益被镶嵌在规则体系和制度约束中运行[③]，国家间的权力转移在很大程度上就是国际制度主导权的转移。国际制度性权力决定了一国在某一国际制度框架中享有的决定权的配额，代表了国家行为体在参与国际组织和国际机制进程中对其他行为体产生影响的能力。因此，在一定意义上，国际制度竞争的进程就是国家间权力转移的进程，制度竞争由此成为崛起国与霸权国规避"修

---

① A. F. K. Organski, *World Politics*, New York: Alfred Aknopf, 1958, p.333.

② 参见黎海波、宋瑞芝：《"修昔底德陷阱"：认识误区与战略应对》，载《现代国际关系》2017 年第 9 期。

③ 参见李巍：《制度之战：战略竞争时代的中美关系》，社会科学文献出版社 2017 年版，第 2 页。

昔底德陷阱”、实现制度化权力转移的有效方式。[①]

冷战结束以来，东亚地区制度竞争的进程同时伴随着地区格局的和平调整。这一进程体现为中日权力转移以及全球体系范围的中美权力转移，并且两轮权力转移的进程都以相对和平的方式完成（在东亚域内中日间的权力转移已基本完成）或正在进行（在全球范围内中美间的权力转移仍在进行）。

其一，在东亚域内，伴随着以地区主导权为目标的“10＋3”与“10＋6”之争、EAFTA 与 CEPEA 之争，日本与中国之间的整体权力态势也发生了此消彼长的结构性变化。在经济上，中国的经济总量完成了对日本的超越，双方出现了经济实力对比的结构性调整；在政治上，中国逐渐树立起负责任的地区大国形象，相反，日本自二战结束以来的“正常国家”诉求始终未能实现；在地区制度参与方面，中国日益积极地参与并融入亚洲地区多边制度框架下的互动，已经从旁观者转变为积极的参与者，从被动反应的角色转变为主动倡导、主导的角色，从地区组织的“接触”对象转变为多边合作进程的关键推手。[②] 胡鞍钢和门洪华将国家的经济资源、人力资源、自然资源、资本资源、知识技术资源、政府资源、军事资源、国际资源等加总计算了中国、印度、日本、俄罗斯、美国五大国的有形战略资源及其变动情况，以此作为反映各国综合国力的指标。研究结果表明，在 1995～2000 年间，中国的有形战略资源开始超过日本，并在此后逐渐拉开差距。[③] 总之，世纪之交中国在实力上对日本的超越，使中国成为东亚区域层级体系内名副其实的主导国家，并且这种地位还在日益巩固。[④] 伴随着地区制度竞争的演进，中日权力对比的天平已经大幅度向中国倾斜，更重要的是在这一权力转移的过程中并没有爆发激烈的军事冲突或战争。

其二，与地区层面的中日权力转移相比，全球层面的中美权力转移受到了更多的关注和讨论。近年来，不仅“中国威胁论”沉渣泛起，“中国责任论”开始充斥国际舆论，美国前助理国防部长、哈佛大学肯尼迪学院前院长格雷厄姆·艾利森（Graham Allison）2017 年出版的《注定一战：中美能避免修昔底德陷阱

---

① Braz Baracuhy, *The Geopolitics of Multilateralism: The WTO Doha Round Deadlock, the BRICs, and the Challenges of Institutionalised Power Transitions*, CRP Working Paper Series, Working Paper No. 4, January 2012.

② 参见马荣久：《中国在亚洲地区多边制度框架中的国家角色》，载《山东大学学报（哲学社会科学版）》2015 年第 5 期。

③ 参见胡鞍钢、门洪华：《中美日俄印有形战略资源比较——兼论旨在“富民强国”的中国大战略》，载《战略与管理》2002 年第 2 期。

④ 参见吴澄秋：《东亚结构变迁与中日关系：权力转移理论视角》，载《当代亚太》2009 年第 1 期。

吗？》一书更使“中美必有一战”的论调甚嚣尘上。[①] 然而，过去近20年间中国逐渐崛起为新兴大国的历程验证了两个方面的事实：一方面，中美之间的确在一定程度上发生了权力的转移，虽然中国的总体实力尚未超越美国，但两国之间的差距正在迅速缩小，中国的大国地位逐渐得到了世界的认可和强化，中美在国际体系中的影响力正在发生此消彼长的变化。比如2011年中国工业总产值就超过了美国，成为全球第一大工业国；2013年中国贸易总额第一次超过美国，成为第一大贸易国。当代中国与世界研究院发布的《中国国家形象全球调查报告（2019）》显示，中国在国际事务中的影响力排名世界第二位，仅次于美国。[②] 另一方面，中美之间的权力转移总体保持了和平的态势，并没有引发直接冲突。有分析认为，达到美国GDP的60%是美国对崛起对手的警戒线。20世纪苏联和日本都曾在达到美国GDP的60%后，引起了美国的警觉和强力遏制。[③] 中国的GDP总量在2014年首次达到了美国的60%，到2018年这一数字已达到68%，2020年更是达到了70%以上，并有逐年递增的趋势。[④] 尽管随着中美实力差距的缩小，双方的战略竞争明显加剧，也出现了一些经贸摩擦，但总体来看双方的权力转移始终以和平的方式进行着。

具体来看，东亚地区的制度竞争在地区格局调整中主要发挥了三个方面的作用。

第一，制度竞争为权力转移和地区格局调整中的战略竞争和相互角力提供了平台。国家间的权力转移往往伴随着大国间战略竞争的回归，而制度竞争本身就是国家间战略竞争的一部分。行为体的制度竞争行为主要体现为两个方面：一是推动现有的制度改革向着更符合自身利益诉求的方向转变；二是通过机制创建和机制替代的方式，在国家间的战略竞争中获得更多的外部支持和相对优势，因而制度竞争成为实现权力转移的重要方式。[⑤] 以亚投行为例，其筹建和运行的过程就是中美在地区相互角力的过程，其筹建和运行的结果也是中美

---

① Graham Allison, *Destined for War: Can America and China Escape Thucydides's Trap?* New York: Houghton Mifflin Harcourt, 2017.

② 参见当代中国与世界研究院：《中国国家形象全球调查报告（2019）》，http://www.accws.org.cn/achievement/202009/P020200915609025580537.pdf。

③ 参见国际锐评评论员：《60%是美国给竞争者的一道红线》，2018年8月10日，人民网，http://world.people.com.cn/n1/2018/0810/c1002-30222678.html。

④ 参见IMF网站数据，https://www.imf.org/external/datamapper/NGDPD@WEO/OEMDC/ADVEC/WEOWORLD。

⑤ Will Moreland, *The Purpose of Multilateralism: A Framework for Democracies in A Geopolitically Competitive World*, Brookings Institution, September 2019, https://www.brookings.edu/wp-content/uploads/2019/09/FP_20190923_purpose_of_multilateralism_moreland.pdf.

权力转移的印证。新兴国家筹建亚投行的努力表达了其对现行多边机制不满，向国际社会释放了要求变革的信号。此间，美国拒绝加入这一新机制，并且试图说服其最亲密的四个欧洲盟国——英国、德国、法国和意大利不要成为创始成员，反映了其运用成员削弱策略阻止新兴国家的制度创设，进而最大限度地限制新兴国家制度性权力的增长。① 由此可见，制度平台的建设和改革本身就为新兴国家和守成国家的竞争与博弈留出了空间。美国最终徒劳无功，并没有能够阻挠新兴国家在全球治理中发挥更大作用的客观趋势，但这一进程却使霸权国与新兴国家围绕地区制度主导权的竞争变得更加平和、可控，反映了在区域层面国家间角色及权力关系的调整和转型。②

第二，国际制度竞争有助于协调各方关于制度议程设置和规则设定的差异化诉求，使国家间的利益分配与彼此间的实力对比变化相匹配，从而实现地区格局的和平调整。有学者研究指出："决定崛起国与霸权国之间是否发生战争的关键变量并不是它们之间的实力对比，也不是正在或即将进行的权力转移速度，而是国际体系利益分配与国家间实力对比变化的匹配程度。如果二者的匹配是及时和相称的，崛起国发动战争并没有任何好处，因为战争并不能带来额外的收益。"③换言之，能否实现国家间实力对比与利益分配的动态匹配是权力能否和平转移的关键。在国际制度竞争中，由于国际规则体系是决定国家间利益分配的主要依据，各国改革、新建、退出多边机制等行为本质上是以规则的调整和替代为目标。因此，在这一意义上，国际制度竞争的过程就是国家间利益格局与实力对比变化动态匹配的过程。以当前的 WTO 改革为例，尽管美国、日本、欧盟、中国等各方就改革方案尚存在诸多分歧，但相互之间的博弈、妥协正是政策协调的前提，竞争反映了各国对国际规则和规范改革方向的各自立场，具有保持各方沟通、避免冲突升级的功能。中国、美国、日本、东盟围绕亚太地区贸易所依据规则的竞争也具有调节各方利益分配的功能。通过规则设定环节的博弈和妥协，地区贸易规则与国家间的实力对比变化以及相互依赖关系相调适，新兴国家和发展中国家的诉求在这一过程中得到了较好的回应，因而在东亚地区以国际制度竞争方式实现的权力转移是有序的、渐进的。

---

① Stewart Patrick, "The New 'New Multilateralism': Minilateral Cooperation, but at What Cost?", *Global Summitry*, Vol. 1, No. 2, 2015, pp. 115-134.

② Carla Monteleone, "Spatial Fragmentation of, and US Support for, the Main Multilateral Institutions of the Western Order", in Clementi Marco, Matteo Dian and Barbara Pisciotta eds., *US Foreign Policy in a Challenging World*, Switzerland: Springer, 2018, p.18.

③ Steve Chan, "Exploring Puzzles in Power-Transition Theory: Implications for Sino-American Relations", *Security Studies*, Vol. 13, No. 3, 2004, p.112.

第三，制度竞争并不完全排斥国家间的合作，并且仍能在一定程度上满足国家间对相互合作、共同应对全球性挑战的诉求，因而有助于地区格局的和平调整。在权力转移过程中，大国战略竞争的回归并没有消除各国面临的共同挑战和由此产生的合作需求。在国家间相互依赖无法割裂的情况下，尽管制度竞争为地区合作带来诸多不确定性，但对于规则的需求始终是各方的共识，也是各方的利益交汇点。无论是发达国家还是新兴国家，其利益的维护都有赖于相对稳定的地区规则的建立。[①] 因此，国家间在制度框架中的竞争与合作行为是对立统一的整体，在大国战略博弈的背景下，各类竞争性机制的创建仍是国家间实现合作的方式之一。具体到东亚地区，尽管各个地区制度间存在着激烈的竞争和替代关系，但是这并不会消解每个制度本身在增进其成员共同利益、减少彼此间的摩擦和误判方面的功能。无论是 APEC 还是“10＋3”“10＋6”，抑或 TPP 以及 RCEP，都促进了地区主要行为体间的沟通和合作，为地区未来发展提供了较为稳定的预期，从而有助于维护地区的稳定与和平。

总之，国际制度竞争是一种权力和平过渡的政治选择，也是实现地区格局和平调整的重要方式。当然，这仅意味着权力转移会以相对和平的方式实现，并不表明国家间推动权力转移的过程是完全平稳的、无任何摩擦的。在中日、中美权力转移的过程中，中日钓鱼岛争端、中美南海对峙、中美贸易战等都曾引发国家间关系的波动。但总体来看，冷战以来，伴随着地区制度竞争的演进，东亚地区实现了地区格局的和平调整。

二、制度竞争引发权力转移的制度性权力困境

尽管制度竞争有助于国家间权力的和平转移，但由于导致国家间制度竞争和权力转移的结构性矛盾在本质上是同源的，因而制度竞争并不能减缓权力转移的进程或加速权力转移的完成，反而会在一定程度上带来权力转移过程中的“制度性权力困境”。

“制度性权力困境”(Institution Power Dilemma)类似于国家间“安全困境”(Security Dilemma)所描述的关系状态。由于国际制度建设总是伴随着一个国家积聚更多的制度性权力，从而减少了另一个国家对制度性权力的相对占有。因此，尽管一国的制度行为没有削弱另一国相对制度性权力的意图，但仍可能在无意中引发这样的效果，从而被误判为“修正主义者”，引发彼此间的制衡行

① John Ikenberry, “The Future of Multilateralism: Governing the World in a Post-Hegemonic Era”, *Japanese Journal of Political Science*, Vol. 16, No. 3, 2015, pp. 399-413.

为。一旦陷入制度性权力困境，双方会倾向于对彼此的制度行为进行负面解读，对于一些原本积极合作的信号产生误判，在此基础上的反制行动可能使双方陷入制衡与反制衡的恶性循环。[①]

由于崛起国和守成国在权力转移过程中难以回避权力此消彼长的结构性矛盾，因而更容易陷入制度性权力的困境。信息不对称再加上国家结构身份导致的天然敌意，使崛起国与守成国在参与国际制度的过程中对相对制度性权力的变化极为敏感。一方面，崛起国在权力转移过程中会积极通过改变国际制度的议程设置、推动制度规则调整等方式使制度分配更符合自身诉求，但这些行为在主张维持现状的守成国看来，不仅会减损自身的制度收益，而且可能颠覆自身的制度主导权，由此崛起国推动国际制度改革、构建新国际制度的行为常常被守成国误判为旨在推翻现行秩序。另一方面，守成国拒绝国际制度改革、延缓制度利益分配随实力结构变化自然演进的行为，也被崛起国认为意在遏制自身的发展。

从前文对东亚地区制度竞争演进的梳理中可以看出，中日之间、中美之间都曾陷入制度性权力困境。

在中日“10＋3”与“10＋6”之争中，由于日本对双方制度性权力的增减格外敏感，中国任何有关于制度设计的建议都被日本从负面的角度加以考量；同样，日本执意扩大区域合作的成员范围以限制中国主导的可能性，以及在地区贸易规则设定中忽视发展中成员需求的做法也给了中国消极的反馈。这种制度性权力困境降低了双方对于合作的预期，使东亚区域合作的制度建设进程在很长一段时间内都止步不前。直到美国重返亚太，在 TPP 的刺激下，双方才打破制度性权力困境的僵持状态，共同推动了 RCEP 的进程。

中美之间的制度性权力困境更加明显。早在 TPP 与 RCEP 之争中，中美之间就表现出了制度性权力困境的关系特征——美国加入 TPP 的制度举措被认为是对中国崛起的遏制，中国推动 RCEP 的制度行为也被认为是对美国的反制。此后，中国提出“一带一路”倡议，特别是亚投行的筹建再一次触动了美国的敏感神经。虽然中国一再强调“和平崛起”，强调自身制度倡议秉持“共商、共建、共享”的原则，但在美国看来，中国的意图是破坏自由主义国际秩序，并自诩为自由主义国际秩序的“捍卫者”。[②] 2017 年 12 月，美国特朗普政府在其《国家

---

① Hyun Seung Cho, *Understanding Institutional Power Politics: Theory, Method and a Case of U.S.-China Competition*, Ph. D dissertation, Columbia University, 2017.

② Andrew E. Kramer, “Russia and China Object to New ‘America First’ Security Doctrine”, https://www.nytimes.com/2017/12/19/world/europe/russia-china-america-first-doctrine.html.

安全战略报告》中明确将中国定位为“修正主义者”，声称“一度被称为上个世纪现象的大国较量再度出现”[①]。与此同时，美国在印太战略框架下恢复美日印澳“四方安全对话”并试图将其进一步机制化的举动，也被中国视为针对自身的战略围堵。由此可见，由于双方建构了对彼此的负面预期，因而倾向于将对方的任何制度行为都视为不友好的、以自身为目标的制度竞争手段。

值得注意的是，近年来，中国、美国、日本等大国之间的制度性权力困境进一步加剧，并且外溢到全方位的战略竞争中。

一是在制度形式上，地区国家间的制度性权力困境从 TPP、RCEP 等地区性多边制度向小多边机制延伸。2013 年中国提出“一带一路”倡议后，日本、美国、澳大利亚等国先后提出各自的回应性倡议或战略并开展了一系列小多边合作机制建设。其中，日本于 2015 年 5 月宣布建设“高质量基础设施伙伴关系”，与亚洲开发银行共同提供约 1100 亿美元用于亚洲优质基础设施投资，并于次年 3 月创立亚洲私人基础设施基金（LEAP）。[②] 美国在 2018 年“印太商务论坛”上提出《数字连通性和网络安全伙伴关系》《基础设施交易和协助网络》《通过能源促进亚洲发展和增长（Asia EDGE）》三个基础设施投资倡议。[③] 澳大利亚则在 2018 年 3 月发布了《东盟—澳大利亚基础设施合作倡议》，旨在与东南亚国家加强基础设施建设合作。[④] 在合作实践方面，2018 年 7 月，美国、日本、澳大利亚宣布建立印太基础设施投资三边伙伴关系，并于 11 月签署三方谅解备忘录。[⑤] 次年 11 月，三国在 2019 年“印太商务论坛”上宣布启动旨在重塑地区基础设施建设标准的“蓝点网络”（Blue Dot Network）计划。[⑥] 此外，2019 年 10 月

---

① The White House, *National Security Strategy of the United States of American*, December 2017, https://www.whitehouse.gov/wp-content/uploads/2017/12/NSS-Final-12-18-2017-0905.pdf, p.27.

② Ministry of Foreign Affairs of Japan, “Announcement of Partnership for Quality Infrastructure: Investment for Asia's Future”, May 21, 2015; Asian Development Bank, “Leading Asia's Private Sector Infrastructure Fund”, https://www.adb.org/site/funds/funds/leap.

③ “Indo-Pacific Business Forum Highlights”, U. S. Chamber of Commerce, July 30, 2018, https://www.uschamber.com/event/indo-pacific-business-forum-highlights.

④ “ASEAN-Australia Special Summit Initiatives”, https://aseanaustralia. pmc. gov. au/asean-australia-special-summit-initiatives.html.

⑤ “Joint Statement of the Governments of the United States of America, Australia, and Japan”, The White House, November 17, 2018, https://www. whitehouse. gov/briefings-statements/joint-statement-governments-united-states-america-australia-japan/.

⑥ “2019 Indo-Pacific Business Forum Showcases High-Standard U. S. Investment”, U. S. Department of State, November 3, 2019; “The Launch of Multi-Stakeholder Blue Dot Network”, the U. S. Overseas Private Investment Corporation (OPIC), November 4, 2019, https://www.opic.gov/press-releases/2019/launch-multi-stakeholder-blue-dot-network.

美国财政部与韩国和新加坡签署了《基础设施融资和市场建设框架协议》，以促进私营部门在印太地区基础设施建设的投资。[①] 拜登政府上任后即重启了特朗普政府曾提出的“蓝点网络”计划。这一倡议旨在开发统一标准对印太及其他地区基础设施项目进行评估、认证和投资，被认为是美国发展“印太战略”和对抗中国“一带一路”倡议的重要举措。2021 年 6 月，在美日澳三国政府的支持下，由经济合作与发展组织（OECD）主持的“蓝点网络”认证咨询会议在巴黎召开，围绕确立“蓝点网络”计划价值主张、设计认证框架、动员利益相关者、缩小全球基础设施差距、在新兴市场创建高标准且可持续的基础设施交换意见。由此可见，为避免自身在制度主导权之争中落后，各国竞相采取建设小多边机制的方式争取在地区基础设施领域的制度建设中抢占先机。这反映出地区的制度建设在一定程度上已经脱离了制度降低交易成本、减少合作不确定的功能，而是由于国家间处于制度性权力困境的结构所引发的。

二是在地域范围上，地区主要行为体对制度性权力的争夺不仅限于亚太地区，而是延伸到了非洲。以大国竞相召开对非首脑峰会为例，近年来就有美国—非洲领导人峰会、印度—非洲论坛峰会、俄罗斯—非洲国家峰会、欧盟—非洲首脑会议、日本主导的非洲开发会议、中非合作论坛等十余次对非首脑峰会召开。特别是日本自 2016 年起，将原本 5 年召开一届的非洲开发会议改为每 3 年一届，试图以峰会外交和合作机制建设谋求在地区发挥更大作用。此外，日印两国于 2017 年 5 月举办的非洲开发银行年会上联合推出了意在加强地区高质量基础设施建设的“亚非增长走廊”（AAGC）计划。2018 年 12 月，美国发布特朗普政府任期内首份非洲战略，并据此于 2019 年 6 月启动了预算 5000 万美元的“繁荣非洲”（Prosper Africa）倡议，旨在促进美国在地区的投资和贸易的同时制衡中国在非洲的影响力。[②] 2023 年 5 月，G7 峰会宣布启动“全球基础设施和投资伙伴关系”（PGII）计划，承诺将在 2027 年之前向发展中国家投资 6000 亿美元，订立基础设施建设的国际标准，为承建基础设施建设附加政治条件，包括反腐、国家治理、劳工条款、环保和债务可持续。2022 年 6 月，美国在美洲峰会上提出包括覆盖贸易、投资、供应链、能源转型和劳工权利五大领域的“美洲

---

① “United States and Republic of Korea Sign Framework to Strengthen Infrastructure Finance and Market Building Cooperation”, U.S. Department of the Treasury, October 17, 2019, https://home.treasury.gov/news/press-releases/sm795; “Singapore and US Sign Framework to Strengthen Infrastructure Finance and Market Building Cooperation”, Singapore Ministry of Finance, October 17, 2019, https://www.gov.sg/resources/sgpc/media_releases/mof/press_release/P-20191017-1.

② U.S. Department of Commerce, “Prosper Africa”, https://www.trade.gov/prosperafrica/.

经济繁荣伙伴关系”(Americas Partnership for Economic Prosperity，APEP)计划，提出5年内为拉美培训50万职业医师、3亿美元援助应对粮食危机、5亿美元援助打击有组织犯罪和32亿美元私营企业投资助力中美洲“源头治理”战略等一系列帮扶承诺。可以看出，各国都尝试以制度建设为工具以增进自身在非洲地区的影响力，但是这种由各大国分别主导、几乎没有任何政策协调的制度建设又会导致其他行为体制度性权力的减损，从而进一步刺激了制度制衡行为，反而加剧了彼此间的制度性权力困境。

此外，“制度性权力困境”的存在也显示出以制度竞争方式推动国家间权力转移的局限，这是因为国际制度竞争仍存在升级为国家间冲突甚至战争的风险。[①] 正如吉尔平所言：“当‘改变’无法在现有体系的框架内实现时……各国可能认为，只有在国际体系中进行更广泛和更深刻的变革，才能为它们的利益服务。”[②]如果误解长期无法消除，双方制度竞争的激烈程度就会螺旋式上升，而一旦超出“制度性权力困境”，非制度性的权力转移方式甚至武装冲突将重新成为备选项。

因此，在国家间的制度竞争中，如何对竞争关系进行管控、实现“负责任竞争”(responsible competition)应是国际社会重点关注的内容。[③] 制度性权力困境并不是通过呼吁国家间合作就可以完全阻滞的状态，因而制度竞争也应被视为一种需要管理的对象，而非短期内可以消除的问题。[④] 全球和地区治理的核心目标不应是理想化地消除地缘政治竞争，而是在新的地缘政治环境下管理相互依赖的共同困境，以及确保大国在各类多边机制中的共存共生。[⑤] 一方面，各国需要适应国际制度发展过程中出现的新样态，并且接受较之前更加多样化、分散化、复杂化的关系状态。另一方面，这并不意味着完全放任国际制度成为

---

① Hyun Seung Cho, *Understanding Institutional Power Politics: Theory, Method and a Case of U.S.-China Competition*, Ph.D dissertation, Columbia University, 2017.

② Robert Gilpin, *War and Change in World Politics*, Cambridge: Cambridge University Press, 1981, p.47.

③ “负责任竞争战略”由布鲁金斯学会美国和欧洲中心主任托马斯·怀特(Thomas J. Wright)提出。这一战略建议美国应加强自由主义国际秩序，激励与地缘政治竞争对手合作，确保全球稳定。参见Thomas J. Wright, *All Measures Short of War: The Contest for the Twenty-First Century and the Future of American Power*, New Haven: Yale University Press, 2017。

④ Kurt M. Campbell and Jake Sullivan, “Competition Without Catastrophe: How America Can both Challenge and Coexist with China”, *Foreign Affairs*, September 2019, https://www.foreignaffairs.com/articles/china/competition-with-china-without-catastrophe.

⑤ Stewart Patrick, “The New ‘New Multilateralism’: Minilateral Cooperation, but at What Cost?”, *Global Summitry*, Vol. 1, No. 2, December 2015, pp.115-134.

地缘政治竞争的工具和平台，而是倡导国家间特别是大国间的"负责任竞争"，确认各方对竞争的目标和结果具有合理的预期，避免各国陷入为竞争而竞争，甚至完全进入对抗状态的风险。①

当前，中美权力转移的进程还在以制度竞争的方式继续，并且双方的制度性权力困境并没有缓解的迹象。2017 年特朗普政府的《国家安全战略报告》专门拟定了"竞争性外交"(Competitive Diplomacy)一章，指出"(美国)必须提升外交能力，在当前的环境下进行竞争并养成竞争的思维方式"。该报告也明确提出了以多边机制为平台进行制度竞争的战略方向，即"美国必须领导和参与制定形成众多规则进而影响美国利益和价值观的多边机制。对影响力的争夺，在这些机构中持续存在。当美国参与其中时，必须保护自身主权，推动美国利益和价值观的发展"。② 2022 年 10 月，拜登政府出台的《国家安全战略报告》将对华政策调整为"投资、结盟、竞争"三个方面，并提出"推行双轨并行的方针"——"在一条轨道上，我与愿意在基于规则的国际秩序中建设性地应对共同挑战同时努力加强国际机构的任何国家合作，包括竞争对手在内。在另一条轨道上，深化与作为联盟核心的民主国家的合作，建立一个强大的、有韧性的、相辅相成的关系网络框架，证明民主国家能够造福于他们的人民和整个世界。"③由此可见，在短期内，制度竞争仍将是中美关系的常态，双方也应密切关注彼此的制度性权力困境，避免矛盾升级的风险。

第二节　东亚制度竞争与地区制度结构新变化

制度结构形态的变化同样是国际制度竞争的副产品。制度竞争对地区制度形态的影响主要体现为两个层面。对于特定的地区制度而言，国家对国际制度性权力的争夺将直接决定这一制度的演进方向，两个制度博弈的结果还将影响特定制度的兴衰成败。因此，在东亚的制度之争中，有的制度能够保持自身的稳定发展，但也有的制度在功能甚至形式上逐渐走向了消亡。与此同时，地

---

① Ryan Hass and Mira Rapp-Hooper, *Responsible Competition and the Future of U.S.-China Relations*, Brookings Institution, February 6, 2019, https://www.brookings.edu/blog/order-from-chaos/2019/02/06/responsible-competition-and-the-future-of-u-s-china-relations/.

② The White House, *National Security Strategy of the United States of American*, December 2017, https://www.whitehouse.gov/wp-content/uploads/2017/12/NSS-Final-12-18-2017-0905.pdf, p.33.

③ The White House, *National Security Strategy of the United States of American*, October 2022, https://www.whitehouse.gov/wp-content/uploads/2022/11/8-November-Combined-PDF-for-Upload.pdf, p.12.

区每一组制度竞争的结果又将引起地区整体制度形态的演变。在制度竞争的作用下，东亚地区呈现出制度间相互重叠、嵌套、平行等多种形态。

一、东亚地区制度竞争中的制度替代、整合与共生

在制度竞争的所有结构性影响中，被卷入制度竞争的特定国际制度自身的“命运”首当其冲。这是由于对于某一国际制度而言，制度竞争将决定其能否顺畅运行，特别是恶性的制度竞争可能直接导致国际机制的停摆甚至衰败。以IMF内部发展中成员与发达成员的份额之争为例，2010年G20首尔峰会正式确认了IMF的份额改革承诺，即发达成员将向新兴市场和发展中成员转移超过6%的份额；执行董事会24个席位中，拥有9个席位的欧洲国家将让出2个给新兴市场和发展中成员。[①] 但是，由于担心自身在IMF中的投票权被稀释，美国多次拒绝将这一份额和治理改革方案纳入国会拨款法案，直到2015年底，相关改革承诺才得以兑现。又如特朗普政府上台后，陆续退出十余个国际组织和协定，对国际多边合作机制造成严重冲击。特别是2016年以来，美国屡次阻碍世贸组织上诉机构新法官遴选进程，致使法官期满离任后导致的缺额无法弥补。2019年12月10日，在任的3名法官中又有2名任职期满，WTO上诉机构仅剩最后1名法官在任，致使该机构彻底“停摆”[②]，被称为“多边贸易机制支柱”的WTO争端解决机制逐渐陷入失效和瘫痪的危机。

进一步讲，对于制度间的关系而言，竞争的结果将重塑两个制度间的关系，具体包括制度替代、制度共生、制度间包容性整合三种结果。制度替代即在相互竞争的两个国际制度中，其中一个完全削弱和替代了另一个的功能和目标，赢得了制度竞争的胜利。如欧洲经济共同体与欧洲自由贸易联盟之间的竞争就以20世纪70年代后者的成员纷纷退出联盟，加入欧共体而宣告结束。制度共生即两个制度均无法取代和战胜彼此，而使相互之间保持一种稳定的僵持状态。如美国、日本、中国、印度等各大国纷纷在非洲召开的定期首脑峰会，虽然彼此之间构成了竞争性的关系，但是并无直接的交集，因而始终处于平行共生的状态。制度间包容性整合即曾经相互竞争的两个制度在某些因素的作用下相向而行，双方的成员、规则等制度要素实现了整合。例如，石油输出国组织（OPEC）与国际能源署（IEA）结束了持续20年的“能源冷战”，放弃了削弱对方

---

① 当然，本轮IMF改革不仅限于份额和代表席位方面，但是份额和投票权改革被认为是解决合法性面临挑战的关键。

② “WTO Chief: ‘Months’ Needed to Fix Disputes Body”, BBC News, December 10, 2019, https://www.bbc.com/news/business-50736344.

的狭隘目标，为实现石油市场的稳定和能源信息共享开展了一系列高水平合作。①

在过去的三十年中，东亚地区制度竞争演进过程总体呈现为“东亚”与“亚太”两条路径的竞争性并行发展。其中，美国作为东亚地区的域外国家，为避免被排除出制度构建进程，始终坚持“亚太”路径，再加上其经济发展程度高于其他国家，因而一直尝试引领相对更高标准的制度化建设。中国和东盟国家作为东亚域内的发展中国家，对“东亚”路径表现出更多偏好，但是随着 TPP、RCEP 等机制的构建以及 FTAAP 愿景的提出，中国和东盟也逐渐接纳和适应了以“亚太”为地缘范围的地区一体化路径。日本由于兼具东亚域内国家和发达国家的身份，因而在“东亚”与“亚太”两条路径的选择上存在诸多犹疑和矛盾。一方面，日本希望借助自身在地区生产分工中的优势地位，引领东亚域内的制度建设，进而减少美国的控制和干预，实现“正常化”国家的诉求。从这一角度来看，东亚路径更有利于日本实现上述目标；但另一方面，冷战后日本的经济发展经历了“失去的二十年”，中国则在这一期间迅速崛起，在这一过程中，日本逐渐意识到了自身在主导和支持东亚地区制度建设方面的力不从心。为延缓中国主导东亚地区制度的进程，日本积极推动地区制度构建的“亚太”路径。此外，以亚太为地缘基础的地区制度建设也有助于日本联合美国、澳大利亚、加拿大等地区发达经济体，塑造更符合日本贸易需求的规则标准和制度议程。总之，地区行为体对“东亚”与“亚太”路径的不同偏好，引发了两种制度化路径的竞争性演进。虽然从目前来看，亚太路径的未来演进空间更大，但以“10＋3”为基础的东亚路径也始终在促进地区一体化进程方面发挥着积极的作用。二者之间总体呈现为平行共生的关系，当然也不排除在未来可能实现包容性整合。

两条路径的平行发展使东亚地区的制度构建演化出了独具特色的开放性地区主义。“地区主义”本是一个内向型的概念，反映了地区范畴内从相互依存与国家合作到一体化、认同与社会聚合的相互作用进程。② 然而，东亚地区主义发展始终面临的一个特殊情况是，域外大国——美国从未真正离开过东亚。这不仅是历史因素所导致的部分东亚国家难以摆脱对美国的依附，更是由于东亚出口导向型经济的快速发展与美国的市场紧密相连。③ 为了确保自身参与东亚地区制度进程具有充分的合法性，美国在 1989 年 APEC 成立之初就将开放地区主义作为地区制度构建的基本原则。在此后的“东亚”与“亚太”路径之争中，

① 参见宋亦明：《国际官僚与国际制度竞争退出》，载《世界经济与政治》2018 年第 8 期。

② 参见王学玉：《论地区主义及其对国际关系的影响》，载《现代国际关系》2002 年第 8 期。

③ 参见肖欢容：《地区主义：理论的历史演进》，北京广播学院出版社 2013 年版，第 213～214 页。

由于其中大部分时间"亚太"路径在国家间的博弈中更具优势地位，使开放地区主义逐渐作为一种规范性力量，容纳了地区外国家对地区制度构建的参与。因此，在一定意义上，东亚地区"通过区域内国家间机制化的合作，与区域外大国间进行协调，实现区域内整合"①的开放地区主义就成为"东亚"与"亚太"路径之争的产物。

具体到每个阶段的竞争中，20 世纪 90 年代 EAEC 与 APEC 的竞争是制度替代的典型案例。由于受自身实力所限，东盟提出的 EAEC 在与美国主导的 APEC 之争中受到了削弱和压制，甚至未能完整实现制度化的构建进程就退出了历史的帷幕。此后，APEC 成为这一阶段引领亚太地区经济一体化进程的唯一机制。值得一提的是，2018 年马哈蒂尔重新就任马来西亚总理后，在参加日本经济新闻社举办的"日经亚洲未来会议"(Nikkei Conference on the Future of Asia)时重新提出了 EAEC 倡议。他认为，尽管与 20 世纪 90 年代相比地区的地缘环境已经发生巨大变化，但是 EAEC 可以扩大将印度和中亚等国家包含在内，由此作为整合地区新兴经济体的框架而存在。在中国已成为世界第二大经济体的背景下，EAEC 有助于帮助地区实力较弱国家与中国等大国进行谈判，而此时特朗普政府领导下的美国重回孤立主义为 EAEC 发展减少了阻力。②然而，这一倡议在时隔二十年后仍未获得地区其他国家的有力支持，并且随着 2020 年马哈蒂尔的退任前景趋于暗淡。

在新世纪后的东亚地区经济制度竞争中，中日之间的"10＋3"与"10＋6"之争以制度共生为结果。自 2005 年以来，随着两个机制进入各自的稳定发展阶段，中日的地区主导权之争也有所减弱，每年东亚合作领导人会议基本按照东盟峰会、"东盟＋1"领导人会议、"10＋3"峰会、东亚峰会的顺序召开，有关国家领导人也会在此期间举行双边或小多边峰会。由此，东亚地区合作机制逐步形成了一个双层结构的框架，即一方面以"10＋3"为平台深化东亚地区一体化进程；另一方面以东亚 13 国为一方，积极开展与东亚地区外的国家和国际组织的合作。③ 这一框架延续至今成为独具东亚特性的制度架构。

与"10＋3"和"10＋6"之争相伴生的 EAFTA 和 CEPEA 之争则实现了制度

① 苏浩：《胡桃模型："10＋3"与东亚峰会双层区域合作结构分析》，载《世界经济与政治》2008 年第 10 期。

② 参见"After 21 Years, Dr M Moots East Asia Economic Caucus Again", June 11, 2018, https://www.freemalaysiatoday.com/category/nation/2018/06/11/after-21-years-dr-m-moots-east-asia-economic-caucus-again/；《马哈蒂尔表态称不反对 TPP，但更支持自己所倡议的 EAEC》，环球网，2018 年 6 月 11 日，https://world.huanqiu.com/article/9CaKrnK9j2w。

③ 参见苏浩：《东亚开放地区主义的演进与中国的作用》，载《世界经济与政治》2006 年第 9 期。

间的包容性整合。RCEP在成员构成上与CEPEA的主张相一致，在议程设置和规则设定方面则更多地与EAFTA的制度设计相符，因而可以视为二者相互妥协和整合的产物。当然，这一整合的达成与美国推进TPP这一外部变化的刺激密不可分。域外力量的重大战略转向促使日本和中国迅速搁置分歧，也成为影响地区制度架构演进的重要干预变量。因此，虽然“10＋3”和“10＋6”之争与EAFTA和CEPEA两组制度竞争的生成具有同源性，但是域外力量的刺激使两组制度竞争呈现为制度共生与制度整合两种截然不同的结果。

2008年世界金融危机以来出现的TPP与RCEP之争，以CPTPP与RCEP的制度共生为阶段性的竞争结果。虽然美国退出TPP意外地使两大制度之间的竞争暂时告一段落，但是这不意味着两大制度之争的完全终结，因而本书将TPP与RCEP之争的结果暂时归纳为制度共生，并认为竞争将会继续延续，其结果有待进一步跟踪观察。具体而言，一是虽然CPTPP没有了美国的参与，但是这一机制继承了TPP的基本框架并且已经正式生效，2022年1月1日生效的RCEP构成了事实上的制度共生关系。[①] 二是从TPP与RCEP在制度议程和规则设置方面的竞争来看，虽然二者的激烈竞争暂时告一段落，但是中美之间以及地区发达成员和发展中成员之间对地区经贸制度偏好的差异化诉求并没有得到妥善的整合，只是暂时被分别置于CPTPP和RCEP的制度设计之中。而只要国家偏好的鸿沟不能弥合，由此分化出的竞争性机制就一定会存在，因而这一制度之争的结果在短期内难以实现包容性整合。此外，中国已经表达了加入CPTPP的意愿，美国在未来也不排除重返这一机制的可能。[②] 这一信号意味着两大国将重新以地区制度作为战略博弈的主要平台并将进一步投入战略资源。在这种情况下，制度替代在短期内也是可能性较小的选项。总之，尽管TPP(CPTPP)和RCEP两大制度未来的演进仍存在诸多不确定性，但制度竞争仍应是制度间关系的重要内核，并将以竞争性共生作为关系的基本形态。

综上，东亚地区不同阶段的制度之争呈现出差异化的竞争结果。综合上述四个制度竞争案例来看，主导国之间的实力对比是影响制度竞争结果的必要因素。当主导国之间的实力对比差异悬殊时，制度间的竞争以制度替代为结果的可能性更大。当主导国之间的力量对比趋于均衡时，则更可能出现制度共生、制度包容性整合。当然，偶然因素如域外力量的影响、国家制度战略的突然转

---

① 参见《RCEP有望在2021年底生效》，2021年1月19日，中华人民共和国商务部网站，http://cacs.mofcom.gov.cn/article/flfwpt/jyjdy/cgal/202101/167675.html。

② 参见《商务部：中国对加入CPTPP持积极开放态度》，2020年11月19日，光明网，https://m.gmw.cn/2020-11/19/content_1301817531.htm。

变等因素也是影响制度间竞争结果的重要干预变量，甚至产生决定性的影响。仅从当前地区的力量对比关系来看，可以预见，伴随着中美间权力转移的进行，未来地区经贸制度间竞争性共生将可能成为常态。

二、制度嵌套、交叠、平行：东亚地区制度形态的复合型特征

东亚地区的制度竞争不仅影响了地区具体制度的演进轨迹，同时也塑造了地区复合型的制度形态。这是由于，在微观层面，制度竞争将会影响相关国际制度的发展方向；进而在中观层面，每个制度的演进轨迹都会导致地区制度间关系的变化；最终，在宏观层面，整个地区的制度形态所呈现的特征作为一种结构化的结果就与地区制度竞争的演进密切关联。

在国际制度研究中，国际制度复杂性（International Regime Complexity）理论为概述国际制度的整体形态提供了较为系统的分析框架。这一理论致力于研究全球治理特定领域中所形成的部分平行、嵌套或重叠的国际制度，即制度复合体（International Regime Complex），及其对全球治理效果的影响。① 其中，平行制度（parallel regimes）是指制度之间没有正式或直接的实质性重叠。从功能属性和主导国这两个维度审视，平行制度首先指彼此履行平行功能，或是功能一致但成员国完全不相交的国际制度形态。② 例如冷战时期美国领导下的北约与苏联领导的华约就是典型的由不同主导国建立的平行制度。嵌套制度（nested regimes）描述了制度之间以同心圆的形式相嵌入的制度形态，与俄罗斯套娃相类似。两个制度在功能上一致或相似，但是在成员构成上其中一个制度的成员是另一个制度的子集。③ 例如北美自由贸易区与 APEC 之间就是相互嵌套的制度关系，二者都是地区性的经贸合作机制，但是 APEC 的成员范围更广，不仅将北美自由贸易区的三个成员（美国、加拿大、墨西哥）全部包含在内，还包括亚太地区其他 18 个行为体。重叠制度（overlapping regimes）是指两个制度功能相似或一致，但是彼此成员相互交叉的制度形态。与嵌套制度不同的是，重叠的两个制度间并不是包含与被包含的关系，而仅是部分成员重合。例

① Karen J. Alter and Sophie Meunier, "The Politics of International Regime Complexity", *Perspectives on Politics*, Vol. 7, No. 1, 2009, pp. 13-24; Vinod K. Aggarwal, *Institutional Designs for a Complex World: Bargaining, Linkages and Nesting*, Ithaca: Cornell University Press, 1998.

② 参见任琳、张尊月：《全球经济治理的制度复杂性分析——以亚太地区经济治理为例》，载《国际经贸探索》2020 年第 10 期。

③ Karen J. Alter and Sophie Meunier, "Banana Splits: Nested and Competing Regimes in the Transatlantic Banana Trade Dispute", *Journal of European Public Policy*, Vol. 13 No. 3, 2009, pp. 362-382.

如东盟与 TPP 之间就构成了重叠的制度关系,新加坡、越南、马来西亚和文莱作为东盟的成员同时也参与了 TPP 谈判。

东亚地区经济制度的建设虽然起步较晚,但是地区制度间平行、嵌套、交叠的“意大利面条碗”(Spaghetti bowl)现象尤为突出,构成了复杂的地区制度网络。近年来,学界对东亚地区的这一特殊制度形态也给予了关注,部分学者从地区制度复杂性、地区制度互动、制度达尔文主义等视角对其进行了分析。[①] 但总体来看,这些研究主要关注制度形态这一单一维度,很少明确涉及制度性质(制度间是合作还是竞争关系)与制度形态之间的内在关联。为此,本书拟进一步分析地区制度竞争的四组典型案例对地区制度形态的影响,以探究制度竞争如何塑造了东亚地区的复杂制度形态。

其一,TPP 与 RCEP 之争是制度竞争导致地区制度重叠的典型案例。二者竞争性的关系性质与相互重叠的关系形态之间是相互作用、相互影响的。

一方面,具有排他性的制度竞争会直接导致制度重叠的出现。正如前文所阐明的,不包含中国的 TPP 与不包含美国的 RCEP 之间具有显著的排他性,这决定了二者之间只可能是平行或重叠的关系。又由于二者都旨在构建巨型区域自由贸易协定,其成员包含了地区大多数国家,因而最终只能呈现为制度重叠的关系形态。

另一方面,制度重叠将给予具有双重成员身份的国家进行“挑选法院”(forum shopping)的机会,从而具有更大的战略灵活性和选择余地,甚至直接影响制度竞争的演进。TPP 与 RCEP 的成员中有 7 个国家(日本、澳大利亚、新西兰、新加坡、文莱、越南、马来西亚)是相互重叠的,大约占各自制度成员的一半。除制度主导国之外,具有双重成员身份的 7 个国家相较于其他只参与一个制度的国家在制度构建进程中拥有更大的话语权。比如,日本同时参与了 TPP 和 RCEP 两个制度谈判,交叠的制度身份使日本在与中国的“10+3”和“10+6”之争中拥有了更多的筹码,促使只参加 RCEP 谈判的中国在谈判中作出让步,最终 RCEP 的成员构成与日本主张的“10+6”相一致。由此可见,重叠的制度身份能够使行为体建立更广泛的政策网络,并且借助这一杠杆在地区制度竞争中

---

① 相关研究参见王明国:《国际制度复杂性与东亚一体化进程》,载《当代亚太》2013 年第 1 期;李巍:《东亚经济地区主义的终结?——制度过剩与经济整合的困境》,载《当代亚太》2011 年第 4 期;T. J. Pempel, “Soft Balancing, Hedging, and Institutional Darwinism: The Economic-Security Nexus and East Asian Regionalism”, *Journal of East Asian Studies*, Vol. 10 No. 2, 2010, pp. 209-238; Andrew I. Yeo, “Overlapping Regionalism in East Asia: Determinants and Potential Effects”, *International Relations of the Asia-Pacific*, Vol. 18, No. 2, 2018, pp. 161-191;李晓霞:《东亚地区多边合作的核心问题与制度的未来建构——基于国际制度复杂性理论的研究》,吉林大学博士学位论文,2018 年。

发挥更大的作用。①

其二，中日之间的“10＋3”与“10＋6”之争以及EAEC与APEC之争都导致了地区制度间的嵌套。在两个案例中，竞争的核心目标都是地区制度主导权，不同之处在于相关行为体对制度竞争中成员策略的运用。在中日的主导权之争中，日本通过扩大“10＋3”成员范围的方式，稀释中国在地区制度中的影响力，由此导致了“10＋3”与“10＋6”之间的嵌套。在EAEC与APEC之争中，马哈蒂尔的主张则是在APEC的基础上缩减成员范围，将美国、加拿大等不属于东亚地缘范围的成员排除在外，以确保东亚国家能够主导域内的制度构建。虽然EAEC最终未能成型，但对相关制度策略和竞争进程的梳理仍有助于我们深化对东亚地区制度嵌套如何生成的认知。

反过来，制度间的嵌套又进一步作用于东亚地区制度竞争的演进，其中最显著的是提升了东盟在地区制度构建中的地位。在两组制度嵌套的案例中，东盟都是嵌套制度的“最大公约数”。这一方面使东盟能够在激烈的大国博弈中发挥协调作用，最大限度地推动地区合作的达成；另一方面也使东盟成为大国制度竞争中需要积极争取的重要对象，有助于增强东盟作为地区中小国家在制度构建中的话语权，确立和巩固东盟在地区制度构建中的中心地位，甚至使“东盟中心性”逐渐演化为地区制度构建的默认规范。

其三，在东亚地区，由制度竞争导致的制度平行现象并不显著，但不排除地区未来会形成“平行体系”的趋向。冷战结束以来，尽管东亚地区的制度构建中也衍生出了一些相互平行的制度形态，但是这些平行制度的形成并不是由制度竞争驱动的，即制度构建本身不以“外向竞争”为目标，而是以“内向合作”为主。如东北亚地区的中日韩合作机制与东南亚地区的东盟在制度形态上是相互平行的，但是二者之间并没有实质性的竞争关系。再如中国、日本、韩国分别与东盟构建的三个“10＋1”机制也是相互平行的，虽然三者在制度构建之初与彼此负外部性的刺激有关，但是在此后的运行过程中并没有明显的排他性行为。总体来看，制度竞争之所以并未促成平行的制度形态主要在于，过去的三十年中国家间的权力博弈没有达到冷战时期美苏两极完全脱钩的程度，国家间的合作始终是地区发展的大势所趋。

但是，近年来随着中美战略竞争的加剧，对中美“脱钩”的忧虑引发了世界

① Stephanie C. Hofmann, “Overlapping Institutions in the Realm of International Security: The Case of NATO and ESDP”, *Perspectives on Politics*, Vol. 7, No. 1, 2009, pp. 45-52.

步入“平行体系”的讨论。①具体而言，始自2018年的中美贸易战导致了中美“脱钩论”的出现。美国特朗普政府试图通过破坏中美关系的方式，重塑有利于美国的地区和世界秩序，为中美关系前景带来极大的不确定性。2020年暴发的新冠疫情又进一步彰显了现有产业链过长、过细带来的脆弱性和不稳定性，各国最小化产业链断裂风险的考虑而采取的防范措施，在一定条件下也可能使产业链进一步通向“脱钩”。在全球产业链“客观”断裂和“主观”断裂的共同作用下，发达国家与中国正在形成两个平行体系的景象正变得愈发清晰。换言之，美国和中国正在开始形成两个“异质”的“全球化”动力之源。②一旦中美“脱钩”，东亚地区的制度建设将面临更加复杂的局面，地区中小国家可能被迫需要“选边站”，地区制度架构将分裂为两个相互对立、彼此平行的小多边机制。

总之，制度竞争是塑造东亚地区制度复杂性的重要动力因素。一方面，制度竞争导致了制度替代、整合、共生等多种竞争结果；另一方面，制度竞争又使东亚地区制度呈现为交叠、嵌套、平行等多种制度形态。二者相互叠加，共同绘制了东亚地区制度的“意大利面条碗”图景。当然，这一制度形态看似复杂，但细细梳理也不难发现其中的脉络。地区制度之争的四组典型案例——EAEC与APEC之争（嵌套—替代）、“10＋3”与“10＋6”之争（嵌套—共生）、EAFTA与CEPEA之争（嵌套—整合）、TPP与RCEP之争（交叠—共生）构成了冷战结束后三十年来塑造东亚地区制度形态演进的四条核心线索。

第三节　东亚制度竞争与地区治理困境

地区治理是顺应全球地区主义发展趋势而提出的对地区事务进行共同管理的新模式，而地区制度则是地区治理的依据和基础，从一定意义上讲，地区制度的最终目标是实现更好的地区合作和更完善的地区治理。东亚的地区制度竞争是否以及如何影响地区治理就成为值得关注的问题。制度竞争对地区治理的影响主要体现在对地区治理规制、价值和结果的影响，并且制度竞争对地区治理结果的影响主要是通过影响治理的价值和规制实现的。③换言之，东亚

---

① 参见任琳、张尊月：《全球经济治理的制度复杂性分析——以亚太地区经济治理为例》，载《国际经贸探索》2020年第10期。

② 参见张宇燕：《新冠疫情与世界格局》，载《世界经济与政治》2020年第4期。

③ 全球治理的五个基本要素是全球治理的价值、治理的规制、治理的主体、治理的对象、治理的结果，本书认为地区治理是全球治理在一定区域范围内的体现，因此地区治理与全球治理的五个基本要素相一致。参见俞可平：《全球治理的趋势及我国的战略选择》，载《国外理论动态》2012年第10期。

国家间的制度竞争通过作用于地区“如何治理”“为什么治理”等问题，影响了地区治理的效果。具体而言，一是制度竞争所带来的地区制度主导力量缺失，使地区发展陷入经济一体化与制度碎片化的困境，增加了地区治理的成本。二是制度竞争削弱了东亚的地区主义，使地区治理所依据的价值原则出现迷失，地区制度建设究竟应该走向何处成为地区治理急需解决的难题。

一、主导力量缺失与地区治理规制碎片化的困境

如前文所述，地区制度间相互重叠、嵌套、平行的制度形态是多年来制度竞争演进的副产品。这一制度结构特征使东亚地区制度整体呈现为碎片化的状态，地区的制度建设始终是分散的，难以集中整合。尽管在每一个地区制度单独的建设过程中相关国家特别是主导国都希望最大限度地实现区域合作的整合，但是最终却都意外造成了与之相悖的结果。究其原因在于，虽然地区行为体之间对于实现地区整合这一整体方向表示认同，但是对如何实现这一目标却从未达成一致，最终造成了在地区一体化进程开启近三十年后，作为一体化演进重要支柱和路径的制度建设却日益呈现碎片化的困境。

在更深层次上，地区制度的碎片化反映了东亚地区制度建设主导力量的缺失。在冷战后长达三十年的时间里，没有一个机制能够将东亚地区经济合作完全整合，也没有一个行为体能够完全主导东亚地区制度演进的进程。东亚地区主导力量的缺失常常被与欧洲进行比较。一是欧洲大陆一直存在着德国和法国这两个稳定的领导者，而东亚领导者始终处于争议和争夺状态①；二是在东亚地区的合作机制中，也没有一个机制有足够的能力和权威能够扮演像欧盟一样的中心角色②。然而，东亚地区制度建设主导力量缺失是因为地区行为体领导力不足吗？答案显然不是，相反，单从实力和规模来看，美国、日本、中国、东盟四个地区主要行为体都具备主导地区制度构建的基本条件。但是，在制度竞争的背景下，上述四个行为体各自的领导力却被彼此逐渐消耗了。

进一步讲，东亚地区的制度发展陷入“无领导”状态的症结在于，地区行为体之间的制度主导权竞争削弱和制衡了各自的相对领导力，造成地区主导权竞争的结果反而是地区主导力量缺席的尴尬局面。具体而言，日本在 20 世纪 90 年代初便尝试争取地区合作的主导权，但是受国家政治经济影响力的限制，未能在主导权之争中占据优势。回顾地区制度主导权之争的演进进程可以发现，

---

① 参见李巍：《东亚经济地区主义的终结？——制度过剩与经济整合的困境》，载《当代亚太》2011 年第 4 期。

② 刘重力等：《东亚区域经济一体化进程研究》，南开大学出版社 2017 年版，第 43 页。

日本的竞争策略始终在地区制度建设的“东亚”与“亚太”路径中跳跃犹疑，在制衡中国和牵制美国之间变动不定。作为美国的盟友，日本既不能完全以削弱与美国的传统同盟关系为代价来专注于东亚域内的合作；同时，作为东亚国家，日本也不愿意因全身融入地区发达经济体的高标准制度模式而丧失对东亚制度建设的影响力。[①] 这种两面下注的策略在具体每个阶段的竞争中都符合理性选择和利益最大化的逻辑，但是最终也导致日本无缘地区制度主导权。随着地区力量结构的变迁，日本的经济实力逐渐落后于中国，并且差距愈益加大，日本参与地区制度的战略目标也发生了改变，即从争取地区制度主导权调整为利用中美制度之争所造成的制度交叠，争取在地区制度构建中发挥更大的作用。

东盟虽然是由地区中小国家组成的集团，但是东亚地区制度构建的特殊地缘环境为东盟主导地区制度提供了机会。无论是在1997年金融危机后中日的主导权之争还是2008年世界金融危机后中美之间的主导权之争中，东盟都得以借助大国平衡的制度策略维护了以东盟为中心的地区合作框架。然而，这也同时意味着东盟在地区制度中的中心性是脆弱的和有条件的。由于东盟的中心性过度依赖于大国主导权之争导致的地区嵌套和交叠的制度形态，一旦大国间的权力转移趋近完成后进入比较稳定的阶段，或者大国间的权力竞争过渡激化，甚至制度脱钩以至于地区制度呈现为平行体系，东盟的主导地位都将不复存在。此外，在后一种情况下，东盟将不得不面临选边站的抉择，甚至东盟本身会因之而撕裂。因此，有学者指出东盟并不是东亚合作真正的权力中心，东盟所获得的主要是一种功能性中心地位，即东盟在东亚合作中发挥的主要是一个合作平台作用，与此相对应的是一种功能性权利。[②] 2011年，东亚峰会进一步扩容，美国和俄罗斯得以加入，而东盟一手导演的地区平衡战略终于将自己推离地区权力中心的位置，彻底沦为地区合作的“功能中心”。[③] 总之，在地区制度构建的早期阶段，地区制度竞争为东盟作用的发挥提供了一定的空间，但从长远来看，东盟对地区制度构建的领导是有心无力的。在一定意义上，“东盟中心性”作为一种大国争取地区小国合法性支持的政治宣示意义远大于其实际作用。

美国在地区的主导作用则面临着“域外国家”的天然身份劣势。与地区其他国家都不同的是，冷战结束后美国不仅是亚太地区大国，更是全球性霸权国

---

① 参见刘昌明：《双边同盟体系制约下的东亚地区主义：困境与趋向》，载《当代世界社会主义问题》2011年第1期。

② 参见王玉主：《RCEP倡议与东盟“中心地位”》，载《国际问题研究》2013年第5期。

③ 参见韩爱勇：《东亚地区主义何以走向衰落?》，载《外交评论》2015年第5期。

家。因此，美国在亚太地区的制度战略仅是其全球战略的组成部分之一，并且随着不同时期美国全球关注点的变化而变化。这导致美国对于地区制度主导权的争夺多次在“直接主导”和“间接主导”之间徘徊。在20世纪90年代，面对马哈蒂尔提出的东亚经济集团，美国表现出了坚定的反对。这反映了当时美国对东亚合作的一个基本态度，即不接受任何可能排斥美国的地区安排，隐含的一点在于美国坚持对东亚合作的直接领导。[①] 但是2001年“9·11”事件后，美国的战略重心转向反恐战争，在一定程度上忽视了对东亚地区制度构建的战略资源投入，再加上自1997年金融危机以来，制度构建中“东亚路径”的稳固发展使美国获取地区制度主导权面临着很大的阻力，因而这一阶段美国只是扮演了间接主导的角色，甚至并没有真正处于主导权的核心位置。直到2008年金融危机之后，奥巴马政府“重返亚太”重新确立了美国主导亚太地区制度建设的目标，伴随着TPP的进展，美国也迅速向地区制度主导权的中心靠拢。这一排除中国的巨型自贸协定一旦成功将有望使地区重回美国直接主导制度发展的格局。然而，2016年上任的特朗普政府中断了这一进程。特朗普政府虽然仍将战略重心置于亚太地区，但是其战略手段转向双边为主，对多边制度框架十分漠视，甚至退出了包括TPP在内的多个多边制度，因而可以说，在这一阶段美国近乎完全放弃了对地区制度主导权的争夺，甚至远离了对地区经济制度构建的参与。总之，作为全球霸权国，美国对亚太地区的战略资源分配受到多方因素的牵制，在东亚地区制度主导权的争夺上并没有表现出足够的战略稳定性，也始终没能真正赢得地区制度的主导权。

从中国参与地区制度构建的演进来看，中国是一个“潜在的”主导者，并未真正位于地区制度性权力的中心。中国对地区制度的实质性融入是在2001年“入世”之后，因而在20世纪90年代地区第一轮制度之争中，中国对制度性权力本身并不敏感，只是被动参与了制度构建的进程。在新世纪初的第二轮制度之争中，中国希望在地区制度中发挥更大作用的目标在一开始就遭到了日本的抵制。从中日主导权之争的结果来看，双方都只是延缓或破坏了对方对地区制度的主导，并未真正实现自身的主导。在2008年金融危机之后的第三轮制度之争中，随着日本和东盟在区域经济整合中作用的弱化，中国被以“战略竞争对手”的身份推到了美国的对立面，再一次被卷入制度竞争的进程中，但中国也没有提出和构建完全由自身主导的地区多边机制，而是选择支持东盟提出的RCEP作为平台进行应对。总之，未来中国对地区制度主导权的争取仍需要克

---

① 参见王玉主：《亚洲区域合作的路径竞争及中国的战略选择》，载《当代亚太》2010年第4期。

服诸多障碍，特别是随着中美战略竞争日益激烈，中国在短期内很难有单独主导地区制度的条件，反而需要防范中美制度脱钩的风险。

由此可见，地区四大主要行为体都难以具备单独领导地区经济制度进程的相对资质。[①] 在东亚，建立一个统一的、单一权威的地区性国际制度在政治上是不可行的。[②] 更重要的是，在短期内东亚地区改变当前制度形态实现制度整合的可能性很小。这是因为，如果要实现地区制度的"去碎片化"只有两条可能的路径：一是整合现有碎片化的制度，但是缺乏主导力量的东亚地区显然不具备完成这一任务的现实条件，只能寄希望于长时期的制度自然兴衰更替来实现。二是直接构建一个包括所有行为体在内的新机制，但是在当前中美战略博弈仍在加剧的背景下，制度主导权正是二者战略竞争的核心目标之一，能够包容中美、实现二者合作领导的制度框架恐难达成。因此，在未来相当长的一段时间内，东亚地区制度陷入"无领导模式"的困境仍将持续存在。

缺乏制度主导力量对地区治理的影响是负面且深远的。制度的碎片化意味着地区治理规制的碎片化。虽然这营造了一种类似于市场选择的环境，给了国家选择更符合自身利益的制度的机会，在短期内为缓和东亚国家间的矛盾提供了更多的余地和弹性空间。[③] 但总体来看，各个国家选取不同的制度框架来实现自身利益和战略诉求，不仅降低了制度效率，而且一些诸如权威性、法律性的问题长期得不到解决，致使地区制度难以实现从低水平到高水平的递进式发展。一方面，这导致东亚地区在经济整合的过程中缺乏有力的制度推动和有效的区域治理，具体表现为：该地区至今仍难以建立有助于提高经济绩效的经济要素完全自由流动的统一经济区；难以采取集体行动，共同应对来自外部的各种经济风险和冲击。[④] 另一方面，碎片化的制度在根本上压缩了国际制度发挥作用的空间。由于地区每个行为体都会参与多个制度框架，因而难以真正有效构建起对某一制度身份的认同。部分国家利用其他国家在相互依赖关系中相对较高的敏感性和脆弱性为杠杆，就从整体上破坏了国际制度平稳运行和深化发展所依赖的环境，削弱地区制度的有效性。

---

① 参见祁怀高：《东亚区域合作领导权模式构想：东盟机制下的中美日合作领导模式》，载《东南亚研究》2011年第4期。

② 参见王明国：《国际制度复杂性与东亚一体化进程》，载《当代亚太》2013年第1期。

③ Bruno Frey, "Outside and Inside Competition for International Organizations: From Analysis to Innovations", *The Review of International Organizations*, Vol. 3, 2008, pp. 335-350.

④ 参见李巍：《东亚经济地区主义的终结？——制度过剩与经济整合的困境》，载《当代亚太》2011年第4期。

二、日渐式微的地区主义：地区治理价值原则的迷失

前文述及，由于缺乏核心主导力量，如何整合因制度竞争导致的制度碎片化问题是长期以来东亚地区治理面临的困境。这一讨论主要涉及的是地区制度整合的可行性，表明在东亚地区特殊的地缘政治环境下构建单一性的、具有权威性的地区制度缺乏现实条件。然而，近年来，这一困境逐渐延伸出一些更为根本性的问题——如果地区一体化难以实现，那么地区的制度整合还是有必要的吗？纷繁复杂的地区制度架构未来将如何演进？地区主义是否仍应该是指导地区制度发展和地区治理的基本价值原则？即地区制度整合的必要性以及以地区主义为导向的地区治理本身开始受到怀疑。

事实上，长达三十年的制度竞合逐渐消磨了地区国家对于地区整合的信心和耐心。因此，学术界普遍认为作为一种理念价值的东亚地区主义已经日渐式微。作为一种“主义”的地区主义首先是一种有价值取向的意识形态和思想理论主张，而非作为其派生物的政策、制度、体系和现象。① 因此，地区主义超越一般的功能性合作，是指行为体间在共同的身份认同和价值观基础之上以“地区”为滤镜来处理对外政策和解决地区国家面临的共同问题。在表现形式上，地区主义通常表现为关于地区未来愿景的一系列规划，对合作有意识地进行设计和提出对策，通过这种设计使所有的参与国均能平等地获益。②

冷战结束后，尤其是1997年亚洲金融危机之后，东亚地区主义曾成为东亚地区学界和政界热议的议题，被认为是指导东亚国家间合作和地区发展的“指南”。③ 但是，长期以来制度竞争的演进为东亚地区主义的形成和发展带来了巨大张力，并在2008年世界金融危机之后明显表现出了“衰落”之势。如东盟于2008年通过了《东盟宪章》(ASEAN Charter)，强调东盟要在2015年前建设成涵盖政治、经济、社会的“东盟共同体”(ASEAN Community)，放弃了将“东亚共同体”(East Asian Community，EAC)作为东亚地区主义发展的近期愿景，这一举动被认为是东盟转向封闭的次区域主义的标志。此外，美国官方文件及高级官员在涉及东亚的讲话中从不曾出现“地区主义”一词，而替代性地使用“多边主义”，至多也是模糊不清的“地区架构”(regional architecture)。④

---

① 参见莫盛凯：《没有地区主义的东亚合作》，载《当代亚太》2014年第2期。

② 参见王学玉：《论地区主义及其对国际关系的影响》，载《现代国际关系》2002年第8期。

③ 参见庞中英：《缺少地区主义的东亚合作难以远行》，载《亚洲的未来与中日关系——纪念中日邦交正常化40周年国际学术研讨会论文集》，2012年9月。

④ 参见莫盛凯：《没有地区主义的东亚合作》，载《当代亚太》2014年第2期。

直至目前,东亚地区国家间也尚未就一个有明确规划的地区愿景达成共识。其中,美国提出的构建亚太自贸区(FTAAP)可以被视为是地区经济地区主义的规划,但是在具体的实践路径上各方仍存在诸多分歧,并且这一倡议的推进还将面临如何整合 TPP 和 RCEP 的难题。中国在"一带一路"倡议的基础上进一步提出构建"亚洲命运共同体""东亚地区命运共同体"等,这一愿景虽然得到了地区国家的认可和积极响应,但在具体的规划实践方面仍是模糊的。此外,澳大利亚总理陆克文曾提出建立"亚太共同体",日本首相鸠山由纪夫曾倡导建立"东亚共同体"等,然而这些倡议都只是昙花一现,未能进一步落地。总之,作为地区主义内核的"我们感"(we-feeling)在东亚国家之间发展并不充分。尽管以"地区共同体"为名的地区倡议频繁被提出,但始终没有任何一个倡议能够完全凝聚各方共识,这表明作为意识形态和价值信仰的地区整合理念在东亚地区已经出现迷失。

东亚地区主义的迷失与地区制度竞争对"地区优先"理念的破坏密切相关。制度竞争对东亚地区主义发展的消极影响主要表现为以下两个方面。

其一,制度竞争强调对地区制度的工具理性使用,这与地区主义将多边主义本身视为一种价值信仰在根本上是相互矛盾的。在制度竞争的互动模式下,行为体参与地区制度时以国家利益最大化为根本目标,地区利益和地区整合并不是国家的考虑因素。美国特朗普政府是近年来工具化国际制度的典型案例。其政策实践从部分程度上支持 WTO、IMF、世界银行等多边机制的改革,逐渐退化为完全阻止改革,甚至以自身利益诉求为依据肆意破坏多边机制的正常运行,以及完全以自身喜好为依据任意宣布退出国际制度。这表明,特朗普政府已经完全从工具理性的角度出发衡量国际和地区制度的价值——一方面怀疑多边制度的构建能给美国带来实际收益,认为多边主义和地区主义本身已无助于美国的直接利益;另一方面认同多边机制作为战略工具的价值,承认以多边机制为平台的竞争是"美国优先"原则的战略实践。

长期以来,东亚地区主义的发展正是受制于这种以地区制度作为自身战略工具的外交实践,制度的发展和演进在很大程度上受到制度主导权之争以及负外部性的驱使,从而完全脱离了地区主义所规划的轨道,导致了地区主义的衰落。有学者总结了可能导致国际规范退化的竞争方式:(1)消极提供公共物品,保存实力相互争斗;(2)向制度外的敌人妥协或借助它们争夺制度领导权;(3)大国以威胁和战争的手段胁迫小国支持自己争夺制度领导权;(4)霸主将国际制度私有化，加强制度成员对其效忠，以应对其他大国的挑战。① 在东亚多轮制度之争中，都能看到上述四种竞争方式的影子，地区主义的衰落也成为自然的逻辑结果。对此，也有学者直接称东亚的地区主义本质上已经演变为一种"延伸的民族主义"。②

其二，地区制度竞争导致了地区制度构建的"俱乐部模式"，而俱乐部模式与地区主义所要求的制度整合是相悖的。地区制度竞争导致东亚地区在APEC之后再无完全整合地区所有行为体在内的机制架构。这是由于各制度的出现和演进不仅需要承担成员间内向合作的功能，还要兼顾外向竞争的任务，以满足行为体对地区主导权之争的诉求。在这种情况下，覆盖全区域的制度难以达成，仅有部分成员参与的小多边机制得以迅速兴起和扩展。比如2010年时任美国国务卿希拉里·克林顿就表示："区域制度的形成和运作应以具体、务实的考虑为动力。更重要的是让制度产生结果，而不是简单地产生新的制度。……现在，在某些情况下，大型多边制度可能缺乏处理特定问题所需的工具。美国将参加针对具体挑战的非正式安排，并支持促进邻国共同利益的次区域机构。"③拜登政府上任后，进一步采用小多边机制，在多边场合设置排华议题。由此可见，未来拜登政府的制度战略仍将遵循"俱乐部模式"。无论是以务实的利益还是以意识形态为标准所构建的小多边制度，看似能够将志同道合的国家联系在一起，实则是运用这一手段来解构区域一体化的进程，凸显国家间关于地区规则和规范的分歧。

在上述因素的所用下，东亚的地区主义在领域层级上难以突破经济地区主义的"天花板"，在发展阶段上停滞在了"地区复合体"阶段。从内涵上讲，地区主义发展路径是有一定层级的，即从经济地区主义、政治安全地区主义到社会地区主义，再到建构地区宪章、实现超国家的地区治理。④ 但是在东亚地区，主导权竞争使国家间对制度的创设和扩展过于敏感，经济合作难以向安全领域外溢，甚至由于各个经济机制都深度融入了制度竞争中，反而成为地区主义向更高层级发展的障碍。因此，缺少地区主义的"东亚合作"，不得不局限在"务实合

① 参见冷鸿基：《制度内恶性竞争与春秋时期国际合作规范退化》，载《世界经济与政治》2013年第3期。

② 参见韩爱勇：《东亚地区主义何以走向衰落？》，载《外交评论》2015年第5期。

③ "Remarks on Regional Architecture in Asia: Principles and Priorities", January 12, 2010, https://2009-2017.state.gov/secretary/20092013clinton/rm/2010/01/135090.htm.

④ 参见肖欢容：《泛化的地区主义与东亚共同体的未来》，载《世界经济与政治》2008年第10期。

作”的范围。[①] 本应在政治、经济、社会等方面相互协调共同促进的地区主义仅在东亚地区的经济领域就遇到了瓶颈。从发展阶段来看，理论上地区主义的自然演进需经历地区空间（regional space）、地区复合体（regional complex）、地区社会（regional society）、地区共同体（regional community）、地区国家（region-state）五个阶段。[②] 但是东亚地区主义在达到地区共同体阶段后就难以再向前发展，甚至地区空间概念也面临着解构和争议。近年来，美国、日本、印度等国家频繁提及“印太”概念，进一步通过扩大区域地缘范围来分散和扰乱地区发展的方向。正如有西方学者在论及美国主导的自由主义国际秩序时所指出的：“多边主义的‘黄金时代’已经过去，美国主导的全球性多边秩序可能会是一个不复存在的神话。”[③]在东亚地区，长期以来的制度竞争也使地区主义的黄金时代已经停止，未来建立广泛协调一致的地区治理体系将困难重重。

本章小结

本章将东亚地区的制度竞争作为自变量，探究地区制度竞争对地区国家间权力转移、地区制度形态、地区治理等方面的影响。

第一，在双边关系层面，地区制度竞争的重要功能是有助于实现地区格局的和平调整。与历史上其他大国间的权力转移不同，东亚地区在特殊的制度环境下创造出了“制度化”的权力交接方式——由于制度竞争的过程伴随着国家间制度性权力的转移，因而制度竞争的结果成为国家间权力转移结果的重要组成部分。同时，制度竞争又是局限于制度框架内的，以非武力冲突的和平方式进行，从而帮助崛起国和守成国规避了“修昔底德陷阱”，实现了权力的和平转移。当然，这种权力转移方式虽然在性质上是和平的，但是在过程中仍存在一些需要关注和管理的问题，其中最典型的就是“制度性权力困境”。在制度竞争的过程中，由于行为体对于制度性权力的相对变化十分敏感，很容易将对方所有的制度行为都视作制度竞争的信号，进而陷入“制衡”与“再制衡”反复叠加的困境，使地区合作的环境遭到破坏。当前，随着战略博弈的加剧，中美关系已经

---

① 参见庞中英：《缺少地区主义的东亚合作难以远行》，载《亚洲的未来与中日关系——纪念中日邦交正常化 40 周年国际学术研讨会论文集》，2012 年 9 月。

② Björn Hettne and Fredrik Söderbaum, “Theorising the Rise of Regionness”, *New Political Economy*, Vol. 5, No. 3, 2000, pp. 457-472.

③ G. John Ikenberry, “The Future of Multilateralism: Governing the World in A Post-Hegemonic Era”, *Japanese Journal of Political Science*, Vol. 16, No. 3, 2015, pp. 399-413.

表现出了“制度性权力困境”的特征，需要重点加以关注和化解。

第二，在地区层面，地区制度竞争最直接的影响就是对东亚地区制度形态的塑造作用。在东亚地区的几组典型制度竞争案例中，EAEC 与 APEC 之争呈现出嵌套的制度形态，以 EAEC 失败、APEC 替代 EAEC 的制度功能为竞争结果；“10＋3”与“10＋6”之争也呈现为嵌套的制度形态，以二者的共生为结果；EAFTA 与 CEPEA 之争同样呈现出了嵌套的制度形态，但以二者整合成为 RCEP 为最终结果；TPP 与 RCEP 之争则表现为交叠的制度形态，以 CPTPP 与 RCEP 的暂时共生为结果。上述分析较为清晰地呈现了地区制度竞争与东亚地区制度复杂形态之间的因果关系。因此，在冷战结束以来的三十年间，制度竞争是塑造东亚地区制度形态演变的重要力量。

第三，在改变地区制度形态的基础上，东亚地区制度竞争也进一步影响了地区治理的效果。一方面，制度竞争使地区制度主导力量缺失，地区治理机制碎片化问题日益严重，地区制度的建设不仅没有有效实现地区整合，反而在一定程度上加剧了地区的无政府状态。另一方面，与主导权之争反而导致地区没有主导力量的逻辑相类似，在制度竞争的影响下，东亚的地区主义也发展为竞争性的地区主义，各个竞争性的发展方向相互掣肘，使地区主义作为一种“地区优先”的政治信仰已经在东亚地区出现迷失。由此，地区治理将面临“走向何方”的难题。

第四章　制度竞争背景下中国参与东亚地区制度构建的路径选择

中国是影响东亚地区制度发展演进的重要行为体，同时，竞争性的地区制度生态也使中国在参与地区制度建设过程中不断地重新定义自身的利益和身份，成为地区制度环境塑造和约束的对象。如前文所述，随着中美战略竞争的加剧，地区制度竞争在未来一段时间内仍将是影响地区国家间互动的重要结构性力量。因此，如何进一步将实力转化为影响力，理性认知自身在地区制度竞争中可发挥作用的战略空间，为自身发展创造一个有利的地区制度环境是中国在崛起过程中难以回避的问题。尽管中国政府迄今并未发布有关地区战略或制度战略的官方文件，但通过梳理中国在东亚制度竞争中的角色转变和目标定位，在此基础上进一步分析和评估中国参与地区制度建设面临的国际环境，阐释中国参与东亚地区制度构建的基本原则和核心方略，探讨中国制度性权力提升的可行路径。

第一节　中国在东亚制度竞争中的角色转变与目标定位

厘清中国在地区制度竞争中的角色定位与现实诉求是探讨中国参与地区制度路径的前提。伴随着自身实力和国际地位的提升以及地区制度竞争态势的整体演变，中国在东亚地区制度竞争的不同阶段呈现出了不同的角色特征，由最初被动适应的角色转变为主动参与者，并逐渐尝试成为积极的引导者和塑造者。未来中国将继续作为地区制度的维护者、建设者、改革者，加强自身地区治理能力建设，在维护地区制度稳定的基础上，积极促进区域多边合作机制建设，并推动地区治理体系向更加公正合理的方向发展。

一、从被动参与到主动塑造：中国在地区制度竞争中的角色转变

1.地区制度竞争的被动适应者

与地区其他行为体相比，中国对地区制度竞争的认知和参与相对迟滞。在冷战结束后至1997年亚洲金融危机前的地区制度竞争中，中国主要表现为被动适应的角色。

其一，在EAEC与APEC的成员资格之争中，中国虽然同时参与了这两个竞争性的制度框架，但并未成为影响竞争走向及其成败的核心变量。事实上，对于此时的中国而言，加入EAEC和APEC的主要动力，一是成为制度的参与者，避免被排除在地区体系之外；二是借助多边机制压缩台湾当局在地区的外交空间。因此，中国对于二者之间的竞争互动并未给予充分关注，除了对将台湾纳入制度框架表示反对外，并未对两个制度设计的其他要素提出更多意见。再加上EAEC自身的发展频频受挫，因而这一早期的地区制度竞争并未唤起中国参与地区制度竞争的意识。

其二，在这一时期APEC内部的议程设置之争中，中国开始尝试参与制度议题的设定，通过表达自身的立场和原则与地区发展中成员一道塑造地区经济合作的重点内容和方向。[①] 具体而言，以APEC非正式领导人会议为平台，中国主要表达了以下三方面的主张。一是坚持APEC作为经济论坛的性质，反对把议题讨论的范畴扩展到社会、政治、安全等非经济领域。[②] 二是在地区合作中坚持独具特色的APEC方式，即：承认多样性，强调灵活性、渐进性和开放性；遵循相互尊重、平等互利、协商一致、自主自愿的原则；单边行动与集体行动相结合。[③] 三是实行贸易投资自由化与经济技术合作并重的方针，逐步缩小本地区差距，实现共同繁荣。[④] 这些主张反映了中国对地区制度竞争的适应性参与，即开始尝试使自身关注和具有优势的议题进入制度议程，将不利于自己或竞争对手关注的议题削弱甚至排除出地区制度。但总体来看，此时中国对制度议题设定的影响仍停留在自我表达层面，尚未能够进一步采取议题属性干扰、议题扩

① 参见[美]阿拉斯泰尔·伊恩·约翰斯顿(Alastair Iain Johnston)、罗伯特·罗斯(Robert Ross)主编：《与中国接触——应对一个崛起的大国》，黎晓蕾、袁征译，新华出版社2001年版，第282页。

② 参见江泽民：《在亚太经合组织第五次领导人非正式会议上的讲话》，载《人民日报》1997年11月27日。

③ 参见《在亚太经合组织第四次领导人非正式会议上江泽民发表重要讲话》，载《人民日报》1996年11月26日。

④ 参见《在亚太经合组织领导人非正式会议上江泽民主席发表讲话》，载《人民日报》1995年11月20日。

散干预、议题载体控制等具体策略引导议题设定的走向。

中国在这一阶段制度竞争中的被动适应角色与其作为地区制度框架中的"后来者"身份密切相关。新中国成立后到20世纪90年代以前，中国的对外身份经历了"社会主义中国""第三世界""发展中国家"等多种定位，但是并没有建立对亚洲的身份认同。身份定位限制了中国对国家利益的界定和外交方向的判断。在这种情况下，中国始终游离于自身所处的亚洲地区身份之外来建立自己的外交实践，也没有对东亚和亚太地区的多边制度构建给予重视，而是以中日、中美等双边关系作为与地区国家交往的主要方式。① 直到20世纪90年代之后，中国才开始学习和适应地区国家间制度化互动的新形势。因此，当地区制度竞争兴起时，中国作为地区制度框架中的"后来者"被动卷入地区制度竞争的进程中，此时的中国才开始尝试从地区制度的视角来认知和界定国家利益，但是对于如何以地区制度为平台维护和拓展国家利益尚未形成清晰的判断。

2.地区制度竞争的积极参与者

1997年亚洲金融危机是刺激东亚地区制度建设的分水岭，也是中国在地区制度竞争中角色转变的关键节点。与此前不同，在这一阶段，中国开始成为影响地区制度竞争演进的主要行为体。一方面，在地区制度化的互动和交往中，中国的国家利益已经开始深度嵌入地区制度的建设和发展进程，这要求中国以更加积极的姿态应对地区制度竞争。无论是要把握住地区事态发展的机遇还是更好地迎接它所带来的挑战，无论是基于国家发展的需要还是基于国际形象的考量，中国在地区多边制度框架下的互动进程中都需要主动的角色定位和积极的角色实践。② 另一方面，随着参与地区制度的经验积累和自身国家实力的提升，中国已经适应了日益制度化的地区环境，也开始学习和探索在地区制度框架中主动维护和拓展国家利益。1997年召开的党的十五大第一次明确指出，中国外交政策中要重视多边主义外交。③ 2002年，党的十六大进一步强调，中国"将继续积极参与多边外交活动，在联合国和其他国际及区域性组织中发挥作用"，并提出"加强区域合作，把同周边国家的交流和合作推向新水平"的外交方向。④ 2004年，中国还专门组建了亚洲区域合作协调机制，以更好地参与区

---

① 参见肖欢容：《地区主义：理论的历史演进》，北京广播学院出版社2013年版，第232页。

② 参见马荣久：《中国在亚洲地区多边制度框架中的国家角色》，载《山东大学学报（哲学社会科学版）》2015年第5期。

③ 参见江泽民：《高举邓小平理论伟大旗帜，把建设有中国特色社会主义事业全面推向二十一世纪——在中国共产党第十五次全国代表大会上的报告》，载《人民日报》1997年9月22日。

④ 参见江泽民：《全面建设小康社会，开创中国特色社会主义事业新局面——在中国共产党第十六次全国代表大会上的报告》，载《人民日报》2002年11月18日。

域合作。[1] 这表明，在这一时期中国已经将参与多边制度构建的重要价值提升到战略高度，并积极在实践中探索自身在其中可发挥作用的空间和方式。

从前文对这一阶段"10＋3"与"10＋6"之争以及 EAFTA、CEPEA、FTAAP 之争的梳理中不难看出，中国在地区制度设计的成员构成、议程设置、规则设定三个方面都明确表达和坚持了自身立场，并根据竞争演进情况进行了适度调整。在地区制度建设的成员范围方面，无论是对于东亚共同体还是地区自贸协定建设，中国都始终主张以"10＋3"作为地区合作的主渠道。在地区经济合作的议程设置和规则设定方面，以每年一次的"10＋3"领导人会议为机制平台，中国在环境、交通、卫生、金融、农业、旅游、打击跨国犯罪等各个领域提出相关合作建议。[2] 此外，中国还通过积极参与二轨外交，塑造和引导制度设计向符合自身和地区发展需求的方向发展。如 2002 年 11 月在柬埔寨首都金边举行的"10＋3"领导人非正式会议上通过了在"10＋3"东亚区域合作框架内建立一个"东亚思想库网络(NEAT)"的建议。会上，中国主动认领这一任务，随后牵头成立了"东亚思想库网络"(NEAT)，作为"10＋3"的第二轨道进程为官方合作提供智力支持。在 2004 年底的东亚"10＋3"领导人会议上，中国国务院总理温家宝承诺："中方愿意牵头启动东亚自贸区可行性学术研究。"[3]2006 年 7 月，由中国牵头的东亚自贸区可行性研究的联合专家组报告完成，这是第一份关于东亚自贸区的设计。[4]

虽然在地区制度竞争演进的过程中中国对地区制度的上述设计并没有完全实现，但总体来看，随着国家实力和制度学习能力的增长，中国在地区制度竞争中的角色已经从被动适应者转变为积极参与者。这一转变的标志即在这一阶段地区制度竞争构建的过程中，中国已经有了较为明确的利益伸张意识，并且能够采取灵活的方式，对自身主张进行制度化的表达。当然，中国的制度影响仍受限于地区制度竞争的整体态势，特别是日本作为地区制度竞争主要参与者的牵制，因而中国并没有一味坚持自己的主张，而是去适应地区制度安排的

---

① 参见《中国政府成立亚洲区域合作协调机制》，2004 年 9 月 9 日，中国经济网，http://www.ce.cn/new_hgjj/gjbd/cvsw/200409/09/t20040909_1714794.shtml。

② Ren Xiao, "Between Adapting and Shaping: China's Role in Asian Regional Cooperation", *Journal of Contemporary China*, Vol. 18, No. 59, 2009, p. 311.

③ 《加强合作　互惠共赢——温家宝总理在第八次东盟与中日韩领导人会议上的讲话》，中华人民共和国中央人民政府网站，http://www.gov.cn/govweb/gongbao/content/2005/content_63269.htm。

④ 参见张蕴岭：《在理想与现实之间——我对东亚合作的研究、参与和思考》，中国社会科学出版社 2015 年版，第 143 页。

目标、形式和日程[①]，制度设计和构建的最终形态是各方互相妥协的产物。

3.地区制度竞争的引导者和塑造者

2012年以来，中国在地区制度竞争中的角色再次出现了比较显著的调整和变化，从地区制度竞争的积极参与者逐渐转变为引导者和塑造者，这也是中国外交整体上从"韬光养晦"向"奋发有为"转向的一部分。[②] 2012年，党的十八大报告指出，"坚持与邻为善、以邻为伴，巩固睦邻友好，深化互利合作"，"积极参与多边事务，支持联合国、二十国集团、上海合作组织、金砖国家等发挥积极作用，推动国际秩序和国际体系朝着公正合理的方向发展"。[③] 2017年，党的十九大报告进一步强调了中国"始终做世界和平的建设者、全球发展的贡献者、国际秩序的维护者"的身份定位和"支持多边贸易体制，促进自由贸易区建设，推动建设开放型世界经济""继续发挥负责任大国作用，积极参与全球治理体系改革和建设"的外交方向。[④] 伴随着外交战略的整体转向，中国也开始有意识地谋划引导地区制度建设的发展，将自身实力转化为地区影响力，在地区制度竞争中表现出更大的积极性、主动性、创造性。

首先，中国通过积极推动RCEP的签署和落地实施塑造了地区制度竞争演进的内容和节奏。面对2008年国际金融危机后美国以TPP为抓手"重返亚太"的战略压力，中国及时将注意力从中日之间持续胶着的主导权之争转向应对地区制度演进的新形势。在中国的协调和支持下，RCEP在东盟提出后取得了较为快速的进展，使亚太地区在2012～2016年间呈现出TPP与RCEP两大巨型自贸协定并行发展的格局，并且在美国退出TPP之后继续推动RCEP谈判和协议的正式签署，弥补了自身在制度竞争中的后发劣势。

其次，亚投行的筹建是中国主动创设地区多边合作制度的典范，也是中国在地区制度构建中角色转变的重要标志。从2013年10月习近平主席提出筹建亚洲基础设施投资银行的倡议到2015年12月亚投行正式成立，仅用了两年的时间，这是中国作为主导者对地区制度构建的一次成功尝试。中国成功创设国际制度在根本上是由于中国与其他国家追求的利益目标的一致性，也反映出在地区制度竞争持续演进并日益激烈的背景下，中国开始主动为自身经济实力

---

① 参见马荣久:《中国在亚洲地区多边制度框架中的国家角色》，载《山东大学学报(哲学社会科学版)》2015年第5期。

② 参见刘丰:《中国东亚安全战略转变及其解释》，载《国际政治科学》2016年第3期。

③ 胡锦涛:《坚定不移沿着中国特色社会主义道路前进　为全面建成小康社会而奋斗——在中国共产党第十八次全国代表大会上的报告》，载《人民日报》2012年11月18日。

④ 习近平:《决胜全面建成小康社会　夺取新时代中国特色社会主义伟大胜利——在中国共产党第十九次全国代表大会上的报告》，载《人民日报》2017年10月28日。

向地区影响力的转化搭建制度平台，为中国在制度竞争中制度性权力的提升拓展新的空间。

此外，在这一阶段，中国还大力推动主场外交，举办了亚太经合组织领导人非正式会议（2014 年）、亚信上海峰会（2014 年）、二十国集团领导人杭州峰会（2016 年）、金砖国家领导人厦门会晤（2017 年）、第一届和第二届“一带一路”国际合作高峰论坛（2017 年、2019 年）。通过主场外交的方式，充分阐释了全球和地区治理的中国理念和中国方案，在地区制度设计特别是在地区合作的议程设置上拥有了更大的影响力。

总之，在地区制度竞争的演进进程中，随着中国崛起步伐的加快以及融入地区制度体系的加深，中国在地区制度竞争中的身份也从被动适应者逐渐转变为积极的参与者，到现在已经逐步成长为引导者和塑造者的角色。推动这种角色阶段性转变的关键动力主要有三个方面：一是地区制度现实的变化；二是中国国家实力的持续提升；三是中国外交战略重心和布局的适时调整。这反映出中国在参与地区制度建设方面表现出了较强的适应和学习能力，不仅能够在既定的制度框架中引导地区制度设计的演进方向，而且成功在自身优势领域创设新的制度，拓宽了自身参与制度竞争和博弈的战略空间。尽管在这一过程中中国并没有公开制定和发布相关的制度战略框架和具体的行动路线图，但是经过近三十年的持续探索，中国对于运用制度设计核心要素维护和拓展自身利益已经积累了较好的经验，并且取得了诸多积极成效，为中国在地区制度性权力的进一步提升奠定了良好的基础。

二、中国参与地区制度构建的目标定位

目标设定直接决定着中国参与地区制度构建的方向和着力点。一方面，充分探究中国在当今东亚地区治理体系中的现实诉求，准确把握中国制度性权力提升的具体目标，才能避免冲动投入和盲目行动，使中国参与地区制度和治理的实践统一到中华民族伟大复兴的时代进程中。另一方面，向世界清晰地展示中国参与地区制度建设的价值追求和目标，将有助于加强国际社会对中国地区治理理念和地区制度设计的认同，满足国际社会对中国的期待，培育中国引领地区治理的新优势。因此，认清东亚地区制度竞争新态势下加强中国制度性权力建设的必要性和紧迫性，准确定位和理性把握中国在地区制度竞争性演进进程中的主要目标、核心诉求，坚持有所为、有所不为，是中国地区制度战略构建的关键所在。具体来看，研判中国参与东亚地区制度构建的现实诉求和目标定位需要遵循三个核心逻辑。

第一，统筹国际国内两个大局，使中国参与地区制度的战略目标服务于国家发展的总体战略目标，并适应国际和地区格局的调整变化。任何国家关于地区制度的设计都是自身发展需求的外溢，这也是国家间关于地区制度设计存在分歧的根源所在。中国参与地区制度的目标应该始终从中国自身力量出发，围绕中国的根本利益谋划地区制度的建设路径，并提升中国在其中的地位和作用。正如习近平总书记强调的："做好外交工作，胸中要装着国内国际两个大局，国内大局就是'两个一百年'奋斗目标，实现中华民族伟大复兴的中国梦；国际大局就是为我国改革发展稳定争取良好外部条件，维护国家主权、安全、发展利益，维护世界和平稳定、促进共同发展。"①2020年召开的党的十九届五中全会深入分析了我国发展环境面临的深刻复杂变化，认为当前和今后一个时期"我国发展仍然处于重要战略机遇期，但机遇和挑战都有新的发展变化。当今世界正经历百年未有之大变局，新一轮科技革命和产业变革深入发展，国际力量对比深刻调整，和平与发展仍然是时代主题，人类命运共同体理念深入人心，同时国际环境日趋复杂，不稳定性不确定性明显增加"②。党的二十大报告进一步指出："我国发展进入战略机遇和风险挑战并存、不确定难预料因素增多的时期，各种'黑天鹅'、'灰犀牛'事件随时可能发生。我们必须增强忧患意识，坚持底线思维，做到居安思危、未雨绸缪，准备经受风高浪急甚至惊涛骇浪的重大考验。"③因此，中国东亚地区制度战略的构建应以上述国家发展的总体战略目标和对国际环境的判定为基础，以国内、国外两个大局的发展需求为导向，进一步研判东亚地区的政治经济形势，为维护中国在东亚地区的国家利益、促进东亚地区的和平稳定服务。

第二，协调中国参与全球治理和地区治理的身份和目标定位，使中国参与东亚地区制度构建的行动符合中国参与全球治理的整体布局。一国的全球大国地位与其地区大国地位是相辅相成的。随着中国崛起和国际地位的提高，中国逐渐构建起负责任大国的形象，在全球治理中的身份也由全球治理体系的融入者、建设者进一步发展为"全球治理变革进程的参与者、推动者、引领者"④。

---

① 《习近平在周边外交工作座谈会上发表重要讲话强调：为我国发展争取良好周边环境　推动我国发展更多惠及周边国家》，载《人民日报》2013年10月26日。

② 《中国共产党第十九届中央委员会第五次全体会议公报》，2020年10月29日，新华网，http://www.xinhuanet.com/politics/2020-10/29/c_1126674147.htm。

③ 习近平：《高举中国特色社会主义伟大旗帜　为全面建设社会主义现代化国家而团结奋斗——在中国共产党第二十次全国代表大会上的报告》，人民出版社2022年版，第32页。

④ 习近平：《坚定信心　共谋发展——在金砖国家领导人第八次会晤大范围会议上的讲话》，载《光明日报》2016年10月17日。

梳理和研读近五年来党和政府的相关公报和文献资料可以发现，中国对参与全球治理的身份和目标定位主要包括：积极发展全球伙伴关系；坚定支持多边主义；支持联合国发挥积极作用；积极参与推动全球治理体系变革；构建新型国际关系；推动国际秩序朝着更加公正合理的方向发展；支持多边贸易体制，促进自由贸易区建设，推动建设开放型世界经济；提升新兴市场国家和发展中国家代表性和发言权；在共商、共建、共享的全球治理观指导下，推动构建人类命运共同体等。[①] 因此，中国参与东亚地区治理的过程应该是上述外交方略在东亚地区落地的过程，中国在东亚地区的制度实践应该是中国参与全球治理实践的微观缩影。

第三，整合中国外交的优先方向和东亚地区制度参与路径的重点内容，使中国在东亚地区的制度实践契合新时代中国特色大国外交的总目标。一国对国际和地区事务的参与与其总体的外交布局密切相关，国际和地区制度则是各国开展外交、维护和拓展国家利益的重要平台。因此，中国的东亚地区制度参与路径在内容上应是中国总体外交战略的组成部分，同时中国在地区制度中的外交实践又应是中国总体外交目标实现的重要方式和手段。21 世纪以来，中国逐渐构建了以与大国关系为关键、以与周边国家关系为首要、以与发展中国家关系为基础、以多边外交为新舞台的对外关系总体格局。[②] 习近平总书记对新时代的中国外交作出了顶层设计，明确了努力目标，即“推动建设新型国际关系，推动构建人类命运共同体”，其中新型国际关系的内涵是“相互尊重，公平正义，合作共赢”，人类命运共同体的内涵就是建设“持久和平、普遍安全、共同繁荣、开放包容、清洁美丽”的世界。[③] 因此，中国的东亚地区制度战略应该以上述方向为最终目标，为东亚地区新型国际关系的构建和东亚国家命运共同体的形成积极搭建制度平台，为上述目标的实现提供良好的地区制度环境。

依照上述逻辑，与中国在全球治理中的身份定位相对应，中国在未来东亚地区治理中应该继续作为地区制度的维护者、建设者、改革者。

第一，作为东亚地区制度的维护者，中国需要积极应对地区国家间力量对

---

① 参见习近平：《决胜全面建成小康社会　夺取新时代中国特色社会主义伟大胜利——在中国共产党第十九次全国代表大会上的报告》，载《人民日报》2017 年 10 月 28 日；《中国共产党第十九届中央委员会第四次全体会议公报》，2019 年 10 月 31 日，新华网，http://www.xinhuanet.com/politics/2019-10/31/c_1125178024.htm；《中国共产党第十九届中央委员会第五次全体会议公报》，2020 年 10 月 29 日，新华网，http://www.xinhuanet.com/politics/2020-10/29/c_1126674147.htm。

② 参见张清敏：《理解十八大以来的中国外交》，载《外交评论》2014 年第 2 期。

③ 参见《王毅谈新时代中国特色大国外交总目标：推动构建人类命运共同体》，人民网，http://world.people.com.cn/n1/2017/1020/c1002-29599107.html。

比的变化以及由此引发的大国地区战略的深刻调整，努力构建总体稳定、均衡发展的大国关系框架，推动建设“相互尊重，公平正义，合作共赢”的地区国家间关系。如果说当今世界正经历百年未有之大变局，那么这一变局反映在东亚地区即是地区秩序正在进入新一轮的调整转型期。随着国家间实力和地区影响力的对比变化，不仅地区制度架构因彼此间的重叠、嵌套向更加碎片化的方向发展，地区大国的战略布局也正在经历快速调整，加剧了地区制度发展的不确定性。特别是在过去十年间，美国的地区战略经历了由“亚太再平衡”到“印太战略”的转变，这两个战略都试图在经济和安全上将中国排除在外，在政策目标上具有高度一致性和延续性。因此，中国在参与地区制度建设的过程中需要谨慎应对地区形势的复杂变化，并争取以与地区大国制度化互动的契机增进合作，消除误解和对抗，进而维护东亚地区的基本稳定，为自身发展创造总体稳定的地区环境。

第二，作为地区制度的建设者，中国需要在地区制度建设中发挥积极作用，促进地区国家间合作，塑造和引导地区制度竞争的良性发展。在全球治理中坚持多边主义、在周边外交中坚持“以邻为伴，与邻合作”，具体落实到东亚地区就是促进地区各领域多边合作机制的建设和发展。具体而言，一是维护地区多边贸易机制，促进地区自由贸易区建设，推动建设开放型地区经济。RCEP 的签署体现了地区国家支持区域合作、维护多边机制的开放精神，中国应全面和充分履行 RCEP 义务，高质量实施协定，扩大对外贸易和双向投资，不断稳固和强化产业链供应链。二是支持“10＋3”、东亚峰会等区域合作机制的建设和发展，支持东盟国家在区域合作中的中心地位，尝试引导地区制度竞争的节奏、进程和发展方向，协调国家间关于地区制度设计的分歧，避免地区制度间的恶性和无序竞争。三是积极促进地区国家间在公共卫生治理、气候变化等非传统安全领域和数字经济、网络空间新兴领域的机制化合作。

第三，作为东亚地区制度的改革者，中国需要加强自身地区治理能力建设，推动地区治理体系向更加公正合理的方向变革，增加发展中国家和新兴国家在地区制度中的代表性和发言权，构建东亚地区命运共同体。在积极维护地区秩序稳定和地区制度建设的基础上，中国也应该继续坚持地区发展中国家的身份定位，并致力于地区制度的渐进式改革。值得指出的是，中国并不谋求对现有地区秩序的颠覆，而是在现有地区治理体系基础上的“增量改进”，是在不触动地区体系中守成集团既得利益前提下努力开辟新的利益增长点，此为“做加法不做减法”的增量原则。[①] 中国对地区制度的创设和改革应该基于与地区国家存在“利益汇合点”的客观现实，在构建“命运共同体”理念的指导下，为应对地区挑战贡献“中国方案”。这将不仅有助于改善地区治理水平，为完善地区治理体系发挥积极作用，也将为中国自身实力转化为影响力提供空间和机遇。

总之，中国在参与地区制度建设的过程中需要兼顾地区制度维护者、建设者和改革者的三重身份。既要维护地区大局总体稳定，又要积极引导和促进地区多边制度建设，并在此基础上修正既有秩序和制度中的不合理因素，在总体上争取能够主导地区制度建设的进程。

第二节　中国参与东亚地区制度构建的机遇与挑战

随着国家实力的提升及参与国际制度广度和深度的扩展，中国制度性权力的提升既是国际权力结构发展的逻辑结果，也是中国实现与其他国家互利共赢的现实选择。哈佛大学肯尼迪政府学院格雷厄姆·艾利森（Graham T. Allison）教授曾经指出：“中国已经成为长为一个大国，并将在未来十年中取代美国成为世界第一经济大国，如果中国要求修改其他国家制定的国际规则并不足为奇。”[②]但是，作为国际体系中的新兴力量，中国制度性权力的提升意味着原有制度性权力结构的平衡被打破，其引发的体系规范重塑必然会面临现行国际制度体系结构的压力，中国制度性权力在提升过程中既面临着一些历史机遇，也需应对诸多挑战。

一、国家实力和国际地位提升构成战略资源基础

地区治理格局取决于地区力量对比，地区治理体系变革也源于地区力量对比变化。因此，中国国家实力和国际地位的提升是中国推动地区治理体系变革、提升地区治理能力的硬实力和软实力基础。

首先，中国经济实力的稳定增长是中国提升地区制度性权力、引导和塑造地区制度发展的物质前提。自 2010 年 GDP 总量超过日本成为世界第二大、东亚第一大经济体以来，中国始终保持持续稳定增长。2020 年，面对疫情的冲击和世界政治经济格局的复杂变化，中国经济逆势增长，成为世界唯一正增长的

---

① 参见陈志敏、苏长和主编：《国务智库战略报告之一：增量改进——全球治理体系的改进和升级》，复旦大学国际关系与公共事务学院，2014 年 5 月。

② Graham Allison, “Thucydides's Trap Has Been Sprung in the Pacific”, *Financial Times*, August 22, 2012, https://www.ft.com/content/5d695b5a-ead3-11e1-984b-00144feab49a? mhq5j=e1.

主要经济体，并首次超越美国成为欧盟最大贸易伙伴。与此同时，中国与东亚地区的经贸关系也进一步增强，2020 年 1～8 月，中国与东盟的贸易总值达到 4165.5 亿美元，同比增长 3.8%，占中国外贸总值的 14.6%，东盟历史性地成为中国第一大贸易伙伴，形成了中国与东盟互为第一大贸易伙伴的良好格局。① 中国经济保持持续高增长，客观上强化了东亚国家间经济上的相互依赖，推动了地区内的经济合作。中国在经济领域的主动融入，使东亚地区形成了一个紧密的生产分工网络，提高了东亚地区国家间的利益融合程度。②

其次，近年来，中国对地区制度规范的塑造能力也有了显著提升，在地区事务中的影响力也日益提高。随着自身实力的不断增强，中国在外交和国际事务中到底代表了怎样的道德规范和价值准则，愈来愈成为一个不可回避的问题。③ 对此，中国适时提出了一系列新理念和新倡议作为回应，同时也为地区规范的演化和发展注入了"中国元素"。例如，综合、合作、可持续的亚洲新安全观，互信、互利、平等、协商、尊重多样文明、谋求共同发展的"上海精神"，"亲诚惠容"的周边外交理念等。这些理念概括了中国处理地区关系的原则和主张，是中国借鉴自身经验和文化、对传统西方国际规范的有益补充。党的十八大以来，围绕"一带一路"倡议的实践中国进一步发展了上述理念和价值观，不仅提出了"开发性金融"(即"贷款＋基础设施建设")④、"命运共同体"、"和平合作、开放包容、互学互鉴、互利共赢的丝路精神"、"共建、共商、共享"等理念，并推动创建亚投行和金砖国家开发银行等区域合作机制。

值得一提的是，在实践层面，中国与"一带一路"沿线国家探索出的发展导向型合作模式已经逐渐成形，为中国探索引导地区发展和制度建设积累了良好的经验。鉴于沿线国家在政治、经济、民族、文化等各个方面都存在很大的差距，"一带一路"的推进没有效仿西方国家"规则先行"的机制化模式，而是秉承开放包容的丝路精神，以项目建设为基础，以合作利益为导向，避免了传统的国际制度建设中过于聚焦抽象制度条款产生的负累，在保障制度化约束的同时具

---

① 参见《商务部：中国与东盟进入经贸合作黄金时期》，2020 年 9 月 27 日，新华网，http://www.xinhuanet.com/fortune/2020-09/27/c_1126549551.htm。

② 参见刘丰：《中美战略互动与东亚地区秩序》，载《国际展望》2021 年第 1 期。

③ 参见王正绪：《中国崛起的规范性力量》，观察者网，https://www.guancha.cn/Wang-Zhengxu/2015_02_07_308843.shtml? web。

④ 2013 年 11 月，党的十八届三中全会提出："建立开发性金融机构，加快同周边国家和区域基础设施互联互通建设，推进丝绸之路经济带、海上丝绸之路建设，形成全方位开放新格局。"(《中共中央关于全面深化改革若干问题的决定》，人民出版社 2013 年版，第 28 页)

有很强的灵活性。[①] 这种模式能够以合作内容的广泛性和最小限度的约束力确保合作的连续性，降低合作的交易成本，在各国均面临基础设施建设巨大资金缺口的时机下推进。[②] 经过十年来的发展，"一带一路"已经逐渐成为影响地区议程设置、地区规则调整和地区规范演化的重要变量。通过与沿线国家和地区的对接合作，"一带一路"建设已经被纳入现行地区制度体系的议程之中，并通过与各方共享规则制定权的方式，成为引导地区规则向更加公正合理方向调整的积极力量。同时，"一带一路"倡议蕴含的共商、共建、共享和构建人类命运共同体等指导理念为地区规范演化注入了中国元素，推动国际制度体系向更加多元、开放、包容的方向发展。

综上，在参与地区治理的过程中，自身综合国力与国际地位的上升始终是中国在地区发挥更大作用的前提基础。随着中国在地区制度体系中从参与者向塑造者和引领者转型，中国在塑造地区议程、影响地区规则制定和地区规范演化方面的能力也逐步增强，这为中国从地区治理的边缘地带走向舞台中心，进而引领地区制度发展奠定了基础。"一带一路"倡议的推进和实施不仅为中国和地区国家共同打造开放、包容、均衡、普惠的区域经济合作架构积累了有益经验，也为中国进一步提升制度性权力提供了较好的切入点。

二、地区治理权力真空和治理赤字提供战略机遇

如果说中国自身的实力和地区影响力是中国引领地区制度建设的内在基础，那么地区制度形态和发展演进则是影响中国地区制度领导力的外在条件。如前文所述，在东亚地区制度长期的竞争性演进进程中，地区治理体系出现了领导力缺失的权力真空，也在多个治理领域存在治理失灵和治理赤字问题，这是东亚地区治理的薄弱环节，但也在客观上为中国在地区中更大作用的发挥提供了历史机遇。具体而言，这种历史机遇可以从两个方面加以阐释。

第一，东亚碎片化的地区制度打破了权力集中的霸权式制度体系，这种更趋扁平化的地区治理模式为以中国为代表的新兴经济体寻找自身可发挥作用的空间提供了可能性。正如哈斯所言，"当今的世界正日益成为一个权力分散而不是集中的世界"，"21 世纪的国际关系以无极为主要特征：世界不是由一个或两个甚至几个国家主导，而是由许多行为体拥有和行使各种类型的权力"。[③]

---

① 参见张超：《"一带一路"战略与国际制度体系的变革》，载《理论探索》2017 年第 3 期。

② 参见门洪华：《"一带一路"规则制定权的战略思考》，载《世界经济与政治》2018 年第 7 期。

③ Richard N. Haass, "The Age of Nonpolarity: What Will Follow US Dominance?", *Foreign Affairs*, Vol. 87, No. 3, 2008, pp. 45-26.

近年来，权力分散化的趋势在东亚地区尤为显著。一方面，权力基础的不断分散不仅造就了新的大国，而且使任何国家都越来越难以获得超级大国地位所需的相对实力。[①] 另一方面，长期地区制度竞争的结果是地区制度性权力结构日益呈现扁平化的特征，任何单一国家都很难获得在某一领域里的绝对制度优势。这种松动的地区权力结构虽然不利于地区治理的效率，但是也在客观上为地区治理体系的变革和地区治理机制的创新提供了空间。

由此，地区制度规则和地区制度议程的重构，为中国塑造更加符合自身利益和需求的地区制度体系提供了历史机遇。在 20 世纪 90 年代地区第一代制度规则制定时，中国囿于自身的实力和总体外交布局等多重因素，未能在其中发挥建设性作用。虽然通过多年来的适应和学习，中国在高度机制化的全球和地区体系中实现了国家实力的逐步提升，但是在这一过程中需要接受对自身而言并不舒适的地区一体化节奏，甚至是本身就不合理不公正的制度设计。当前，随着地区权力结构的调整，地区制度发展也进入了关键的十字路口，这对于中国而言则是难得的机遇窗口，如果能够借助自身在地区的实力优势，运用过去几十年来积累的制度经验，将自身发展诉求与地区制度建设方向相统一，为未来发展塑造更加有利的制度环境，将对中国的和平崛起和民族复兴具有重要战略意义。总之，与 20 世纪 90 年代中国错过地区制度体系的最初构建，只能以“后来者”的身份融入地区体系不同，随着地区制度竞争已经深入地区规则和规范等关键要素，中国当前正面临着地区制度规则和制度议程重构的战略机遇，这对中国而言既是一个难得机遇，也是一个重大的考验，需要慎重应对。

第二，中国引领地区制度建设所面临的另一个机遇就是当前东亚地区治理在多个领域尚存在治理赤字，这为中国积极参与地区制度建设提供了必要性。比如，在地区基础设施建设领域，长期以来，基础设施落后严重制约着地区发展中国家的发展，然而受制于资金不足等因素，这一状况一直无法得到根本改善。特别是 2008 年世界金融危机以来，以发达国家为主导的投融资机制在促进全球经济增长和区域经济一体化发展方面能力减弱、动力不足，更加剧了这一困境。根据全球基础设施中心发布的《全球基础设施展望》报告，为支持全球经济增长所需，2040 年基建成本将达到 94 万亿美元，以目前趋势测算，届时全球基建投资缺口将达到 15 万亿美元——相当于总需求的 16%。[②] 在亚洲地区，这一

① 参见[英]巴里·布赞：《权力、文化、反霸权与国际社会：走向更为地区化的世界秩序？》，刘伟华译，载《世界经济与政治》2010 年第 11 期。

② “Global Infrastructure Hub：Global Infrastructure Outlook”，July 2017，https://outlook.gihub.org.

矛盾尤为突出。正如有学者指出，亚洲区域经济一体化的“缺位”是双重的，一是表现为缺乏统一的区域经济一体化制度安排，二是表现为本地区的不发达国家难以真正参与到区域经济一体化进程中，并从中获得发展的机会。[①] 又如，2020年新冠疫情的暴发暴露了东亚地区在公共卫生领域的治理不足。早在2003年SARS危机后，东亚地区就建立了公共卫生区域联防联控机制。新冠疫情发生后，中国坚持公开透明的态度，及时向包括地区国家在内的国际社会通报信息，也得到了各国的物资援助。但总体来看，东亚地区在公共卫生领域的合作还不够深入，特别是在早期预防、物资储备机制、药物和疫苗研发、资金支持机制等方面，对于应对突发公共卫生事件仍然不够完备。新冠疫情暴露了地区治理在非传统安全领域的短板，也为促进区域国家间的合作提供了契机。此外，在网络空间、数字经济等新兴领域，也尚未建立完备有效的地区规则和治理体系。

因此，在当今的东亚地区治理中，仍存在诸多尚待解决的现实需求，“治理赤字”是当前地区治理面临的重要挑战。作为新兴崛起大国，解决地区治理赤字是中国嵌入地区治理体系并在其中发挥更大作用、展示负责任大国形象的良好契机。当然，这同时也要求中国承担更多的国际责任。为此，中国应该综合评估自身实力与地区需求，在地区治理体系权力真空的状态下和解决地区治理赤字的进程中提升中国的地区治理能力。

三、美国霸权护持挤压中国战略空间

正如前文所阐明的，制度主导权是地区制度体系中的稀缺品，一国制度性权力的增长必然会减少其他国家对制度性权力的占有，甚至在一定意义上将打破之前的利益结构，进而推动地区秩序的重塑。由此，一国制度性权力的增长不仅会引起国际制度权力结构本身的调整，而且也会引发国家间关系特别是大国关系的变化。崛起国谋求获取制度性权力的行为将受到在原权力结构中占有主导地位国家的战略反制。

二战结束后，美国在全球范围内布局和建成了制度霸权。在东亚地区，美国的双边同盟体系构成了地区安全制度的基石。在经济领域，虽然地区制度竞争性的演进弱化了美国的主导地位，但美国仍在其中扮演着举足轻重的角色。随着中国全面融入地区体系，中国已成为现行地区体系的参与者、建设者、改革

---

① 参见李向阳：《亚洲区域经济一体化的“缺位”与“一带一路”的发展导向》，载《中国社会科学》2018年第8期。

者，这客观上推动了中国在国际制度体系特别是周边地区制度性权力结构中的地位提升，也在一定程度上消解美国在现有地区制度体系中的霸权。在美国学者看来，“在全球均势变动的条件下，中国崛起对美国的挑战不仅是力量上的，而且从方式上来看，中国也会运用新的或者替代的多边主义来挑战或者改变既有的主导的多边制度”①。因此，中国制度性权力提升带来的国际制度性权力结构的变化，将引发大国关系特别是中美关系的磨合和调适，导致中美之间的制度竞争。换言之，美国的战略挤压将是中国在追求地区制度性权力提升进程中不可回避的问题。

在2010年之后，为了应对中国在东亚地区影响力的扩展，美国在经济和安全两个维度都改变了相对良性的对华政策。② 奥巴马执政时期，在“亚太再平衡”战略的指导下，美国曾试图以TPP和TTIP作为新一轮WTO体系的雏形，在亚太和大西洋地区打造两个新的超级自由贸易协定，以更高标准的贸易规则引领区域经济的发展，并在这一贸易机制中掺入“民主制度”等意识形态因素，排斥中国的参与。特朗普上台后，在其《国家安全战略报告》中明确将俄罗斯和中国定位为“修正主义者”，并声称“一度被称为上个世纪现象的大国较量再度出现”，等于公开宣示了大国战略竞争时代的回归。③ 虽然此后美国退出TPP转而以挑起双边贸易争端的方式暂时缓和了双方在地区多边经济制度中的竞争，但在地区安全领域，特朗普政府提出“印太战略”，通过重启美日印澳四方对话，尝试构建旨在针对中国的地区多边安全制度架构。与特朗普政府相比，作为建制派回归的拜登政府在多边舞台上更为“成熟”。④ 与前任特朗普政府频繁“退群”不同，拜登政府上台后不断宣扬“回归多边主义”，决心让美国回到国际舞台的轨道上。然而，从其政策实践中不难发现，此次拜登政府所回归的并非全球性多边机制，而是联合盟友和伙伴国，在北约峰会、G7峰会等多边场合设置排华议题，并且积极新建排华的小多边机制，如组建美英澳军事联盟(AUKUS)，启动“印太经济框架”(IPEF)，召开全球“民主峰会”等。

美国遏制中国制度性权力提升还表现在双方围绕伙伴争夺展开的竞争。制度成员之间的关系是一种伙伴关系，制度领导国要想新建或者捍卫一种国际

① [美]罗伯特·基欧汉：《竞争的多边主义与中国崛起》，载《外交评论》2015年第6期。Julia Morse and Robert Keohane, “Contested Multilateralism”, *Review of International Organization*, Vol. 9, No. 4, 2014, pp. 385-412.

② 参见刘丰：《中美战略互动与东亚地区秩序》，载《国际展望》2021年第1期。

③ The White House, *National Security Strategy of the United States of American*, December 2017, https://www.whitehouse.gov/wp-content/uploads/2017/12/NSS-Final-12-18-2017-0905.pdf, p.27.

④ 参见毛维准：《霸权护持：大变局时代美国国际秩序观的坚持与调适》，载《国际展望》2021年第1期。

制度，必须得到伙伴国的支持。[①] 中美两国围绕伙伴争夺展开的竞争使亚太地区国家特别是一些小国感受到了前所未有的压力。这意味着这些国家传统上习惯奉行的“经济靠中国，安全靠美国”政策已难以继续。新加坡总理李显龙在2016年发表国会演讲时就曾表示，“新加坡应该同美国和中国两个超级大国同时保持良好关系，但中美两国之间的利益冲突，使新加坡面对‘选边的压力’”[②]。自从2011年奥巴马总统正式提出美国“重返亚太”并积极涉入中国周边地区事务以来，中美之间的伙伴争夺就悄然发生，这不仅加剧了中国周边地区局势的不稳定，更导致近年来钓鱼岛问题、南中国海问题频频升温。此外，近年来，美国在亚洲基础设施投资银行、“一带一路”基础设施建设以及高新技术等众多领域向地区国家施压，试图阻止它们与中国合作。[③] 这些都将成为制约中国制度性权力提升的阻碍因素。拜登政府上台以来与国际制度相关的多边外交实践表明，在供应链、基础设施投资、科技等领域，拜登政府加紧构建排华“小圈子”，加剧对华制度竞争，以重塑相关领域的国际秩序，遏压中国制度性权力的提升。

1.供应链领域

供应链领域是拜登政府开展对华制度竞争的典型领域。

首先，在中美博弈加剧和新冠疫情暴发的双重驱动作用下，拜登上任之初即开启了供应链议题安全化的进程。2021年3月美国贸易代表办公室发布的《2021年贸易政策议程和2020年度报告》，以及2021年6月白宫根据第14017号行政令对“美国的供应链”进行百日审查后发布的《建立弹性供应链，重振美国制造业，促进基础广泛的增长》报告，是推动这一议题在美国“安全化”的关键步骤。具体而言，一是对标中国在供应链中的优势领域，竭力塑造中国对美国供应链安全的威胁。如《建立弹性供应链，重振美国制造业，促进基础广泛的增长》报告提出：“中国提炼了世界上60%的锂和80%的钴，这两种高容量电池的核心投入对美国国内汽车行业的未来构成了严重威胁。”[④]二是将美国在国际贸易中的损失归因于中国，塑造自身的“受害者”形象。长达308页的《2021年贸易政策议程和2020年度报告》中提到中国400余次，指责中国“强制性和不公平贸易行为伤害了美国工人，威胁了美国的技术优势，削弱了美国的供应链弹

① 参见李巍：《制度之战：战略竞争时代的中美关系》，社会科学文献出版社2017年版，第37页。

② “National Day Rally 2016”, Prime Minister's Office Singapore, https://www.pmo.gov.sg/Newsroom/national-day-rally-2016.

③ 参见刘丰：《中美战略互动与东亚地区秩序》，载《国际展望》2021年第1期。

④ The White House, “Building Resilient Supply Chains, Revitalizing American Manufacturing, and Fostering Broad-Based Growth”, Washington: The White House, 2021.

性，损害了美国国家利益”[①]。三是对中国正常的贸易行为进行“污名化”，指责中国“采取的许多措施远远超出了全球公认的公平贸易惯例，以刺激国内生产，并在关键供应链中占领全球市场份额”[②]。此外，在报告发布的同时，拜登政府还宣布将组建由美国贸易代表办公室领导的“贸易打击力量”（trade strike force），针对侵蚀关键供应链的不公平贸易做法开展单边和多边行动，并利用贸易协议加强与美国合作伙伴和盟友的供应链弹性。[③] 总之，一系列做法强调制定全面战略来应对中国“强制性”和“不公平”的经济贸易方式，向国际社会释放了供应链议题属性转变的强烈信号。

其次，在完成国内的利益动员后，拜登政府开展了密集的多边外交活动，将供应链安全等议题植入 QUAD 领导人峰会、北约峰会、G7 峰会等多边机制议程，甚至以对中国污名化的方式加速相关议题上升成为国际议程。2021 年 3 月召开的 QUAD 领导人首次峰会就聚焦于关键技术的供应链安全，强调关键技术的安全供应链对于四国和印太地区的繁荣、安全和凝聚力至关重要。同年 6 月布鲁塞尔北约峰会发布的联合声明将中国定位为北约的“系统性挑战”，称中国与北约价值观“背道而驰”，“北约及其盟国将在各自权限范围内维护和加强关键基础设施、关键行业、供应链和通信信息网络（包括 5G）的安全”。[④] 2022 年 6 月 G7 峰会发布的联合公报则专门阐释了七国集团将在全球供应链领域的协调行动，提出“对全球供应链中使用各种形式的强迫劳动感到关切，包括国家资助的弱势群体和少数群体的强迫劳动，包括在农业、太阳能和服装部门”[⑤]，其中暗指中国的意味明显。

在此基础上，通过制度身份排斥，美国拉拢盟友和伙伴建立由美国控制的、将中国排除在外的供应链体系。全球供应链弹性峰会（Global Summit on Supply Chain Resilience）、美欧贸易和技术委员会（TTC）、印太经济框架（IPEF）是拜登政府加强供应链合作、建立排斥中国的供应链体系的机制化平

---

① USTR，“2021 Trade Policy Agenda and 2020 Annual Report”，Washington：USTR，2021.

② The White House，“Building Resilient Supply Chains，Revitalizing American Manufacturing，and Fostering Broad-Based Growth”，Washington：The White House，2021.

③ The White House，“Biden-Harris Administration Announces Supply Chain Disruptions Task Force to Address Short-Term Supply Chain Discontinuities”，https://www.whitehouse.gov/briefing-room/statements-releases/2021/06/08/fact-sheet-biden-harris-administration-announces-supply-chain-disruptions-task-force-to-address-short-term-supply-chain-discontinuities/.

④ NATO，“Brussels Summit Communiqué”，https://www.nato.int/cps/en/natohq/news_185000.htm.

⑤ “G7 Leaders' Communiqué”，https://www.consilium.europa.eu/media/57555/2022-06-28-leaders-communique-data.pdf.

台。在全球层面，2021 年 10 月，拜登在意大利罗马参加 G20 领导人峰会期间，与澳大利亚、德国、印度、印度尼西亚、日本等 14 个国家和欧盟的领导人共同召开了全球供应链弹性峰会，提出制定从原材料、中间产品和成品、制造业到航运、物流、仓储和分销等环节加强整个供应链生态系统并使其多样化的路线。① 在地区层面，IPEF 是拜登政府在印太地区重构供应链体系的抓手。2022 年 2 月，白宫发布《美国印太战略》首次提出印太经济框架时，“提高供应链弹性和安全性”就是该框架的重要内容之一。② 5 月，拜登在日本东京正式宣布启动 IPEF 时，再次将供应链议题列入该框架的四大支柱，并提出了具体的行动计划，即通过建立预警系统、绘制关键矿产供应链图、提高关键部门的可追溯性以及协调多样化等方式，寻求首创的供应链承诺，以更好地预测和防止供应链中断，创造更具弹性的经济，防止价格飙升增加美国家庭的成本。③

最终，通过制度规则替代，拜登政府尝试重构供应链的标准和规则。从行业来看，对标美国供应链的薄弱行业和环节，重点关注大容量电池以及关键矿物和关键材料的供应链优化。如《建立弹性供应链，重振美国制造业，促进基础广泛的增长》的报告建议：在建设弹性的大容量电池供应链方面，全面提高劳动和环境标准；在建设弹性的关键矿物和原材料供应链方面，为战略性和关键材料密集型产业制定和培育新的可持续标准；在支持重视劳动力、可持续性及产品质量的市场发展方面，建立强有力的国内标准，倡导建立全球标准，制定 21 世纪的关键矿物开采和加工标准（锂、钴、镍、铜和其他矿物的综合可持续性标准）。④

2.基础设施投资领域

拜登政府上台后，对基础设施建设表现出高度的重视，不仅出台了高达 2000 亿美元的国内基础设施修建计划，而且积极联合盟友和伙伴，通过多边方

① The White House, “Summit on Global Supply Chain Resilience to Address Near-Term Bottlenecks and Tackle Long-Term Challenges”, https://www.whitehouse.gov/briefing-room/statements-releases/2021/10/31/fact-sheet-summit-on-global-supply-chain-resilience-to-address-near-term-bottlenecks-and-tackle-long-term-challenges/.

② The White House, “Indo-Pacific Strategy of the United States”, Washington: The White House, 2022.

③ The White House, “In Asia, President Biden and a Dozen Indo-Pacific Partners Launch the Indo-Pacific Economic Framework for Prosperity”, https://www.whitehouse.gov/briefing-room/statements-releases/2022/05/23/fact-sheet-in-asia-president-biden-and-a-dozen-indo-pacific-partners-launch-the-indo-pacific-economic-framework-for-prosperity/.

④ The White House, “Building Resilient Supply Chains, Revitalizing American Manufacturing, and Fostering Broad-Based Growth”, Washington: The White House, 2021.

式对中国的基础设施投资进行制度制衡。

首先，与前任政府一脉相承的是，拜登政府上任后积极推动基础设施投资领域的“安全化”，大肆宣传“债务陷阱论”“侵犯人权论”“破坏环境论”等负面论调，对中国的对外基础设施投资污名化，对美国与中国在基础设施领域的制度竞争进行了充分的国内动员。2021 年 5 月，赴英国参加 G7 峰会前，拜登在《华盛顿邮报》发表署名文章，强调美国和“其他民主国家”要在升级实体、数字和卫生基础设施方面向世界提供一个不同于中国的“高标准替代方案”。[①] 2022 年 5 月，国务卿布林肯在乔治·华盛顿大学发表的对华政策演讲中称，中国的投资不透明，致使对象国助长腐败，破坏环境，不能在当地创造就业或实现发展，乃至无法行使国家主权。[②]

与此同时，拜登政府运用议题载体控制策略，将这一议题植入美国参与和主导的多边场合，激发“一带一路”对象国对中国基础设施投资的警惕心态。如 2021 年 9 月，美国与日印澳三国在 QUAD 领导人峰会上发起了“新的四方基础设施伙伴关系”（New QUAD Infrastructure Partnership），启动 QUAD 基础设施协调小组，通过定期举行会议，分享对区域基础设施需求的评估，并协调各自提供透明、高标准基础设施的方法。[③] 2022 年 5 月，QUAD 领导人东京峰会重申四国将共同致力于深化基础设施合作，为了帮助满足印太地区巨大的基础设施需求，成立了四方基础设施协调小组，该小组将在数字连通性、交通运输基础设施、清洁能源和气候复原力等方面深化合作并采取互补行动。[④]

以此为基础，拜登政府加快推进“蓝点网络”、B3W、“全球基础设施和投资伙伴关系”等抗衡中国的基础设施投资替代倡议。其一，拜登政府上任后即重启了特朗普政府曾提出的“蓝点网络”（Blue Dot Network）计划。这一倡议旨在开发统一标准对印太及其他地区基础设施项目进行评估、认证和投资，被认为是美国发展“印太战略”和对抗中国“一带一路”倡议的重要举措。2021 年 6 月，在美日澳三国政府的支持下，由经济合作与发展组织（OECD）主持的“蓝点网

---

① Joe Biden, “My Trip to Europe Is about America Rallying the World’s Democracies”, https://www.washingtonpost.com/opinions/2021/06/05/joe-biden-europe-trip-agenda/.

② Antony J. Blinken, “The Administration’s Approach to the People’s Republic of China”, https://www.state.gov/the-administrations-approach-to-the-peoples-republic-of-china/.

③ The White House, “Joint Statement from QUAD Leaders”, https://www.whitehouse.gov/briefing-room/statements-releases/2021/09/24/joint-statement-from-quad-leaders/; The White House, “Quad Leaders’ Summit”, https://www.whitehouse.gov/briefing-room/statements-releases/2021/09/24/fact-sheet-quad-leaders-summit/.

④ The White House, “QUAD Leaders’ Tokyo Summit 2022”, https://www.whitehouse.gov/briefing-room/statements-releases/2022/05/23/fact-sheet-quad-leaders-tokyo-summit-2022/.

络"认证咨询会议在巴黎召开，围绕确立"蓝点网络"计划价值主张、设计认证框架、动员利益相关者、缩小全球基础设施差距、在新兴市场创建高标准且可持续的基础设施交换意见。其二，在 2021 年 7 月于英国召开的 G7 峰会上，美国联合西方国家提出了"重建更美好的世界"(Build Back Better World，简称 B3W)计划，旨在对抗中国的战略影响力，为低收入和中等收入国家的基础设施发展提供"一带一路"倡议的替代选择，打算提供数千亿美元用于解决发展中国家到 2035 年所需的基础设施，为发展中国家和中等收入国家建设优质、高标准和可持续的基础设施提供资金。其三，在 2022 年 6 月于德国举行的 G7 峰会上，拜登和 G7 国家领导人宣布启动"全球基础设施和投资伙伴关系"(Partnership for Global Infrastructure and Investment)，支持在发展中国家和中等收入国家进行有可持续性和高质量的基础设施建设，致力于到 2027 年为基础设施建设筹集 6000 亿美元的公共和私人资金。美国将争取在此后五年内为这一伙伴关系筹资 2000 亿美元。[①]

这些基础设施倡议的重要目标即是推动发达国家联手制定向发展中国家基础设施投资的新国际规则。如"蓝点网络"的主要功能是为全球范围内的基建项目提供评估和认证，旨在以市场经济原则、透明度和问责制、法治、性别平等、保护人权、促进环境可持续发展等价值观作为引导基础设施建设的内在标准。为此，在《二十国集团优质基建投资原则》《七国集团沙勒瓦创新性发展金融承诺》《赤道原则》《国际金融公司绩效标准》等国际性标准的基础上，"蓝点网络"提出了其对基础设施认证依据的十个要素。[②] 在此基础上，2022 年 3 月，第三届"蓝点网络"执行咨询小组会议发布了《蓝点网络：一项为高质量基础设施建立全球认证框架的建议》，进一步提出了可靠、高效、透明和可持续的认证框架，包括评估项目的标准，对项目进行评估的评分系统，评估、验证和认证基础

---

① The White House,"Remarks by President Biden at Launch of the Partnership for Global Infrastructure and Investment", https://www.whitehouse.gov/briefing-room/speeches-remarks/2022/06/26/remarks-by-president-biden-at-launch-of-the-partnership-for-global-infrastructure-and-investment/.

② 这十项要素是：(1)促进可持续和包容性的经济增长和发展；(2)在明智使用公共资金的支持下，促进市场驱动和私营部门主导的投资；(3)支持健全的公共财政管理、债务透明度以及项目一级和国家层面的债务可持续性；(4)建立具有气候变化、灾害和其他风险的弹性项目，并与 2050 年净零排放路径保持一致，以保持 1.5 摄氏度的全球温度变化；(5)确保物有所值超过资产的整个生命周期成本；(6)建设当地能力，重点是当地技能转让和当地资本市场；(7)促进反腐败保护，同时鼓励透明的采购和咨询流程；(8)坚持环境和社会保障的国际最佳做法，包括尊重劳工和人权；(9)促进对基础设施服务的无歧视使用；(10)促进对妇女、残疾人以及代表性不足和边缘化群体的包容性。参见 U.S. Department of State, "Blue Dot Network Vision Statement", https://www.state.gov/blue-dot-network-vision-statement/。

设施项目的可信和高效的审查流程。[①]

3.科技领域

美国对华科技领域的制度竞争同样遵循上述行为逻辑。拜登政府继承和发展了特朗普政府打压和围堵中国科技发展的战略举措，使科技领域的“安全化”趋势不断升级。2021 年 3 月，拜登政府发布的《临时国家安全战略指南》(Interim National Security Strategic Guidance)，着重提及了人工智能、量子计算、清洁能源技术、生物技术、5G 等新兴技术的重要战略意义，提出要制定新兴技术标准，以提高国民经济的安全性、竞争力和价值。[②] 2021 年 4 月，美国参议院多数党领袖舒默提出了《无尽前沿法案》(Endless Frontier Act)，提议将发展关键产业科技上升到国家战略高度，通过在人工智能、高性能计算机和尖端制造等关键技术重点领域的基础研究，加强美国在关键技术领域的领导地位，以及这些技术在美国的商业化。[③] 6 月，该法案经过修改并更名为《美国创新与竞争法案》(U.S. Innovation and Competition Act)后在参议院审议通过。以此为蓝本，2022 年 2 月和 3 月，美国众议院和参议院分别通过了《2022 年美国竞争法案》(America Competes Act of 2022)，内容包括斥资 520 亿美元发展半导体产业，强调增加对科学、技术、工程及数学(STEM)等教育项目投资，增加国家科学基金会(NSF)的资助，保持美国在国际电信联盟等国际技术标准制定机构中的领导地位等。一系列法案的推出强化了美国国内开展对华科技竞争的共识。

在此基础上，拜登政府将对华科技竞争的议题植入国际议程。2021 年 2 月，拜登在慕尼黑安全论坛上表示：“必须共同为与中国的长期战略竞争作准备。……必须制定针对网络空间、人工智能、生物技术领域中的技术发展和行为规范的管理规则，从而使之用于让人们得到提升而不是受到压制。”[④]在 2021 年 9 月召开的 QUAD 峰会上，美国推动四国领导人在会晤中谈及摆脱对中国

① OECD, “The Blue Dot Network: A Proposal for a Global Certification Framework for Quality Infrastructure Investment”, https://www.oecd.org/corporate/Towards-a-global-certification-framework-for-quality-infrastructure-investment.htm.

② The White House, “Interim National Security Strategic Guidance”, Washington: The White House, 2021.

③ U.S. Congress, “Endless Frontier Act”, CH. R. 2731-117th Congress (2021-2022), https://www.congress.gov/bill/117th-congress/house-bill/2731.

④ The White House, “Remarks by President Biden at the 2021 Virtual Munich Security Conference”, https://www.whitehouse.gov/briefing-room/speeches-remarks/2021/02/19/remarks-by-president-biden-at-the-2021-virtual-munich-security-conference/.

5G技术的依赖问题，再次寻求伙伴国的支持，将对华科技竞争多边化，并提出5G技术和生物技术是四国机制重点关注的技术领域。四国宣布支持5G的多样化部署，打造多元、安全以及富有韧性的电信生态系统。特别加强“开放性无线接入网络”（Open-RAN，O-RAN）的部署，推进政府和企业间的5G合作建设。此外，四国将监测关键和新兴技术的发展趋势，从先进的生物技术开始，包括合成生物学、基因测序和生物制造，并谋求相关合作机遇。①

构建排斥中国的技术标准联盟是拜登政府致力于将对华科技竞争的议题植入国际议程的目标。为此，美国战略界建议拜登政府组建新科技联盟，并提出了“技术民主12国”（T-12）的概念，即建立由美国、日本、德国等组成的“T-12”论坛，欲以“技术民主国”联盟抗衡中国这一所谓的“技术专制国”。在印太地区，以QUAD为平台，美国积极打造技术联盟，并形成了三个合作机制。一是2021年3月，首次召开的QUAD领导人线上峰会即宣布启动关键和新兴技术工作组，以促进未来国际标准和创新技术方面的合作。② 二是建立由澳大利亚领导的四边技术网络（QTN），旨在促进印太地区关于网络和关键技术问题的二轨研究和公众对话。三是建立了四国STEM人才的教育交流机制，启动QUAD奖学金，每年资助分别来自美日印澳四国的25名学生（共计100名），在美国领先的STEM研究生院攻读硕士和博士学位，旨在四国间建立一个科学和技术专家网络。此外，在双边合作中，拜登政府也积极进行机制化建设。2021年4月，在美日领导人峰会宣言中，拜登宣布将与日本开启“新的具有竞争力和适应力的伙伴关系”（A New Competitiveness and Resilience Partnership），并为与日本在人工智能、量子信息科学、5G通信技术等领域的技术合作和标准制定提供了新的合作框架。③

上述举措强化了“民主”与“威权”的二元对立态势，强调拥有“领先”技术的“民主国家”应率先为全球技术政策建立新的“多边框架”，为美国重新引领国际社会制定技术规则标准奠定了基础。在关键和新兴技术方面，QUAD机制为美国推动与印太地区国家就技术开发的标准和原则达成一致提供了平台，也取得

---

① The White House, “Joint Statement from QUAD Leaders”, https://www.whitehouse.gov/briefing-room/statements-releases/2021/09/24/joint-statement-from-quad-leaders/.

② The White House, “QUAD Leaders' Joint Statement: ‘The Spirit of the QUAD’”, https://www.whitehouse.gov/briefing-room/statements-releases/2021/03/12/quad-leaders-joint-statement-the-spirit-of-the-quad/.

③ The White House, “U.S.-Japan Joint Leaders' Statement: ‘U.S.-Japan Global Partnership for a New Era’”, https://www.whitehouse.gov/briefing-room/statements-releases/2021/04/16/u-s-japan-joint-leaders-statement-u-s-japan-global-partnership-for-a-new-era/.

了较快进展。2021 年 9 月，首次 QUAD 领导人线下峰会宣布四国达成了关于技术合作的共同原则，并发布了《四边安全对话的技术设计、开发、治理和使用原则》的文件，突出民主价值观和人权等价值标准在打造开放、可访问且安全的技术生态系统中的作用。此外，四国宣布成立技术标准联络小组，设立高级通信和人工智能联络小组，以推动标准化的相关研究和发展。①

总之，美国以国际制度为平台，联合盟友和伙伴国，构建了一个对华制度竞争的政策工具箱，这些政策工具锚定国际制度议程设置、成员构成、规则制定等影响国家间利益分配的核心要素，旨在全面重塑美国对国际制度体系的掌控力和领导力。在未来一段时期内，美国对华遏制战略将持续存在甚至加强。美国前助理国务卿库特・坎贝尔在《外交》杂志发文指出，"美国在与中国竞争中的最大优势在于，美国盟友和伙伴联合起来的影响力能够塑造中国在各领域的战略选择"，"美国需要将其中国战略嵌入美国在亚洲和其他地区的关系及机构网络中"。② 中美战略竞争看起来集中在双边层面，实际上仍以多边平台为主要博弈场，特别是亚太地区制度将是决定双方战略竞争成败的关键。面对国家实力和地区影响力的持续衰落，美国对任何可能削弱自身霸权地位的行为体都保持着高度警惕，中美之间围绕地区经济、安全领域呈现出的制度竞争在未来一段时间将伴随着中国制度性权力的上升而持续存在。

四、国际话语权不足掣肘制度战略布局

国际话语权是国家综合国力的重要组成部分，代表国家的感召力和国际影响力。③ "目前大国之间的竞争，很大程度是制度话语权之争，在国际机制中发挥作用的程度体现了一国的国际话语权。"④因此，提升国际话语权应是中国推动地区治理转型的重要途径和手段，也是中国制度性权力提升的重要组成部分。然而在现实中，与长期以来由西方国家倡议并主导的传统国际话语相比，中国外交话语的运用能力及其影响力仍存在较大的差距，国际话语权不足却是中国参与地区治理的重要短板。

---

① The White House, "QUAD Principles on Technology Design, Development, Governance, and Use", https://www.whitehouse.gov/briefing-room/statements-releases/2021/09/24/quad-principles-on-technology-design-development-governance-and-use/.

② Kurt M. Campbell and Jake Sullivan, "Competition Without Catastrophe: How America Can Both Challenge and Coexist with China", *Foreign Affairs*, September 2019, https://www.foreignaffairs.com/articles/china/competition-with-china-without-catastrophe.

③ 参见杨洁勉：《中国特色大国外交和话语权的使命与挑战》，载《国际问题研究》2016 年第 5 期。

④ 杨庆龙：《利用国际机制增强中国国际话语权》，载《理论视野》2016 年第 4 期。

长期以来，西方少数国家掌握着国际秩序体系和全球治理体系的规则制定权和主导权，中国长期处于话语不足甚至失语的境地，表现为“有话不敢说，说了没人听，听了没人懂”的尴尬状态。近年来，随国际影响力的提升，中国逐渐凝练了自身对国际事务和世界秩序等问题的观点和看法，在国际舞台上进行话语表达的欲望日渐强烈。然而，虽然中国得到了越来越多的关注，但西方的解读却是碎片化、片面的，绝大部分西方人仍然不甚了解中国，意识形态对抗的思维惯性几乎成为西方认知中国的某种“便利”途径。[①] 中国是现行国际制度体系的“后来者”，但西方媒体却将中国塑造成了一个“异质国家”的身份，并创造“锐实力”(Sharp Power)等概念炒作“中国威胁”，将中国拓展国家利益的合理行为解读为对现行秩序的颠覆。[②]

在西方以对抗和博弈为主导的现实主义叙事中，中国以合作、发展为核心的理念往往被西方国家从战略竞争、颠覆国际秩序的视角来解读。总体来看，当前中国在参与地区制度过程中主要面临着以下话语困境和话语陷阱。

一是将中国积极参与地区制度建设和改革的行为曲解为颠覆国际和地区秩序。作为新兴国家，近年来中国的确因自身实力的增长对某些领域中的国际制度提出了改革诉求，在东亚地区也提出了创设新制度的倡议，但整体来看中国仍是当前地区秩序的受益者，也积极维护地区秩序的稳定。然而，当前国际舆论的一个倾向即是将中国置于现行秩序挑战者的位置上，评判其制度参与行为是否破坏了相关制度规则和规范。特别是美国在相关政策文件中反复强化中国作为地区秩序挑战者的形象。如 2017 年《美国国家安全战略报告》在阐释美国的地区利益和优先事项之前，用两个段落的篇幅恶意指责中国，将中国在地区的基础设施投资和贸易行为歪曲成“利用经济上的诱惑和惩罚、施加影响的行动以及潜在的军事威胁来让其他国家听从其政治和安全议程”，将中国合理维护国家领土主权的行为描述成“威胁其他国家主权，破坏地区稳定的军事现代化运动”。[③] 迄今为止，西方社会对中国的主流定位是不满现状的“修正主义国家”，并且试图或正在挑战现有国际秩序。[④]

二是误解中国参与和主导地区制度建设的目标是旨在追求东亚地区霸权。

---

① 参见祁玲玲：《西方社会对中国国际秩序观及政策的认知》，载《国际展望》2021 年第 1 期。

② 参见王栋、曹德军：《再全球化：理解中国与世界互动的新视角》，社会科学文献出版社 2018 年版，第 9～10 页。

③ The White House, *National Security Strategy of The United States of American*, December 2017, https://www.whitehouse.gov/wp-content/uploads/2017/12/NSS-Final-12-18-2017-0905.pdf, p.46.

④ 参见祁玲玲：《西方社会对中国国际秩序观及政策的认知》，载《国际展望》2021 年第 1 期。

这一观点与认为中国旨在颠覆地区现行秩序的观点一脉相承，都是基于地缘政治思维，从东亚地区权力政治出发，强调崛起的中国首先将致力于获取东亚地区的"霸权"。[①] 一方面是将中国近年来的外交行为与古代的朝贡体系相关联，炒作中国提出的"一带一路"倡议以及设立的丝路基金、亚投行、金砖国家开发银行等是"中国的马歇尔计划"，旨在通过帮助弥补各国投资资金不足而改变亚洲国家的面貌。[②] 另一方面是夸大中国与西方国家的模式之争，将中国为地区治理积极贡献的中国智慧和中国方案污名化为旨在建立地区霸权，认为中国作为社会主义国家和东方文明古国，一贯强调自己与西方在发展理念、道路选择、制度设计、行为模式等方面的本质差异，并以当今中国所取得的巨大成就来证明中国理念模式的优越性。[③]

三是对中国提出的制度倡议和地区愿景进行刻意曲解甚至恶意攻击。比如，近年来中国倡议的"一带一路"为地区各国共同发展提供了合作的平台，"中国不'输入'外国模式，也不'输出'中国模式，不会要求别国'复制'中国的做法"[④]。尽管如此，部分西方国家还是利用其在国际舆论传播中的优势地位，突出强调"一带一路"的下行压力，对"一带一路"的目标和实践进行攻击。具体而言，一是其领导人在国际场合公开批评中国的"一带一路"项目。例如，2018 年 3 月，时任美国国务卿蒂勒森访问非洲时发表演讲称"中国的投资破坏非洲国家的自然资源和长远的经济和政治稳定"[⑤]。二是智库和科研机构发布相关研究报告，企图将负面评价"理论化"。2018 年 5 月和 10 月，哈佛大学贝尔弗科学与国际事务中心和兰德公司分别发布以《债务外交》和《"一带一路"的黎明》为题的研究报告，指责"一带一路"具有扩张性质。[⑥] 三是媒体发表相关负面报道，引导国际舆论走向，恶意扭曲中国的形象。如 2018 年 6 月，《纽约时报》发表长

---

① 参见宋德星：《中国国际秩序观及其基本战略选择》，载《国际展望》2021 年第 1 期。

② "Is Infrastructure Bank China's New Marshall Plan for Asia?", March 29, 2015, https://www.nationthailand.com/opinion/30257016.

③ 参见宋德星：《中国国际秩序观及其基本战略选择》，载《国际展望》2021 年第 1 期。

④ 习近平：《携手建设更加美好的世界——在中国共产党与世界政党高层对话会上的主旨讲话》，2017 年 12 月 2 日，人民网，http://politics.people.com.cn/n1/2017/1202/c1024-29681216.html。

⑤ "Remarks by Secretary of State Rex Tillerson on U.S.-Africa Relations: A New Framework", U.S. Department of State, March 6, 2018, https://translations.state.gov/2018/03/06/remarks-secretary-of-state-rex-tillerson-on-u-s-africa-relations-a-new-framework/.

⑥ Sam Parker, Gabrielle Che, *Debtbook Diplomacy*, Harvard Kennedy School, Belfer Center for Science and International Affairs, May 2018, https://www.belfercenter.org/sites/default/files/files/publication/Debtbook%20Diplomacy%20PDF.pdf; Andrew Scobell, Bonny Lin etc., *At the Dawn of Belt and Road-China in the Developing World*, RAND Cooperation, https://www.rand.org/content/dam/rand/pubs/research_reports/RR2200/RR2273/RAND_RR2273.pdf.

文，指责中国投资会导致斯里兰卡背负巨额债务，迫使其放弃汉班托塔港主权。[①]

又如，"构建人类命运共同体"作为新时代中国参与全球和地区治理的重要目标，强调了合作共赢、开放包容的内涵，表达了中国人民关于世界未来的美好愿景，但个别西方国家出于对中国崛起及国际影响力提升的恐惧，基于传统的西方国际关系理论和"新冷战思维"对这一理念的目标和前景提出质疑。部分西方学者则将构建人类命运共同体消极地理解为中国旨在塑造以自身为中心的世界秩序，反映了"中国对当前美国主导的国际秩序的不满以及对更符合自身利益和地位的世界秩序的期待，是对支撑现有世界秩序的普世价值和核心原则的间接批评"[②]。在这样的背景下，构建人类命运共同体原本的话语表达导向往往被西方媒体有意无意地歪曲，甚至成为攻击中国的工具，致使国际社会在短时间内难以正确认知这一理念。

由此可见，中国国际话语权的不足严重制约着中国制度性权力的提升。虽然中国为地区积极贡献的发展理念和相关实践超越了传统的以零和博弈、强权政治为基础的思维模式和理论框架，但是在话语权不足的情况下，中国的意图遭到了部分国家的误解甚至是污名化，使中国提升制度性权力的努力只能面临事倍功半的效果。如何在复杂的国际局势中讲好中国故事，让中国和平发展的信息准确而全面地传播到国际社会，是中国正在面临的一项巨大任务。[③]

第三节　中国东亚地区制度性权力提升的路径选择

从前文的分析中不难看出，在参与东亚地区制度构建的过程中，中国表现出了较好的学习和适应能力，也随着自身实力增强和外交方向的调整实现了在地区制度参与中的角色转变。未来中国要想进一步深度融入地区制度建设、主导和引领地区制度建设进程，需要兼顾地区制度维护者、建设者和改革者的三重身份。但这种作用的发挥和地区制度战略的缔造，将不得不在一个具有极大

---

① "How China Got Sri Lanka to Cough up a Port", *The New York Times*, June 25, 2018, https://www.nytimes.com/2018/06/25/world/asia/china-sri-lanka-port.html.

② Nadège Rolland, "Beijing's Vision for a Reshaped International Order", February 26, 2018, https://jamestown. org/program/beijings-vision-reshaped-international-order/; Nadège Rolland, "Examining China's 'Community of Common Destiny'", January 23, 2018, https://www.power3point0.org/2018/01/23/examining-chinas-community-of-destiny/.

③ 参见祁玲玲：《西方社会对中国国际秩序观及政策的认知》，载《国际展望》2021 年第 1 期。

战略压力同时兼有战略机遇的复杂环境中进行。[①] 因此，如何把近年来中国在部分领域积累的实力优势转化为积极推动地区治理体系改革和建设的影响力，全面提高自身在地区的制度性权力，仍是一个日益凸显和亟待解决的重要问题。2016 年 9 月，习近平总书记在主持中央政治局第三十五次集体学习时指出："要提高我国参与全球治理的能力，着力增强规则制定能力、议程设置能力、舆论宣传能力、统筹协调能力。"[②]这一指示同样适用于中国在东亚地区的制度实践。总体来看，中国在东亚地区制度性权力的提升也应从以上四个方面着手，深入地区制度设计要素的各个方面，有针对性地提升各项能力，实现国家实力与地区制度性权力的平衡和匹配，将自身实力优势转化为地区治理效能。

一、通过引领地区议程设置培育地区战略支点

影响和塑造地区制度议程设置是中国融入地区制度体系、发挥负责任大国作用的重要途径，也是中国维护和拓展自身利益的有效方式。一方面，通过影响地区制度议程设置，可以将于自身发展有重大关切的议题设置为地区议题，统筹协调国内发展与地区制度建设的发展方向，从而营造有利于自身发展的外部地区制度环境；另一方面，可以推动地区其他国家和国际社会对影响地区政治、安全、经济、社会发展等问题的关注，为地区性问题的解决提供中国智慧和中国方案，从而塑造负责任大国的形象，提升自身在地区的软实力和领导力。因此，提升地区议程设置能力是化解中国崛起过程中诸多阻力因素的有效方法，是中国深度融入东亚地区治理的重要途径。[③]

前文分析表明，在国家间的制度竞争中，国家一般运用议题属性干扰、议题扩散干预、议题载体控制等策略来使国际制度的议程设置更加符合自身的利益诉求。与这些策略选择背后的逻辑相一致，国家塑造地区议程的着力点也主要包括地区制度议程设置的内容和载体两个方面。具体而言，一是影响地区制度的议题内容。议题选择是国际议程设置的重要环节，也是能否进行广泛冲突拓展、利益动员和建立议题联盟的关键。[④] 二是控制地区议题进入制度议程的切入点。所谓"切入点"是指行为体构建议题的场所。在国际政治中，它大致包括

---

① 参见宋德星：《中国国际秩序观及其基本战略选择》，载《国际展望》2021 年第 1 期。

② 《习近平在中共中央政治局第三十五次集体学习时强调：加强合作推动全球治理体系变革　共同促进人类和平与发展崇高事业》，中国共产党新闻网，http://cpc.people.com.cn/shipin/n1/2016/0929/c243247-28751243.html。

③ 参见张发林：《化解"一带一路"威胁论：国际议程设置分析》，载《南开学报(哲学社会科学版)》2019 年第 1 期。

④ 参见韦进深：《中国能源安全国际议程设置路径探析》，载《国际展望》2015 年第 4 期。

四类场所：全球知识生产场所、跨国网络及传媒、关键的国际组织或机制、国际会议或联盟等外交活动。① 这些场所不仅能够为制度议题的探讨提供平台，也有助于为相关问题的解决提供技术方案，甚至构建机制化的治理方式，因而成为塑造地区制度议程的关键环节。

中国地区制度议程设置能力的提升也需要遵循上述路径。

1.恰当选择议题内容，主导地区议程设置的方向

地区各行为体对议题内容的认可是地区议程设置的前提条件，因而合理选择议题是一国能够引导地区议程设置的内在要求。

第一，地区制度的议题引导需要统筹国内治理和地区治理的需求，使议题选择不仅符合自身利益关切，也应契合地区各国的发展需要。在地区制度议程设置中，各行为体都希望将自身关注的议题纳入制度议程，将不利于自己的议程排除在外。由此，协调各国的利益分歧，寻找各国对议程设置的最大公约数是议程设置成功的重要条件。相关研究表明，就议题本身而言，具有“公共产品”属性的议题更能引起各方的兴趣和共鸣，从而更容易进入国际议程。② 如气候变化、贫困问题、金融危机、恐怖主义、跨国犯罪等问题，单凭某个国家的一己之力难以有效解决，因而长期位列国际议题的清单中。除此之外，在东亚地区，地区基础设施建设、地区公共卫生合作、地区经贸合作也是各国普遍关心的议题领域。因此，中国对东亚地区制度议程的塑造需要关注和辨别可供选择的议题范围。

第二，引导和塑造地区议程需要结合自身的实力优势，这是因为议程设置不仅仅是提出问题，也是提供解决方案。在议程设置的过程中，提出某项议题引发其他地区行为体的关注仅是议程设置的第一步，只有在此基础上针对各方共同面临的问题提出可供尝试的解决路径，才是将这一议题真正纳入地区议程设置的关键所在。比如，改善基础设施、实现经济增长是东亚地区各国共同关心的问题，在过去的三十年中，中国不仅自身经济取得了快速稳定增长，在国内脱贫攻坚和均衡发展方面也取得了较多经验，因而基础设施建设和减贫领域就是中国能够将自身优势与地区各国普遍关注相结合的议题领域。以自身的引领性作为引导地区设置的外交资源，中国在这一领域拓展自身可以发挥作用的空间更易产生事半功倍的效果。

---

① 参见韦进深：《中国能源安全国际议程设置路径探析》，载《国际展望》2015 年第 4 期。

② 参见韦宗友：《国际议程设置：一种初步分析框架》，载《世界经济与政治》2011 年第 10 期。

2.积极参与和深度融入地区多边机制，把握地区议程设置的切入点

多边制度是国际议程设置的主要渠道，积极参与多边机制，是一国在国际议程设置中发挥领导作用的前提。比如，以2016年主办G20杭州峰会为契机，中国“首次把创新作为核心成果，首次把发展议题置于全球宏观政策协调的突出位置，首次形成全球多边投资规则框架，首次发布气候变化问题主席声明，首次把绿色金融列入二十国集团议程，在二十国集团发展史上留下了深刻的中国印记”[①]。这是中国在制度学习过程中以多边机制为平台塑造地区制度议程的成功案例。借鉴这一经验，首先，中国需要继续积极参与地区现有多边机制，通过主场外交、首脑会议等方式，表达自身关于地区问题的观点和立场，适时引导将自身和地区各国共同关注的议题列入地区制度的议程中。“10＋3”机制、东亚峰会、东盟地区论坛、亚太经合组织等都是影响甚至决定东亚地区合作发展走向的多边制度架构，也是中国在东亚地区支持多边主义、践行多边主义的主要平台。积极参与制度合作，才能在制度的议程设置中占有一席之地。

在此基础上，中国议程设置能力的全面提升还需要改革现有机制或创设新的机制，主动为自身议程设置能力的提升搭建平台。作为地区后发国家，中国制度性权力的提升在很大程度上受限于地区固有的制度架构。比如在国际金融领域，受国际货币基金组织固化的份额分配影响，中国很难发挥与自身实力相匹配的影响力，因而需要首先积极推动其结构改革，而后才能真正改变和重塑国际金融事务的议事日程。又如在地区开发金融领域，虽然已有亚洲开发银行致力于地区的发展援助，但亚洲在基建方面仍有巨大的资金缺口。作为亚开行中认股份额和投票权都位居第三位的国家（日本和美国在亚洲开发银行中的认股份额和投票权并列第一位），中国难以对机制发展产生决定性的影响。在这一背景下，创建亚投行就是填补地区治理赤字、增强自身在地区制度影响力的必要补充。总之，中国应与世界广大发展中国家和新兴国家一道，积极对现行制度中不合理的因素进行改革，并且秉持“共商、共建、共享”的全球治理观，创造更多的平台和机会来促进国际共识和共同行动。[②] 当然，创设新的多边机制也需要投入诸多战略资源，因而在创设的领域和时机方面需要谨慎选择。

---

① 《习近平在中共中央政治局第三十五次集体学习时强调：加强合作推动全球治理体系变革　共同促进人类和平与发展崇高事业》，中国共产党新闻网，http://cpc.people.com.cn/shipin/n1/2016/0929/c243247-28751243.html。

② 参见凌胜利：《主场外交、战略能力与全球治理》，载《外交评论》2019年第4期。

3.关注议程设置的非正式、非机制化方式，拓宽自身塑造地区议程设置的渠道

尽管多边机制是参与和引导地区制度议程设置的主渠道，但是在自身制度性权力有限以及地区内国家间的制度制衡较为激烈时，主导地区机制议程设置将会面临较大的阻力。在这一背景下，国际会议、国际传媒等都是拓宽国家制度议程设置能力的有效补充渠道。虽然这种议程设置以非机制化的方式进行，但总体来看都有助于提升议题在地区的关注度，因而能够对机制化的议程设置起到补充和促进的作用。

事实上，"一带一路"倡议通过非机制化的方式融入现行国际制度议程的过程已经为此作出了良好的示范。依托中国在全球和地区制度体系中的合作网络，以谅解备忘录、合作协议、联合声明等非正式制度为载体，以具体项目对接为落地方式，"一带一路"与沿线地区组织和多边机制的互动使共商、共建、共享等理念融入了地区平台的发展规划，使互联互通等建设内容被纳入现行制度体系的议程之中。一是"一带一路"倡议频繁成为各大区域和跨区域组织的研讨议题，已形成国际社会热议合作建设"一带一路"的良好氛围。例如，在2015年5月举办的主题为"'一带一路'与地区共同发展"的亚信非政府论坛首次年会圆桌会议上，来自十个国家和地区的代表围绕"一带一路"与亚信机制能力建设对亚洲地区安全与稳定的影响进行了深入研讨，并一致认为二者将成为促进亚洲和平稳定的"双引擎"。二是联合国大会、安理会、联合国亚太经社会、亚太经合组织、亚欧会议等有关决议或文件都纳入或体现了"一带一路"建设内容，有助于这一倡议升级为国际议程。特别是联合国是最具代表性、普遍性和权威性的政府间国际组织，相关决议和文件为"一带一路"背书，意味着会员国有义务为"一带一路"的推进提供便利和帮助，是"一带一路"在塑造国际议程方面取得的重要成果。①

因此，未来中国制度性权力的提升也应该借鉴上述多样化的议程设置方式，当议题的制度化难以在短期内达成时，选择非机制化的形式，积极嵌入现有制度议题的讨论中也是提高议题的国际关注度、增进议题外部认同程度的有效途径。同时，这一过程也有助于地区国家间围绕相关议题凝聚共同利益，沟通各自的立场和态度，协调彼此间的分歧，为议题机制化平台的搭建奠定基础。

① 参见张贵洪：《多边推进是"一带一路"的新路径》，中国经济网，http://district.ce.cn/newarea/roll/201611/23/t20161123_18074008.shtml。

二、稳中蓄势渐进推进地区规则改革

与国际议程设置能力相比,国家对国际规则塑造能力的提升更为困难。这是因为在一定的治理领域中,议程设置的过程更趋于分散化,因而能够留给新兴国家相对更多的拓展空间,但是治理规则的设定则更趋于集中和稳定,新旧规则之间竞争的结果是非此即彼的,具有鲜明的排他性。此外,国际规则的变迁具有显著的路径依赖效应,即当行为体在某一治理领域取得规则制定的主导权之后,它们就能够以这些新获得的权力为杠杆,在此后制度规则变迁的过程中发挥更大的作用,与之相反,如果行为体在此前的规则制定斗争中失势,它们就可能被进一步边缘化,而无法参与和塑造国际规则的变迁进程。① 因此,国家对自身国际规则塑造能力的提升将是一个更加艰难和渐进的过程。

但是,中国要想实现制度性权力的全面提升,国际规则塑造和制定能力是其中必不可少的重要组成部分。与历史上任何一个大国崛起的背景不同的是,中国是在一个高度制度化的环境中实现自身实力增长的。以联合国为核心的国际安全治理体系、以布雷顿森林体系为核心的国际金融治理体系和以关税及贸易总协定为核心的国际贸易体系,构成了一个全方位、多层次、全球性的国际制度网络。虽然中国几乎没有参与相关规则的制定,但是仍在融入国际制度方面表现出了较强的适应能力。然而,由于制度本身所具有的稳定性特征及制度背后的内在利益结构维系,使西方在提及中国和国际秩序时常常带有一种排他的语境,先入为主的西方中心视角使中国被认为是一个需要教化和改变的"他者"。因此,尽管中国在国际体系中实力地位上升,在国际事务中的影响力也随之增强,但在具体的国际制度中,这种影响力并不会自动转化为规则制定权,相反,中国对国际规则的塑造能力具有较强的滞后性。为改变这种被动局面,中国在参与东亚地区制度构建时,需要有意识地介入地区治理规则设定的方式和进程。

第一,以地区经贸领域为重点,坚持实施自贸区战略,争取将 RCEP 打造为拓展和维护自身经贸利益的平台。

与地区治理的其他领域相比,地区经贸领域对于中国规则塑造能力提升具有重要意义。一方面,无论在全球治理还是东亚地区治理中,经贸领域都是规则导向性最强、规则体系最为细致和完善的领域,因而对经贸领域的规则塑造

---

① 详见唐世平关于国际制度路径依赖效应的相关论述。参见唐世平:《制度变迁的广义理论》,沈文松译,北京大学出版社 2016 年版,第 81～82 页。

能力是检验中国制度性权力的重要标志。另一方面，经贸领域也是中国最具实力优势但规则塑造能力提升面临着较大压力和阻力的领域。随着新兴经济体在贸易和投资领域影响力和贡献率的提升，发达国家在全球化进程中的优势地位日渐式微，二者之间的结构性矛盾日渐激化，因而如若能够在国际和地区贸易规则制定方面占据优势地位，将能够深刻影响国际权力转移的态势和结果。

就当下而言，中国应着力巩固 RCEP 谈判成果，争取使自身处于地区经贸规则制定的核心平台和进程中。从东亚地区经贸制度竞争的演进中不难发现，近年来，东亚地区经贸规则的博弈呈现加剧的态势。美国、日本等发达国家意图引导其朝着区域规则先行、高标准化、关注金融和非传统经济规则构建的方向发展。这在本质上是对地区现行贸易规则的转移和替代，以创设新规则的方式来维护国际竞争中的优势地位。① 再加上随着中美战略竞争加剧，双方面临着制度脱钩的风险，地区出现两个平行体系的可能性也显著提高。地区贸易规则体系的任何调整都会对中国产生重要影响，如若被排斥在贸易规则的制定圈之外，中国经济的未来发展将面临巨大风险。② 在这一背景下，RCEP 的签署为中国突破上述困境提供了机会。作为覆盖全球近 30％人口和约 30％GDP 的自由贸易区，RCEP 不仅推动了区域经济与贸易的发展，还将区域内东盟与中国、日本、韩国等多个“10＋1”自贸协定以及中、日、韩、澳等 5 国之间已有的自贸关系相整合，为中国进一步塑造地区贸易规则的演进提供了有利平台，也化解了此前美国推动 TPP 所带来的被排除出地区贸易规则体系的风险。因此，从短期看，中国应积极巩固 RCEP 的谈判成果，争取将其打造成为自身主导和塑造地区经贸规则的平台；从长期看，中国应该继续坚持自贸区战略，“善于通过自由贸易区建设增强我国国际竞争力，在国际规则制定中发出更多中国声音、注入更多中国元素，维护和拓展我国发展利益”③。

第二，加强对新兴领域规则设定的关注和战略资源投入，抓住新兴领域规则设定的机遇期。

总体来看，当前中国在东亚地区的规则设置能力仅在自身具有优势的国际金融和贸易领域较为突出，其他关乎国家主权的分裂势力问题、领土领海问题、涉及全球性的环保问题等，由于现行国际制度规则的固化和自身实力的相对有限性，中国仅在国际规则内化方面较为适应，但是在参与规则制定、国内规则外

---

① 参见张超：《“一带一路”战略与国际制度体系的变革》，载《理论探索》2017 年第 3 期。

② 参见孙忆：《国际制度压力与中国自贸区战略》，载《国际政治科学》2016 年第 3 期。

③ 参见《中共中央政治局就加快自由贸易区建设进行集体学习》，中国政府网，http://www.gov.cn/xinwen/2014-12/06/content_2787582.htm。

溢方面相对滞后。但是，与上述传统治理领域相比，数字经济、网络、深海、极地等近年来新兴的治理领域则因技术快速发展但相关国际规范推进迟缓，因而仍处于规则体系不甚完善的阶段。

因此，新兴领域为中国提供了规避传统领域路径依赖效应、开辟国际和地区规则塑造新空间的宝贵机遇。一方面，近年来，中国在移动通信、下一代互联网、下一代广播电视网、云计算、大数据、物联网、智能制造、智慧城市、网络安全等关键技术和重要领域取得了一系列的重大发展，为自身在相关领域的规则塑造能力奠定了良好基础。另一方面，党的十八大以来，中国政府高度重视中国在新兴领域的话语权和领导力，为中国拓展自身对国际规则塑造的空间提供了政策保障。如自 2014 年开始，每年在乌镇举办世界互联网大会，不仅搭建了中国与世界互联互通的国际平台，也为自身在相关领域的规则制定提供了发挥影响力的平台。2020 年 9 月，中国外交部长王毅发布《全球数据安全倡议》，对当前围绕数据和供应链安全的中美争议给出了正式回应，并呼吁开启全球数据安全规则谈判，在新兴领域的规则制定中发出中国倡议。① 总之，中国应该继续加强对地区新兴领域规则塑造的关注和资源投入，既彰显崛起大国在解决相关领域治理赤字的责任担当，也为自身在全球和地区的规则塑造能力的提升奠定基础。

第三，以“一带一路”为抓手，通过与发展中国家共享规则制定权的方式，探索相关领域制度规则的渐进式重构和替代。

需要指出的是，“一带一路”本身并不寻求推翻现行国际制度体系的各类规则，但是作为一种发展导向的国际合作倡议与实践，“一带一路”有助于通过与沿线国家共享规则制定权的方式对现行规则体系中不合理的部分进行修补，因而有助于中国地区规则设置能力的提升。

首先，“一带一路”倡议正是在当前国际规则体系深度调整和变革需求的背景下提出的，这一倡议赋予了中国参与国际规则重塑的重要平台和机遇。作为一个跨越亚欧大陆，连接亚洲、非洲、欧洲的互联互通网络，“一带一路”倡议的推进和实施离不开与现行全球和地区多边机制的协调，其中既会涉及现行国际规则的调整，也会涉及新领域新标准的制定。一方面，传统上由西方国家制定的规则标准可能无法适合中国和“一带一路”沿线国家项目建设的需求，从而需要灵活处理，以避免对投资、贸易等规则的僵化套用；另一方面，中国与相关国

---

① 参见郎平：《疫情冲击下数字时代的大国竞争》，载张宇燕主编：《全球政治与安全报告（2021）》，社会科学文献出版社 2021 年版。

家合作建设“一带一路”的过程中也会不断开发和探索出新的合作模式，从而推动相关领域国际规则的调整和转型。

在更深层次上，“一带一路”正在通过与沿线国家共享国际规则制定权的方式，探索国际规则制定的新路径。如前文所言，西方国家主导建立的自由主义国际秩序以国际规则为导向，规则体系之外的国家必须按照西方国家制定的相关标准调试自身，以“削足适履”的方式才能融入这一制度体系，中国加入世贸组织的艰辛历程即是例证。与西方国家不同，中国的“一带一路”倡议以发展为导向，预先没有设定任何规则，而是以需求为依据制定投资和建设计划，进而在各方合作过程中共同探索制定相关规则。在这个意义上，“一带一路”所秉承的“共建、共商、共享”理念，并不仅仅是发展成果的共享，更是规则制定权和规则主导权的共享。这一倡议以高度灵活性、极强操作性和广泛适用性的走廊模式吸引更多国家自愿参与、主动进行发展战略对接，有效避开美欧等高标准的区域贸易协定，制定适合新兴国家利益需求的区域经贸规则。① 因此，“中国正在改变书写规则的方法和过程——通过发展来书写规则，而不是通过书写规则来实现发展，这是一个开放、包容、参与的过程”②。

三、加强国际话语权能力建设回应外部疑虑

近年来，中国领导人提出的一系列外交新思想、新理念和新倡议不断充实于中国的外交话语体系，使中国特色的外交话语体系已基本形成并日渐完善。但如前文所言，西方国家构建了现行国际制度体系，控制了国际制度的议题设置、运行规则和话语传播，限制了发展中国家的国际制度话语权以及相应治理能力的发挥。在西方以对抗和博弈为主导的现实主义叙事中，中国以合作、发展为核心的理念往往被西方国家从大国战略竞争、国际秩序重构的视角来解读。这不仅削弱了中国在各类地区制度中的话语权和道义引领力，严重制约着中国建构地区合作与对话平台的效果，也不利于更加公正合理的地区治理新秩序的建构。因此，在当前地区政治和经济形势剧烈变动和国际格局深刻调整的背景下，中国如何对西方的话语霸权及国际社会对中国崛起的不同认知甚至疑虑作出回应，应该通过哪些路径来提升国际制度话语权，传播“平等、包容、合作、共赢”的中国声音，补齐中国国际话语权的短板，对于中国在地区制度性权力和地区治理能力的提升至关重要。

---

① 参见门洪华：《“一带一路”规则制定权的战略思考》，载《世界经济与政治》2018 年第 7 期。

② 郑永年：《“一带一路”倡议改变国际规则书写方式》，新华网，http://www.xinhuanet.com//silkroad/2017-07/27/c_129665144.htm。

首先，要客观认识当前以及未来短期内西方国家占据国际和地区话语主导地位的现实，理性处理西方国家话语反制的必然性，正确对待西方的话语压力。

由于西方发达国家长期以来一直处于世界政治经济的中心，并且主观上重视国际话语权的建设，因而以美国为核心的西方国家不仅是众多国际外交话语的发源地，而且凭借其在国际组织和多边机制中的优势地位，干预国际议程设置，实现了对国际话语传播的控制，以服务于自身的战略利益。长期困扰我国发展的“中国威胁论”就是部分西方国家借助其在国际话语体系中的优势地位打压和遏制中国崛起的典型例证。另外，西方国家还炮制出一系列具有强烈西方色彩的外交话语，如“文明冲突论”“历史终结论”“颜色革命”等，在国际社会强推符合自身利益的思想文化和价值观，意图主导国际话语体系。尽管在当前全球力量格局中新兴经济体和发展中国家的力量在快速崛起，国际影响力在不断提升，但就当前国际话语体系的结构来看，以美国为核心的西方国家仍利用传统媒体和新媒体垄断着国际话语体系，以中国为核心的新兴国家在短时间内尚难以改变西方国家在国际话语体系中的主导甚至霸权地位。因此，中国需要做好自身将在国际话语权斗争中处于弱势的长期准备，中国与西方的话语权之争将是一个长期的博弈过程。

进一步讲，话语权争夺的实质是国与国之间地位、实力的角逐，反映的是国家利益和意识形态的较量。西方国家对中国国际秩序观的多维政策解读，一方面是基于对日益崛起的中国的力量担忧乃至战略恐惧，另一方面则是“政治妄想症”作用的结果，即通过塑造一个强大的外部威胁来达到战略聚焦的目的，用以牵引自身的战略规划、力量建设和对外关系，同时通过夸大威胁推动构建一个以西方大国为核心的对华联合阵线，最大程度孤立和遏制中国，从而维护西方的世界领导地位。[①] 因此，西方国家对中国所倡导的地区秩序理念和地区机制建设的抵制甚至曲解并不完全是对理念和机制本身所描绘愿景的质疑，而是出于对日益强盛的中国可能取代西方国家在世界领导地位的“恐惧”。在这一背景下，中国一方面要对自身国家实力与拥有的国际话语权不相匹配的事实具有客观的认知和清晰的判断，将争取中国的外交话语权作为一项重要且紧迫的任务；另一方面也要深刻认识到西方国家对中国外交话语反制的必然性，理性认知中国在赢得国际话语权过程中即将面临的话语空间争夺和话语反制，继续一贯、清晰、自信地表达自身对地区问题和未来发展的政策立场，避免受到来自国际社会话语压力的影响。

---

① 参见宋德星：《中国国际秩序观及其基本战略选择》，载《国际展望》2021年第1期。

其次，淡化中国制度外交的意识形态色彩，在坚持包容性的基础上将中国的制度倡议和外交话语进一步具体化和可操作化。

国际上使用和传播的国际话语一般都坚持普遍性原则，内涵和语义要具体化和可操作化，以便于国际社会的理解和认同。但受中华文明习惯从整体视角认识世界等因素的影响，中国的对外话语也存在一些不足，例如有些外交话语原则性太强，内涵缺少具体的边界和范围，再加上语言翻译的问题，容易引发国外政府、民众和媒体的误读。因此，清晰阐释并传播中国地区制度倡议和理念的语义和内涵，强化推进落实制度和理念的具体措施，是获得国际社会理解和认同的前提和基础。

具体而言，一是要淡化外交话语和制度倡议的意识形态色彩。在国际舆论中，中国的异质性国家身份是部分西方国家重点攻击的关注点。比如，在 WTO 的贸易规则谈判以及中美贸易战中，中国都被刻意贴上“非市场经济国家”的标签；又如 2020 年新冠疫情暴发后，中国抗疫的显著成效与部分西方国家的应对不力形成鲜明对比，这凸显了中国的制度优势，但也使部分西方国家的疑虑和担忧进一步加深，将中国在地区内围绕疫情开展的合作和协调解读为将疫情“政治化”，以谋求地缘政治优势。为此，中国在参与东亚地区制度构建的过程中，要主动弱化多边机制互动中的意识形态色彩。尽管西方价值的偏见一时很难改变，但在中国外交、中西交往中也需要避免加剧这一问题，要淡化意识形态用语，以更加精确而中性的语言表达中国意图，避免产生不必要的歧义，并在建立互信的交流中弱化西方的意识形态诉求。①

二是要坚持制度倡议和外交话语的包容性，并将其具体化和可操作化。国际话语权争夺的背后反映了国家间利益的博弈，能够被国际社会所广泛接受和认可的外交话语必定具有高度的开放性和延展性，能够在表达自我利益诉求的同时也包容其他行为体的利益诉求。当前，以“一带一路”“构建人类命运共同体”为代表的外交话语体系以“共商、共建、共享”为核心，体现了这一话语的包容性，是中国特色外交话语权建设的基础。在此基础上，还要将对外话语表述进一步具体化，完善相关制度倡议和外交理念的阶段性目标表述，减少和消除相关国家的疑虑，并且补充具体外交议题上的话语支持（如安全领域的安全观、经济领域的贸易观等）。只有这样，才能真正“打造融通中外的新概念、新范畴、新表述，讲好中国故事，传播好中国声音”②。

---

① 参见祁玲玲：《西方社会对中国国际秩序观及政策的认知》，载《国际展望》2021 年第 1 期。

② 《习近平在全国宣传思想工作会议上强调：胸怀大局把握大势着眼大事　努力把宣传思想工作做得更好》，载《人民日报》2013 年 8 月 21 日。

再次，通过构建具有国际影响力的学术概念和话语，推动中国社会科学的国际学术建构和中国地区话语权的提升。

对国际社会的“思想建构”和“知识建构”是大国在走向世界过程中必不可少的内容，是塑造国际和地区规范演进的核心路径，也是一国提升国际话语权的关键举措。这是因为“话语权既是字面理解上的说话权力或者讲故事能力，也是一种通过建构概念体系、理论体系来影响人心的观念性力量”[①]。一国对“观念型”国际公共产品的提供，不仅需要外交工作者的努力，更离不开广大社会科学工作者的科研支撑，而且学术含量高的外交话语一般更具内在逻辑关联和对外感召力，更能引起国际社会的关注和认可。

因此，国际学术界是争夺国家话语权的重要“前沿阵地”之一。但是，长期以来，西方国家的社会科学理论几乎主导了国际学术领域，诸多政治、经济和社会问题都被套用西方理论解读，西方国家的政治外交话语也往往首先通过学术平台进行国际传播，从而占据学术领域的话语制高点。与此形成对比的是，当前中国外交学术话语体系发展尚处于起步阶段，国内学界对中国外交思想的研究不同程度地存在照搬西方理论、缺少学术自信、理论创新不足等问题。[②] 再加上受语言等因素限制，国际话语表达是中国学者的普遍“短板”，致使我国的社会科学在国际上还处于弱势地位。早在2016年5月，习近平总书记在哲学社会科学工作座谈会上就曾指出：“我国是哲学社会科学大国，研究队伍、论文数量、政府投入等在世界上都是排在前面的，但目前在学术命题、学术思想、学术观点、学术标准、学术话语上的能力和水平同我国综合国力和国际地位还不太相称。”[③]因此，中国国际话语权的提升不仅要强调政治性，也要重视学术性。

当前，中国国力的增强和国际影响力的提升客观上为中国社会科学走向世界奠定了坚实的基础。同时，党的十八大以来，为推动中华文化走向世界，中国高度重视加强国际传播能力和对外话语体系建设，这为中国社会科学的国际化发展提供了政治保障和政策支撑。“当代中国正经历着我国历史上最为广泛而深刻的社会变革，也正在进行着人类历史上最为宏大而独特的实践创新。这种前无古人的伟大实践，必将给理论创造、学术繁荣提供强大动力和广阔空间。”[④]在这样的背景下，中国社会科学工作者要从对西方理论的“注经”中走出来，创

① 杨光斌：《思想话语权事关国家安全》，载《人民日报》2018年3月8日。

② 参见刘昌明、孙通：《习近平外交思想的创新发展与学术话语体系建构》，载《当代世界社会主义问题》2019年第1期。

③ 《习近平在哲学社会科学工作座谈会上的讲话》，载《人民日报》2016年5月19日。

④ 《习近平在哲学社会科学工作座谈会上的讲话》，载《人民日报》2016年5月19日。

新发展中国特色的社会科学理论，形成具有自主性的社会科学话语体系。以此为基础，社会科学领域要通过精准的概念、科学的范畴和严谨的逻辑，向国际社会科学地表达出中国外交话语体系的内容，推动中国外交话语权的提升。[①]

本章小结

地区制度竞争背景下中国的地区制度战略构建是本书研究的最终落脚点。在地区多边制度日渐成为国家间战略竞争工具的态势下，探讨如何积极借助地区制度实现中国自身利益的维护和拓展是中国崛起过程中必然面对的问题，也是制度竞争研究的应有之义。

首先，中国在地区制度竞争的不同阶段呈现出了不同的角色特征，由最初被动适应的角色转变为主动参与者，并逐渐尝试成为积极的引导者和塑造者。经过近三十年的持续探索，中国对于运用制度设计核心要素维护和拓展自身利益已经积累了较好的经验，并且取得了诸多积极成效，为中国在地区制度性权力的进一步提升奠定了良好的基础。基于统筹国际国内两个大局、综合考虑中国参与全球治理的身份和目标定位以及中国外交的优先方向，中国在未来东亚地区治理中应该继续作为地区制度的维护者、建设者、改革者，不仅要积极应对地区国家间力量对比的变化以及由此引发的大国地区战略的深刻调整，努力构建总体稳定、均衡发展的大国关系框架，而且要在地区制度构建中发挥积极作用，促进地区国家间合作，塑造和引导地区制度竞争的良性发展。在此基础上，中国还需要加强自身地区治理能力建设，推动地区治理体系向更加公正合理的方向变革，增加发展中国家和新兴国家在地区制度中的代表性和发言权，构建东亚地区命运共同体。

其次，中国在参与地区制度建设以及制度性权力提升过程中既面临着一些历史机遇，也需应对诸多挑战。从国内基础来看，中国国家实力和国际地位的提升为制度性权力的提升奠定了坚实基础；从外部环境来看，地区治理权力真空和治理赤字为中国参与地区制度的建设和改革提供了机遇。同时，当前地区制度竞争态势下中国制度性权力的提升也面临着一系列不利因素，如霸权制度护持使中国面临的战略压力增加，国际制度体系中的西方霸权制约中国在地区制度话语权的提升等。总之，中国未来在东亚地区制度性权力的提升和地区制度战略的缔造，将不得不在一个具有极大战略压力同时兼有战略机遇的复杂环

① 参见唐爱军：《中国话语方式》，载《社会科学战线》2015 年第 3 期。

境中进行。

最后，我国地区治理能力和制度性权力的提升是一项复合型整体工程，其中地区议程设置能力、地区规则塑造能力和国际话语权是体现国家地区治理能力的核心要素和指标，也是中国地区制度战略构建需要重点关注的方向。具体而言，一是积极推进地区制度平台建设和提升地区议程设置能力，具体包括：恰当选择议题内容，主导地区议程设置的方向；积极参与和深度融入地区多边机制，把握地区议程设置的切入点；关注议程设置的非正式、非机制化方式，拓宽自身塑造地区议程设置的渠道等。二是稳妥推进地区规则改革和提高地区规则塑造能力，即以地区经贸领域为重点，坚持实施自贸区战略，争取将 RCEP 打造为拓展和维护自身经贸利益的平台；加强对新兴领域规则设定的关注和战略资源投入，抓住新兴领域规则设定的机遇期；以“一带一路”为抓手，通过与发展中国家共享规则制定权的方式，探索相关领域制度规则的渐进式重构和替代。三是优化国际舆论宣传和提升中国地区治理话语权能力建设，这要求中国客观认识当前以及未来短期内西方国家占据国际和地区话语主导地位的现实，理性处理西方国家话语反制的必然性，正确对待西方的话语压力；淡化中国制度外交的意识形态色彩，在坚持包容性的基础上，将中国的制度倡议和外交话语进一步具体化和可操作化；通过构建具有国际影响力的学术概念和话语，推动中国社会科学的国际学术建构和中国地区话语权的提升。

结 论

本书以“东亚国际制度竞争与中国的地区制度战略”为选题，旨在梳理冷战结束以来东亚地区制度竞争的演进，解释地区主要行为体参与地区制度竞争的行为逻辑，在此基础上，分析地区制度建设和地区治理发展的总体态势，明确中国参与和引导东亚地区制度建设的整体布局和基本方略。通过对上述问题的分析，本书主要得出以下结论：

第一，推动地区制度建设的因素复杂多元，但制度竞争是东亚制度建设的重要方式。

冷战结束以来，美国、日本、中国、东盟不仅是推动地区制度构建的核心力量，而且对制度构建过程中的权力结构变动也最为敏感，是参与地区制度竞争的主要行为体。由于制度设计与地区制度性权力分配之间的密切关系，四个行为体在地区制度构建所依托的地缘范围、议程设置、规则设定等问题上进行了多轮较量。20 世纪 90 年代，东盟倡议的东亚经济集团（EAEG）与美国主导的亚太经合组织（APEC）之争开启了“东亚”与“亚太”两种地区制度构建路径的分野。1997 年亚洲金融危机后，中日围绕地区制度主导权展开的“东盟＋中日韩”机制（10＋3）与东亚峰会（10＋6）之争进一步将地区制度竞争引向深入。2009 年奥巴马政府上台后积极推进的“亚太再平衡”战略引发了地区新一轮的制度竞争。在这一过程中，TPP 与 RCEP 逐渐扩展为巨型自贸协定（Mega-FTA），并成为这一阶段东亚地区国家间制度竞争的主要平台，也由此开启了 TPP 与 RCEP 彼此相互刺激、互为竞争的推进模式。

第二，通过对东亚地区制度竞争的演进路径、动力因素的实证分析可以发现，地区制度主导权、制度负外部性是地区制度竞争发生和演进的内生因素，国家间的相互依赖和实力对比变化是影响地区制度竞争的外生变量。

其一，地区制度设计主导权是驱动制度竞争的结构性因素，也是行为体打破制度性权力的平衡状态，主动发起国际制度竞争，改变制度收益分配的主要内在动机。由于地区制度设计主导权的零和收益特征和同化性、约束性功能，拥有主导权意味着行为体可以通过影响地区制度的成员构成、议程设置、规则设定等制度设计的核心要素使自身获得更大的制度性收益。其二，制度负外部性则是导致制度竞争的内在制度属性，即制度构建对其外部成员产生的消极影响。这种负外部性的传导和溢出可能刺激本无意改变制度性权力平衡的行为体，因预见到潜在的不利因素而采取竞争方式干预地区制度建设的进程，导致国家间的制度竞争被触发。此外，国家间复合相互依赖的加深以及国家间实力对比变动等外部条件的变化，使行为体对制度主导权以及制度负外部性更加敏感，因而常常是加剧不同时期地区制度竞争的外部因素。尽管在具体的地区制度竞争案例中上述变量的作用方式和程度会有差异，但从东亚地区制度竞争的演进来看，地区制度设计主导权和制度负外部性始终是驱动国家间制度竞争的核心要素，再加上国家间相互依赖和实力对比结构变化的催化作用，使不同时期东亚国家间的制度竞争既呈现出不同特征，但也遵循相似的演进规律。

第三，地区制度竞争深刻影响了东亚地区治理的进程，其中既有积极影响，也有诸多负面效应。

一方面，在这种特殊的制度环境下，东亚国家间演化出了“制度化”的权力交接方式，使地区的权力转移以非武力冲突的和平方式进行，这是地区制度竞争带来的积极效应。另一方面，制度竞争也对地区国家间互动和发展带来了诸多负面影响。一是行为体间的“制度性权力困境”破坏了地区合作的环境，特别是当前中美关系已经表现出了“制度性权力困境”的特征，需要重点加以关注和化解。二是制度竞争使地区制度的主导力量缺失，地区治理机制的碎片化问题日益严重，地区制度的构建不仅没有有效实现地区整合，反而在一定程度上加剧了地区的无政府状态。三是在制度竞争的影响下，东亚的地区主义也发展为竞争性的地区主义，最终各个竞争性的发展方向相互掣肘，反而使地区主义作为一种“地区优先”的政治信仰已经在东亚地区出现迷失。

第四，从短期来看，制度竞争仍将是未来一段时间内中国参与地区事务的重要背景，提升制度性权力是实现中国崛起和中华民族伟大复兴的内在要求。

经过近三十年的持续探索，中国对于运用制度设计核心要素维护和拓展自身利益已经积累了较好的经验，并且取得了诸多积极成效，为中国在地区制度性权力的进一步提升奠定了良好的基础。但是，地区长期制度竞争所带来的负面效应以及制度竞争日益激烈的趋向，使中国对地区制度的参与将不得不在一个具有极大战略压力同时兼有战略机遇的复杂环境中进行。为此，中国需要积极统筹战略资源，将自身制度性权力的提升置于战略高度，塑造和引导地区制度竞争的良性发展，推动地区治理体系向更加公正合理的方向变革。

具体而言，在地区议程设置能力的提升方面，中国不仅需要恰当选择议题内容，争取主导地区议程设置的方向，而且应继续积极参与和深度融入地区多边机制，把握地区议程设置的切入点，在此基础上，关注议程设置的非正式、非机制化方式，拓宽自身塑造地区议程设置的渠道。在地区规则塑造能力的提升方面，中国应以地区经贸领域为重点，坚持实施自贸区战略，争取将 RCEP 打造为拓展和维护自身经贸利益的平台；加强对新兴领域规则设定的关注和战略资源投入，抓住新兴领域规则制定的机遇期；以“一带一路”为抓手，通过与发展中国家共享规则制定权的方式，探索相关领域制度规则的渐进式重构和替代。在地区治理话语权能力建设方面，中国需要客观认识当前以及未来短期内西方国家占据国际和地区话语主导地位的现实，理性处理西方国家话语反制的必然性，正确对待西方的话语压力；淡化中国制度外交的意识形态色彩，在坚持包容性的基础上，将中国的制度倡议和外交话语进一步具体化和可操作化；通过构建具有国际影响力的学术概念和话语，推动中国社会科学的国际学术建构和中国地区话语权的提升。

参考文献

一、中文部分

（一）学术专著

[美]阿拉斯泰尔·伊恩·约翰斯顿、罗伯特·罗斯主编：《与中国接触——应对一个崛起的大国》，黎晓蕾、袁征译，新华出版社 2001 年版。

[美]杰克·奈特：《制度与社会冲突》，周伟林译，上海人民出版社 2009 年版。

[美]罗伯特·基欧汉、约瑟夫·奈：《权力与相互依赖：转变中的世界政治》，门洪华译，北京大学出版社 2012 年版。

[美]萨莉·马丁、贝思·西蒙斯等编：《国际制度》，黄仁伟、蔡鹏鸿等译，上海人民出版社 2018 年版。

李巍：《制度之战：战略竞争时代的中美关系》，社会科学文献出版社 2017 年版。

刘昌明、李慧明：《世界金融危机与国际秩序转型》，山东大学出版社 2015 年版。

刘重力等：《东亚区域经济一体化进程研究》，南开大学出版社 2017 年版。

门洪华：《霸权之翼：美国国际制度战略》，北京大学出版社 2005 年版。

门洪华编：《中国战略十二讲》，中国社会科学出版社 2021 年版。

苏浩：《东亚整合的艰难之路："平轴"—"胡桃"—"双核"模式的建构》，世界知识出版社 2018 年版。

唐世平：《制度变迁的广义理论》，北京大学出版社 2016 年版。

王栋、曹德军：《再全球化：理解中国与世界互动的新视角》，社会科学文献出版社 2018 年版。

王丽：《全球风险社会下的公共危机治理：一种文化视阈的阐释》，社会科学文献出版社 2014 年版。

席桂桂：《制度内选择行为与东亚一体化的路径选择》，暨南大学出版社 2017 年版。

肖欢容：《地区主义：理论的历史演进》，北京广播学院出版社 2003 年版。

杨原：《大国无战争时代的大国权力竞争：行为原理与互动机制》，中国社会科学出版社 2017 年版。

张宇燕主编：《全球政治与安全报告（2021）》，社会科学文献出版社 2021 年版。

张蕴岭：《在理想与现实之间——我对东亚合作的研究、参与和思考》，中国社会科学出版社 2015 年版。

中国社会科学院世界经济与政治研究所国际贸易研究室：《〈跨太平洋伙伴关系协定〉文本解读》，中国社会科学出版社 2016 年版。

中国现代国际关系研究所：《亚太战略场：世界主要力量的发展与角逐》，时事出版社 2002 年版。

（二）期刊论文

[英]巴里·布赞：《权力、文化、反霸权与国际社会：走向更为地区化的世界秩序？》，刘伟华译，载《世界经济与政治》2010 年第 11 期。

陈琪、管传靖：《国际制度设计的领导权分析》，载《世界经济与政治》2015 年第 8 期。

陈兆源：《法律化、制度竞争与亚太经济一体化的路径选择》，载《东南亚研究》2017 年第 5 期。

陈兆源：《中国自由贸易协定的伙伴选择》，载《世界经济与政治》2019 年第 7 期。

高程：《从规则视角看美国重构国际秩序的战略调整》，载《世界经济与政治》2013 年第 12 期。

韩爱勇：《东亚地区主义何以走向衰落》，载《外交评论》2015 年第 5 期。

韩爱勇：《规则转移与东亚地区合作》，载《新视野》2015 年第 6 期。

韩爱勇：《开放的地区主义：中国地区合作的新路径》，载《教学与研究》2017 年第 6 期。

贺凯：《美国印太战略实质与中国的制度制衡——一种基于国际关系理论的政策分析》，载《现代国际关系》2019 年第 1 期。

贺凯：《亚太地区的制度制衡与竞争性多边主义》，载《世界经济与政治》2018 年第 12 期。

贺平、沈陈:《RCEP 与中国的亚太 FTA 战略》,载《国际问题研究》2013 年第 3 期。

胡鞍钢、门洪华:《中美日俄印有形战略资源比较——兼论旨在“富民强国”的中国大战略》,载《战略与管理》2002 年第 2 期。

胡加祥:《亚太自贸区法律框架构建路径研究》,载《交大法学》2019 年第 2 期。

黄大慧、孙忆:《东亚地区合作主导权与中日制度竞争》,载《教学与研究》2017 年第 4 期。

黄琪轩:《国际货币竞争的权力基础》,载《上海交通大学学报(哲学社会科学版)》2017 年第 4 期。

康晓:《气候变化全球治理的制度竞争——基于欧盟、美国、中国的比较》,载《国际展望》2018 年第 2 期。

孔凡伟:《制度互动研究:国际制度研究的新领域》,载《国际观察》2009 年第 3 期。

冷鸿基:《多边主义竞争与香格里拉对话会的发展战略》,载《国际论坛》2019 年第 6 期。

黎海波、宋瑞芝:《“修昔底德陷阱”:认识误区与战略应对》,载《现代国际关系》2017 年第 9 期。

李巍、罗仪馥:《从规则到秩序——国际秩序竞争的逻辑》,载《世界经济与政治》2019 年第 4 期。

李巍、张玉环:《美国自贸区战略的逻辑——一种现实制度主义的解释》,载《世界经济与政治》2015 年第 8 期。

李巍:《东亚经济地区主义的终结?——制度过剩与经济整合的困境》,载《当代亚太》2011 年第 4 期。

李巍:《国际秩序转型与现实制度主义理论的生成》,载《外交评论》2016 年第 1 期。

李巍:《现实制度主义与中美自贸区竞争》,载《当代亚太》2016 年第 3 期。

李向阳:《亚洲区域经济一体化的“缺位”与“一带一路”的发展导向》,载《中国社会科学》2018 年第 8 期。

李杨、黄艳希:《中美国际贸易制度之争——基于国际公共产品提供的视角》,载《世界经济与政治》2016 年第 10 期。

李长久:《东亚经济崛起与美国对外经贸关系重心东移》,载《亚太研究》1994 年第 1 期。

凌胜利:《拒优战略:中美亚太主导权竞争》,载《当代亚太》2017 年第 1 期。

凌胜利:《主场外交、战略能力与全球治理》,载《外交评论》2019 年第 4 期。

刘昌明、孙通:《习近平外交思想的创新发展与学术话语体系建构》,载《当代世界社会主义问题》2019 年第 1 期。

刘昌明:《双边同盟体系制约下的东亚地区主义:困境与趋向》,载《当代世界社会主义问题》2011 年第 1 期。

刘丰:《中国东亚安全战略转变及其解释》,载《国际政治科学》2016 年第 3 期。

刘丰:《中美战略互动与东亚地区秩序》,载《国际展望》2021 年第 1 期。

刘均胜、沈铭辉:《亚太区域合作制度的演进:大国竞争的视角》,载《太平洋学报》2012 年第 9 期。

刘均胜:《TPP 和 RCEP 双轨竞争自由化下 CAFTA 的建设》,载《国际经济合作》2015 年第 12 期。

刘玮:《发达成员在世界贸易组织改革中的议程设置分析》,载《当代世界与社会主义》2019 年第 2 期。

刘玮:《兼容性制度竞争:双层对冲与地区制度的嵌套设计》,载《世界经济与政治》2020 年第 1 期。

刘玮:《崛起国创建国际制度的策略》,载《世界经济与政治》2017 年第 9 期。

刘中伟、沈家文:《跨太平洋伙伴关系协议(TPP):研究前沿与架构》,载《当代亚太》2012 年第 1 期。

刘中伟:《东亚生产网络、全球价值链整合与东亚区域合作的新走向》,载《当代亚太》2014 年第 4 期。

卢光盛、聂姣:《中国和印度与东南亚区域合作的比较与竞合》,载《南亚研究》2020 年第 1 期。

陆建人:《亚太经合组织的目标及中国的立场》,载《当代亚太》1996 年第 2 期。

陆燕:《亚太地区经济贸易:现状与趋势》,载《国际贸易》1995 年第 1 期。

罗仪馥:《从大湄公河机制到澜湄合作:中南半岛上的国际制度竞争》,载《外交评论》2018 年第 6 期。

吕松涛:《隐蔽的压制——国际政治中的排除型议程设置探析》,载《社会主义研究》2015 年第 5 期。

马荣久:《亚洲地区秩序构建的制度动力与特征》,载《国际论坛》2019 年第 3 期。

马荣久:《中国在亚洲地区多边制度框架中的国家角色》,载《山东大学学报(哲学社会科学版)》2015 年第 5 期。

毛维准:《霸权护持:大变局时代美国国际秩序观的坚持与调适》,载《国际展望》2021 年第 1 期。

门洪华:《"一带一路"规则制定权的战略思考》,载《世界经济与政治》2018 年第 7 期。

莫盛凯:《没有地区主义的东亚合作》,载《当代亚太》2014 年第 2 期。

潘亚玲:《国际规范更替的逻辑与中国应对》,载《世界经济与政治》2014 年第 4 期。

潘忠岐:《国内规范、国际规范与中欧规范互动》,载《欧洲研究》2017 年第 1 期。

庞中英:《地区化、地区性与地区主义——论东亚地区主义》,载《世界经济与政治》2003 年第 11 期。

庞中英:《东亚地区主义的进展与其问题》,载《东南亚研究》2003 年第 3 期。

逄锐之:《美国在亚太地区的离岸制衡战略——从小布什政府到特朗普政府》,载《南开学报(哲学社会科学版)》2019 年第 6 期。

祁怀高:《东亚区域合作领导权模式构想:东盟机制下的中美日合作领导模式》,载《东南亚研究》2011 年第 4 期。

祁怀高:《中美制度均势与东亚两种体系的兼容共存》,载《当代亚太》2011 年第 6 期。

祁玲玲:《西方社会对中国国际秩序观及政策的认知》,载《国际展望》2021 年第 1 期。

任琳、张尊月:《全球经济治理的制度复杂性分析——以亚太地区经济治理为例》,载《国际经贸探索》2020 年第 10 期。

任琳、孙振民:《大国战争之后:权力生产方式的历史演变》,载《当代亚太》2020 年第 1 期。

任琳:《全球经济治理中的议程设置问题》,载《东北亚学刊》2014 年第 6 期。

任晓:《论东亚峰会及与美国的关系》,载《国际问题研究》2007 年第 4 期。

宋德星:《中国国际秩序观及其基本战略选择》,载《国际展望》2021 年第 1 期。

宋伟:《试论美国对亚太区域合作的战略目标和政策限度》,载《当代亚太》2010 年第 5 期。

宋亦明:《国际官僚与国际制度竞争退出》,载《世界经济与政治》2018 年第

8 期。

苏浩:《东亚开放地区主义的演进与中国的作用》,载《世界经济与政治》2006 年第 9 期。

苏浩:《胡桃模型:"10+3"与东亚峰会双层区域合作结构分析》,载《世界经济与政治》2008 年第 10 期。

孙忆:《国际制度压力与中国自贸区战略》,载《国际政治科学》2016 年第 3 期。

唐爱军:《中国话语方式》,载《社会科学战线》2015 年第 3 期。

唐国强、王震宇:《亚太区域经济一体化的演变、路径及展望》,载《国际问题研究》2014 年第 1 期。

田凯:《中日竞争效应下的东亚地区主义》,载《当代世界与社会主义》2018 年第 5 期。

田野:《国际制度研究:从旧制度主义到新制度主义》,载《教学与研究》2005 年第 3 期。

汪海宝、贺凯:《国际秩序转型期的中美制度竞争——基于制度制衡理论的分析》,载《外交评论》2019 年第 3 期。

王明国:《东亚地区治理机制的有效性评估与未来发展》,载《当代亚太》2014 年第 2 期。

王明国:《国际制度复杂性与东亚一体化进程》,载《当代亚太》2013 年第 1 期。

王明国:《机制复杂性及其对国际合作的影响》,载《外交评论》2012 年第 3 期。

王明国:《机制碎片化及其对全球治理的影响》,载《太平洋学报》2014 年第 1 期。

王明国:《全球治理机制碎片化与机制融合的前景》,载《国际关系研究》2013 年第 5 期。

王学玉:《论地区主义及其对国际关系的影响》,载《现代国际关系》2002 年第 8 期。

王彦志:《"一带一路"倡议下的国际经济秩序:发展导向抑或规则导向》,载《东北亚论坛》2019 年第 1 期。

王燕、陈伟光:《经济全球化与全球经济治理的制度转型》,载《学术界》2018 年第 4 期。

王玉主:《RCEP 倡议与东盟"中心地位"》,载《国际问题研究》2013 年第

5 期。

王玉主:《显性的双框架与隐性的双中心:冷和平时期的亚太区域合作》,载《世界经济与政治》2014 年第 10 期。

王玉主:《亚洲区域合作的路径竞争及中国的战略选择》,载《当代亚太》2010 年第 4 期。

王玉主:《中日之争与东亚合作——以"10+3"、"10+6"为主的分析》,载《创新》2010 年第 3 期。

韦进深:《中国能源安全国际议程设置路径探析》,载《国际展望》2015 年第 4 期。

韦宗友:《国际议程设置——一种初步分析框架》,载《世界经济与政治》2011 年第 10 期。

魏红霞:《九一一事件之后的美国与亚太经合组织》,载《当代亚太》2006 年第 10 期。

魏玲:《〈第二份东亚合作联合声明〉与东亚共同体建设》,载《外交评论》2008 年第 1 期。

魏玲:《东亚地区化:困惑与前程》,载《外交评论》2010 年第 6 期。

吴澄秋:《东亚结构变迁与中日关系:权力转移理论视角》,载《当代亚太》2009 年第 1 期。

吴文成:《从扩散到竞争:规范研究纲领的问题转换与理论进步》,载《太平洋学报》2020 年第 9 期。

肖欢容:《泛化的地区主义与东亚共同体的未来》,载《世界经济与政治》2008 年第 10 期。

徐秀军:《规则内化与规则外溢——中美参与全球治理的内在逻辑》,载《世界经济与政治》2017 年第 9 期。

徐秀军:《制皮非中性与金砖国家合作》,载《世界经济与政治》2013 年第 6 期。

杨洁勉:《中国特色大国外交和话语权的使命与挑战》,载《国际问题研究》2016 年第 5 期。

杨庆龙:《利用国际机制增强中国国际话语权》,载《理论视野》2016 年第 4 期。

杨勇:《中美对亚太多边化区域贸易平台主导权的争夺》,载《武汉大学学报(哲学与社会科学版)》2019 年第 3 期。

叶成城:《能力分配、制度共容性和战略关注度:冷战后亚太多边经贸合作制度构建的成败分析》，载《当代亚太》2020 年第 1 期。

尹承德：《金融危机与世界格局的新变化》，载《国际问题研究》2011 年第 2 期。

于震：《经济安全互动视角下东亚地区合作格局演变与中国应对》，载《南京师大学报(哲学社会科学版)》2015 年第 4 期。

俞可平：《全球治理的趋势及我国的战略选择》，载《国外理论动态》2012 年第 10 期。

袁正清、李志永、主父笑飞：《中国与国际人权规范重塑》，载《中国社会科学》2016 年第 7 期。

张超：《"一带一路"战略与国际制度体系的变革》，载《理论探索》2017 年第 3 期。

张发林：《化解"一带一路"威胁论：国际议程设置分析》，载《南开学报(哲学社会科学版)》2019 年第 1 期。

张清敏：《理解十八大以来的中国外交》，载《外交评论》2014 年第 2 期。

张宇燕、冯维江：《从"接触"到"规锁"：美国对华战略意图及中美博弈的四种前景》，载《清华金融评论》2018 年第 7 期。

张宇燕：《利益集团与制度非中性》，载《改革》1994 年第 2 期。

张宇燕：《新冠疫情与世界格局》，载《世界经济与政治》2020 年第 4 期。

赵洋：《中美制度竞争分析——以"一带一路"为例》，载《当代亚太》2016 年第 2 期。

周方银：《中国崛起、东亚格局变迁与东亚秩序的发展方向》，载《当代亚太》2012 年第 5 期。

朱杰进：《崛起国改革国际制度的路径选择》，载《世界经济与政治》2020 年第 6 期。

二、外文部分

(一)学术专著

Acharya, Amitav, *The End of American World Order*, Medford, MA: Polity Press, 2018.

Aggarwal, Vinod K., *Institutional Designs for a Complex World: Bargaining, Linkages and Nesting*, Ithaca: Cornell University Press, 1998.

Aggarwal, Vinod K., and Lee, Seungjoo, eds., *Trade Policy in the Asia-Pacific: The Role of Ideas, Interests, and Domestic Institutions*, New

York: Springer-Verlag, 2010.

Baker, James A., *The Politics of Diplomacy: Revolution, War and Peace 1989-1992*, New York: G.P. Putnam's and Sons, 1995.

Barnett, M. N., Duvall, R., *Power in Global Governance*, Cambridge: Cambridge University Press, 2005.

Camroux, David, *Looking East and Defining Inwards: Malaysia as a Self-Conscious Middle Power during the Mahathir Era, 1981-93*, Brisbane: Griffith University, Centre for the Study of Australian Asian Relations, 1993.

Finnemore, Martha, and Goldstein, Judith, eds., *Back to Basics: State Power in a Contemporary World*, New York: Oxford University Press, 2013.

Gamble, Andrew, and Payne, Anthony, eds., *Regionalism and World Order*, New York: St. Martin's Press, 1996.

Gilpin, Robert, *War and Change in World Politics*, Cambridge: Cambridge University Press, 1981.

Gruber, Lloyd, *Ruling the World: Power Politics and the Rise of Supranational Institutions*, Princeton, NJ: Princeton University Press, 2000.

Hamanaka, Shintaro, *Asian Regionalism and Japan: The Politics of Membership in Regional Diplomatic, Financial and Trade Groups*, London: London: Routledge, 2009.

He, Kai, *Institutional Balancing and Asia Pacific: Economic Interdependence and China's Rise*, London: Routledge, 2008.

He, Kai, *Contested Multilateralism 2.0 and Asian Security Dynamics*, Milton: Taylor & Francis Group, 2020.

Hunsberger, Warren, eds., *Japan's Quest: The Search for International Recognition, Status and Role*, London: Routledge, 1996.

Inoguchi, Takashi, *Japan's Foreign Policy in an Era of Global Change*, London: Pinter Publishers Ltd., 1993.

Jupille, Joseph, Mattli, Walter, and Snidal, Duncan, *Institutional Choice and Global Commerce*, New York: Cambridge University Press, 2013.

Kahler, Miles, and Maclntyre, Andrew, *Integrating Regions: Asian Comparative Context*, Stanford: Stanford University Press, 2014.

Keohane, Robert O., *After Hegemony: Cooperation and Discord in the World Political Economy*, Princeton, NJ: Princeton University Press, 1984.

Keohane, Robert O., *International Institutions and State Power: Essays in International Relations Theory*, New York: Routledge, 1989.

Lanteigne, Marc, *China and International Institutions: Alternative Paths to Global Power*, London: Routledge, 2005.

Legewie, Jochen, and Blechinger, Verena, eds., *Facing Asia: Japan's Role in the Political and Economic Dynamism of Regional Cooperation*, München: Iudicium, 2000.

Mansbach, Richard W., and Vasquez, John A., *In Search of Theory: A New Paradigm for Global Politics*, New York: Columbia University Press, 1981.

Marco, Clementi, Dian, Matteo, and Pisciotta, Barbara, eds., *US Foreign Policy in a Challenging World*, Switzerland: Springer, 2018.

Nye, Joseph S., Jr., *The Paradox of American Power: Why the World's Only Superpower Can't Go It Alone?* New York: Oxford University Press, 2002.

Olson, Mancur, *The Logic of Collective Action: Public Goods and the Theory of Groups*, Cambridge, MA: Harvard University Press, 1965.

Organski, A. F. K., *World Politics*, New York: Alfred Aknopf, 1958.

Solís, Mireya, ed al. eds., *Competitive Regionalism: FTA Diffusion in the Pacific Rim*, London: Palgrave Macmillan, 2009.

Strange, Susan, *States and Markets*, London: Pinter Publishers, 1998.

Wivel, Anders, and Paul, T. V., eds., *International Institutions and Power Politics: Bridging the Divide*, Washington, D. C.: Georgetown University Press, 2019.

Wright, Thomas J., *All Measures Short of War: The Contest for the Twenty-First Century and the Future of American Power*, New Haven: Yale University Press, 2017.

Young, Oran R., *The Institutional Dimensions of Environmental Change: Fit, Interplay, and Scale*, Cambridge: MIT Press, 2002.

(二)期刊论文

Alter, Karen J., and Meunier, Sophie, "Banana Splits: Nested and Competing Regimes in the Transatlantic Banana Trade Dispute", *Journal of European Public Policy*, Vol. 13, No. 3, 2009.

Alter, Karen J., and Meunier, Sophie, "The Politics of International Regime Complexity", *Perspectives on Politics*, Vol. 7, No. 1, 2009.

Barnett, Michael N., and Finnemore, Martha, "The Politics, Power, and Pathologies of International Organizations", *International Organization*, Vol. 53, No.4, 1999.

Barnett, Michael, and Duvall, Raymond, "Power in International Politics", *International Organization*, Vol. 59, No. 1, 2005.

Biermann, Frank, et al., "The Fragmentation of Global Governance Architectures: A Framework for Analysis", *Global Environmental Politics*, Vol. 9, No. 4, 2009.

Busch, Marc L., "Overlapping Institutions, Forum Shopping, and Dispute Settlement in International Trade", *International Organization*, Vol. 61, No. 4, 2007.

Chan, Steve, "Exploring Puzzles in Power-Transition Theory: Implications for Sino-American Relations", *Security Studies*, Vol. 13, No. 3, 2004.

Christensen, Thomas J., "Fostering Stability or Creating a Monster? The Rise of China and U.S. Policy toward East Asia", *International Security*, Vol. 31, No. 1, 2006.

De Búrca, Gráinne, "Contested or Competitive Multilateralism? A Reply to Julia C. Morse and Robert O. Keohane", *Global Constitutionalism*, Vol. 5, No. 3, 2016.

Dent, Christopher M., "Full Circle? Ideas and Ordeals of Creating a Free Trade Area of the Asia-Pacific", *The Pacific Review*, Vol. 20 No. 4, 2007.

Drezner, Daniel W., "The Power and Peril of International Regime Complexity", *Perspectives on Politics*, Vol. 7, No. 1, 2009.

Feiock, Richard C., "The Institutional Collective Action Framework", *Policy Studies Journal*, Vol. 41, No. 3, 2013.

Frey, Bruno, "Outside and Inside Competition for International Organizations: From Analysis to Innovations", *The Review of International Organizations*, Vol. 3, 2008.

Gehring, Thomas, and Faude, Benjamin, "The Dynamics of Regime Complexes: Microfoundations and Systemic Effects", *Global Governance*, Vol. 19, No. 1, 2013.

Guan, Benny Teh Cheng, "Japan-China Rivalry: What Role Does the East Asia Summit Play?", *Asia Pacific Viewpoint*, Vol. 52, No. 3, 2011.

Haass, Richard, "The Age of Nonpolarity: What Will Follow US Dominance?", *Foreign Affairs*, Vol. 87, No. 3, 2008.

Hamanaka, Shintaro, "TPP versus RCEP: Control of Membership and Agenda Setting", *Journal of East Asian Economic Integration*, Vol. 18, No. 2, 2014.

He, Kai, "Institutional Balancing and International Relations Theory: Economic Interdependence and Balance of Power Strategies in Southeast Asia", *European Journal of International Relations*, Vol. 14, No. 3, 2008.

Helfer, Laurence R., "Regime Shifting in the International Intellectual Property System", *Perspectives on Politics*, Vol. 7, No. 1, 2009.

Hettne, Björn, and Söderbaum, Fredrik, "Theorising the Rise of Regionness", *New Political Economy*, Vol. 5, No. 3, 2000.

Higgott, Richard, and Stubbs, Richard, "Competing Conceptions of Economic Regionalism: APEC versus EAEC in the Asia Pacific", *Review of International Political Economy*, Vol. 2, No. 3, 1995.

Hofmann, Stephanie C., "Overlapping Institutions in the Realm of International Security: The Case of NATO and ESDP", *Perspectives on Politics*, Vol. 7, No. 1, 2009.

Hornsey, Matthew J., "Why Being Right Is Not Enough: Predicting Defensiveness in the Face of Group Criticism", *European Review of Social Psychology*, Vol. 16, No. 1, 2005.

Ikenberry, John, "Institutions, Strategic Restraint, and the Persistence of American Postwar Order", *International Security*, Vol. 23, No. 3, 1998.

Ikenberry, John, "The Future of Multilateralism: Governing the World in A Post-Hegemonic Era", *Japanese Journal of Political Science*, Vol. 16, No. 3, 2015.

Kawai, Masahiro, and Wignaraja, Ganeshan, "EAFTA or CEPEA: Which Way Forward?", *ASEAN Economic Bulletin*, Vol. 25, No. 2, 2008.

Keohane, Robert O., "Governance in a Partially Globalized World", *American Political Science Review*, Vol. 95, No. 1, 2001.

Keohane, Robert O., and Victor, David G., "The Regime Complex for Climate Change", *Perspectives on Politics*, Vol. 9, No. 1, 2011.

Keohane, Robert O., and Martin, Lisa L., "The Promise of Institutionalist Theory", *International Security*, Vol. 20, No. 1, 1995.

Kim, Dong Jung, "Unfaithful Allies? US Security Clients in China-Led International Institutions", *International Relations of the Asia-Pacific*, Vol. 20, No. 1, 2020.

Koremenos, Barbara, Lipson, Charles, and Snidal, Duncan, "The Rational Design of International Institutions", *International Organization*, Vol. 55, No. 4, 2001.

Krauss, Ellis S., "Japan, the US, and the Emergence of Multilateralism in Asia", *The Pacific Review*, Vol. 13, No. 3, 2000.

Krebs, Ronald R., "Perverse Institutionalism: NATO and the Greco-Turkish Conflict", *International Organization*, Vol. 53, No. 2, 1999.

Lipscy, Phillip Y., "Explaining Institutional Change: Policy Areas, Outside Options, and the Bretton Woods Institutions", *American Journal of Political Science*, Vol. 59, No. 2, 2015.

Low, Linda, "The East Asian Economic Grouping", *The Pacific Review*, Vol. 4, No. 4, 1991.

Lubell, Mark, "Governing Forum Complexity: The Ecology of Games Framework", *Policy Studies Journal*, Vol. 41, No. 3, 2013.

Lubell, Mark, ed al., "Collaborative Forums in an Ecology of Games", *American Journal of Political Science*, Vol. 54, No. 2, 2010.

Livingston, Steven G., "The Politics of International Agenda-Setting: Reagan and North-South Relations", *International Studies Quarterly*, Vol. 36, No. 3, 1992.

Mahathir, Mohamad, "Let Asians Build Their Own Future Regionalism", *Global Asia*, Vol. 1, No. 1, 2006.

Manners, Ian, "Normative Power Europe: A Contradiction in Terms?", *Journal of Common Market Studies*, Vol. 40, No. 2, 2002.

Mearsheimer, John J., "The False Promise of International Institutions", *International Security*, Vol. 19, No.3, 1994.

Mewhirter, Jack, ed al., "Institutional Externalities and Actor Performance in Polycentric Governance Systems", *Environmental Policy and Governance*, Vol. 28, No. 4, 2018.

Mewhirter, Jack, ed al., "The Role of Forum Membership Diversity on Institutional Externalities in Resource Governance Systems", *Society & Natural Resources*, Vol. 32, No. 11, 2019.

Morse, Julia, and Keohane, Robert, "Contested Multilateralism", *Review of International Organization*, Vol. 9, No. 4, 2014.

Murphy, Hannah, and Kellow, Aynsley, "Forum Shopping in Global Governance: Understanding States, Business and NGOs in Multiple Arenas", *Global Policy*, Vol. 4, No. 2, 2013.

Nye, Joseph S., Jr., "The New Rome Meets the New Barbarians ", *The Economist*, March 23, 2002.

Orsini, Amandine, Morin, Jean-Frédéric, and Young, Oran, "Regime Complexes: A Buzz, a Boom, or a Boost for Global Governance", *Global Governance*, Vol. 19, No.1, 2013.

Park, Jinsoo, "Political Rivals and Regional Leaders: Dual Identities and Sino-Japanese Relations within East Asian Cooperation", *The Chinese Journal of International Politics*, Vol. 6, No. 1, 2013.

Patrick, Stewart, "The New 'New Multilateralism': Minilateral Cooperation, but at What Cost?", *Global Summitry*, Vol. 1, No. 2, 2015.

Pempel, T. J., "Soft Balancing, Hedging, and Institutional Darwinism: The Economic-Security Nexus and East Asian Regionalism", *Journal of East Asian Studies*, Vol. 10, No. 2, 2010.

Pempel, Thomas J., "Soft Balancing, Hedging, and Institutional Darwinism: The Economic-Security Nexus and East Asian Regionalism", *Journal of East Asian Studies*, Vol. 10, No. 2, 2010.

Raustiala, Kal, and Victor, David G., "The Regime Complex for Plant Genetic Resources", *International Organization*, Vol. 58, No. 2, 2004.

Saggi, Kamal, ed al., "Do Free Trade Agreements Affect Tariffs of Nonmember Countries? A Theoretical and Empirical Investigation", *American Economic Journal: Applied Economics*, Vol. 10, No. 3, 2018.

Saravanamuttu, Johan, "Malaysia's Foreign Policy in the Mahathir Period, 1981-1995: An Iconoclast Come to Rule", *Asian Journal of Political Science*, Vol. 4, No. 1, 1996.

Schweller, Randall, "Opposite but Compatible Nationalisms: A Neoclassical

Realist Approach to the Future of US-China Relations", *The Chinese Journal of International Politics*, Vol. 11, No. 1, 2018.

Sikdar, Chandrima, and Mukhopadhyay, Kakali, "Economy-wide Impact of TPP: New Challenges to China", *Journal of Economic Structures*, Vol. 6, No. 22, 2017.

Simmons, Beth A., ed al., "Introduction: The International Diffusion of Liberalism", *International Organization*, Vol. 60, No. 4, 2006.

Snyder, Quddus Z., "Integrating Rising Powers: Liberal Systemic Theory and the Mechanism of Competition," *Review of International Studies*, Vol. 39, No. 1.

Stubbs, Richard, "ASEAN plus Three: Emerging East Asian Regionalism?", *Asian Survey*, Vol. 42, No. 3, 2002.

Vasquez, John A., and Mansbach, Richard W., "The Issue Cycle: Conceptualizing Long-Term Global Political Change", *International Organization*, Vol. 37, No. 2, 1983.

Vatikiotis, Michael, "Building Blocs: Japan's Negative about Leading Asian Economic Pact", *Far Eastern Economic Review*, January 31, 1991.

Young, Oran R., "Political Leadership and Regime Formation: On the Development of Institutions in International Society", *International Organization*, Vol.45, No. 3, 1991.

Young, Oran R., "Institutional Linkages in International Society: Polar Perspectives", *Global Governance*, Vol. 2, No. 1, 1996.

Weiss, Edith Brown, "International Environmental Law: Contemporary Issues and the Emergence of a New World Order", *Georgetown Law Journal*, Vol. 81, No. 3, 1993.

Xiao, Ren, "Between Adapting and Shaping: China's Role in Asian Regional Cooperation", *Journal of Contemporary China*, Vol. 18, No. 59, 2009.

Yeo, Andrew I., "Overlapping regionalism in East Asia: Determinants and Potential Effects", *International Relations of the Asia-Pacific*, Vol. 18, No. 2, 2018.

Zelli, Fariborz, and Van Asselt, Harro, "Introduction: The Institutional Fragmentation of Global Environmental Governance: Causes, Consequences, And Responses", *Global Environmental Politics*, Vol. 13, No. 3, 2013.

三、主要参考网站

APEC，https://www.apec.org
ASEAN，https://asean.org
Asian Development Bank，https://www.adb.org
Brookings Institution，https://www.brookings.edu
Finical Times，https://www.ft.com
Foreign Affairs，https://www.foreignaffairs.com
IMF，https://www.imf.org
Ministry of Foreign Affairs，Japan，http://www.mofa.go.jp
Office of the United States Trade Representative，https://ustr.gov
RAND Corporation，https://www.rand.org
The Heritage Foundation，https://www.heritage.org
The New York Times，https://www.nytimes.com
The White House，https://www.whitehouse.gov
The World Bank，https://www.worldbank.org/en/home
U.S. Chamber of Commerce，https://www.uschamber.com
国家统计局，http://www.stats.gov.cn
人民网，http://www.people.com.cn
新华网，http://www.news.cn
中国共产党新闻网，http://cpc.people.com.cn
中国网，http://www.china.org.cn
中国政府网，http://www.gov.cn
中华人民共和国商务部，http://www.mofcom.gov.cn
中华人民共和国外交部，https://www.fmprc.gov.cn